Food Service Industry Consulting

[외식산업 컨설팅
실무와 사례]

Preface

오늘날 민간기업과 공공기관 등 많은 조직들이 컨설턴트를 활용한 사업을 다양하게 추진하고 있다. 이들은 컨설턴트 또는 컨설팅 기업을 선택하고 컨설팅 프로젝트가 수행되는 동안 컨설턴트와 협력하고, 사업 모니터링과 보고를 통해 사업의 발전과 이익을 도모하고 있다. '외식산업 컨설팅'이라는 서비스를 이용하는 고객이 없다면 외식분야에 종사하는 컨설턴트 직업은 없을 것이다.

컨설팅 기업 또는 컨설턴트의 기술적 우월성과 노하우는 차이가 분명 존재하지만 실제로 이러한 차이가 상당히 적은 경우도 있다. 심지어 오늘의 고객이 내일은 경쟁관계에 있는 컨설턴트가 될 수도 있다. 따라서, 컨설팅을 필요로 하는 많은 고객들에게 있어 컨설팅은 더 이상 '블랙박스'가 아니며 컨설팅 분야의 다양한 지식과 경험을 공유하고 발전하는 것이 외식산업 컨설팅 또한 함께 발전해 나아갈 것이다.

이 책을 저술한 주요 목적은 외식산업 컨설팅에 있어 프로페셔널한 기준과 컨설팅의 실행역량에 대한 향상을 기대하고 외식산업 컨설팅 활동을 하고자 하는 개인 컨설턴트와 컨설팅 조직에게 외식산업의 이해와 전망, 외식산업 컨설팅의 비전과 미래, 컨설팅 실무요령의 정보를 제공함에 있다. 또한, 외식산업 컨설팅 환경에 대한 이해와 프로세스를 숙지하고 창업 컨설팅, 프랜차이즈 컨설팅, 상권조사 및 입지분석, 컨설팅 계약, 컨설팅 프로세스 등 다양한 컨설팅 실무요령을 담고 있다. 외식산업 컨설팅에 입문하는 자에게 컨설팅의 본질과 방법, 행동규칙을 통해 도덕적 요구를, 컨설팅 실무에 대한 전문가적 요구를 내포하고 있다. 컨설팅 서비스를 필요로 하는 고객 관리와 컨설턴트의 컨설팅 테크닉을 깊이 있게 다루고자 하였고, 외식산업 컨설팅 분야의 전반적인 흐름과 방식에 대해 이해하려고 하는 독자들을 대상으로 집필하였음을 알린다. 외식산업 컨설팅이라는 사업을 처음으로 수행하는 초보자, 외식경영을 가르치고 훈련시키고 연구하는 사람들, 외식산업에 종사하는 사람들, 컨설턴트를 좀 더 효율적으로 활용하고자 하는 중간 관리자들과 교육생, 컨설팅을 필요로 하는 외식기업들에게 도움이 되었으면 한다.

이 책은 3개의 파트로 구성되어 있다. 외식산업의 이해와 전망에서는 현재의 외식산업의 흐름과 앞으로의 전망을 살펴보고, 외식산업에 있어 창업이란 무엇인지 개념을 정리했다. 외식산업 컨설팅의 비전과 미래에서는 외식산업 컨설턴트가 하는 역할과 앞으로의 비전을 제시하였고, 컨설턴트가 중점적으로 하는 역할과 컨설팅 기업이 하는 관리방법을 나열하였다.

외식산업 컨설팅 실무요령에서는 컨설팅 환경에 대한 이해와 클라이언트를 대하는 방법, 기본적인 상권조사와 입지분석, 경영 컨설팅과 분석, 아이템 기획, 점포 창업, 프랜차이즈 시스템 등 전반적인 실무요령과 방법에 대해 설명해 놓았다.

외식산업 분야에서는 수많은 컨설턴트 선배들과 후배들이 활동하고 있고, 그 동안 활발한 활동을 했기 때문에 지금의 외식산업이 발전하였고 변화될 수 있었다. 컨설턴트 개개인의 컨설팅 기법은 다르며, 앞으로도 발전하겠지만 저자는 외식산업 현장에서 다년간 수행해 온 컨설팅 경험과 노하우를 정리 및 제시하여 앞으로 외식산업 컨설팅이 발전하는데 있어 조그마한 기여를 하고자 한다.

외식산업 컨설팅에 있어 최상의 접근법이 무엇인지를 독자들에게 추천하기는 어렵고 위험하며, 자칫하면 오해의 소지를 일으키는 역효과도 발생할 수 있다. 그러나 한편으로는 외식산업 컨설팅에 대한 책이 만들어지면서 컨설턴트가 되고자 하는 자와 컨설턴트를 활용하고자 하는 기업들에게 컨설팅에 대한 폭넓고 균형 잡힌 컨설팅 실무를 제시하도록 노력했으며, 외식산업 컨설팅이 앞으로 많은 발전을 이루었으면 하는 바람을 담았다.

외식산업분야의 최고 컨설턴트는 없다. 하지만 최고가 되고자 노력하는 컨설턴트는 많고, 앞으로도 더욱 더 많은 컨설턴트들이 배출될 것이다. 컨설턴트라는 직업을 갖고 수많은 컨설팅을 수행하면서 보고, 느끼고, 배우고, 도움을 받았던 자로서 컨설턴트의 직업은 매력이 있다고 자부한다. 끝으로 본서에 도움을 주신 분들께 진심으로 감사드린다.

2021.6

Contents

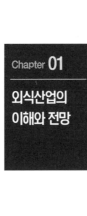

Chapter 01

**외식산업의
이해와 전망**

Chapter 02

**외식산업
컨설팅의
비전과 미래**

Chapter 03

외식산업
컨설팅
실무 요령

외식산업 컨설팅
실무와 사례

Chapter 01

외식산업의
이해와 전망

01 외식산업의 이해

① 외식산업의 정의

어릴 적 가족들과 집에서 식사를 하는 것이 아닌, 밖에서 식사를 하는 날을 '외식 하는 날'이라고 했다. 부모님과 형제 자매들과 중화요리집이나 삼계탕집, 삼겹살집 가는 날을 손꼽아 기다릴 정도로 외식하는 날은 당시 기분 좋은 일이 아닐 수 없었다. 이는 베이비붐 세대 이전부터 국민들의 노력과 헌신에 경제가 발전하여 생긴 산업임을 알 수 있다. 외식산업은 인간의 식생활 문화의 변화와 함께 발전하고 변화해 오고 있다. 일반적으로 외식업이라 하면 '음식을 만들어 파는 일'정도로 여겼다. 그러나, 우리나라의 경우 본격적으로 외식업이 부각되기 시작한 것은 1970년대 이후로 볼 수 있다. 그 전까지는 전쟁으로 인한 절대적 빈곤과 사회적 침체기로 중국집, 요정 정도가 외식업의 주를 이루고 있었다. 그 규모 또한 작고 영세한 수준이었으며, 그나마 쌀 부족을 채우기 위해 실시 됐던 분식장려운동은 라면, 빵, 등과 같은 서구식 식문화가 자리 잡게 된 계기가 되었다. 1980년대 초반만 하더라도 우리나라의 외식업은 '요식업'으로 불리어 지며 단순한 소매업 정도로 여겨졌다. 하지만 국민경제 규모가 증가하고, 가계별 가처분소득이 증가하면

2

서 외식업에 대한 수요가 커지게 되었고, 하나의 문화적 범주에서도 가치가 부각되고 있다. 단순히 음식만 만드는 것은 가정에서도 일상적으로 하는 일로 여길 수 있지만, 대가를 받고 지속적으로 판매하기 위해서는 맛과 서비스에서 독특한 차별성을 지녀야 한다.

이를 위해 외식산업 종사자들은 지속적인 메뉴(상품)개발과 홍보&마케팅, 경영기법들이 적용되었고, 점차 분화 발전하면서 하나의 산업이 되었다. 즉 단순 노동집약적 산업이 아니라 제2, 제3의 가치를 만들어 내는 부가가치 산업으로의 가치를 인정받아야 마땅하다. 이제 외식사업을 한다는 것은 단순히 음식을 판매하는 것이 아니라 유무형의 서비스를 파는 것이며, 브랜드를 파는 것이고, 그들만의 문화를 파는 것이라고 할 수 있다.

표 1-1_ 외식산업과 음식장사의 차이

구분	외식산업	음식장사
식재료	• 1차 가공한 식재료	• 가능한 원재료
생산방법	• 표준화와 자동화 • 대량생산 체계	• 조리사의 경험
경영방침	• 경제성과 효율성 • 규모의 경제	• 전통과 개성 중시 • 창조성과 독립성 유지
교육	• 매뉴얼에 의한 직무교육	• 경험자에 의한 현장교육
상권	• 시장세분화에 의한 상권설정	• 대중적 메뉴로 넓은 상권 설정

'외식'은 말 그대로 가정 밖에서 음식을 먹는 것으로 조리의 주체가 세대외의 사람이고, 조리의 장소는 원칙적으로 가정 외에 있는 것을 의미했다. 그러나 현대적 개념의 식사에는 출장연회, 단체급식, Delivery Service(배달), Take-out(포장), HMR(home meal replacement, 간편 가정식) 등을 통해 가정 내에서도 외식의 개념이 자리를 잡게 되었다. 가정 내에서도 반조리 식품 혹은 완전 조리식품의 형태로 얼마든지 식사가 가능하게 되면서, 원재료를 구입하여 가정 내에서 조리과정을 거친 가정식을 제외한 모든 식생활 행위를 외식으로 보는 것이 현 시점이다.

이러한 의미에서 외식업의 개념은 외식행위를 가능케 하는 사업으로 해석될 수 있다. 보다 구체적으로 외식업을 정의한다면 '새로운 고객 창출과 그 고객들이 재방문할 수 있게 하여 단골 고객 또는 충성고객을 확보하여, 고객들이 즐겁게 먹고 그 만족에 따른 비용 지불을 통해 이익을 창출해 나가는 사업', 즉 가치 창출의 사업으로 이해할 수 있다. 또 다른 측면에는 '사람의 욕구(식욕)를 요리나 음료, 주류를 통해서 직접 충족시켜 주기 위한 인적서비스(주방의 요리사 또는 홀 서빙)가 연출되고, 때로는 분위기가 있는 휴식 공간(장소)까지 제공되어 생활에 새로운 활력을 얻게 해 주는 것'으로도 정의될 수 있다.

외식업에 '산업'이란 개념이 더해지게 된 것을 살펴보면 미국의 경우 1940년~50년대 산업화 단계에 진입한 이후였으며, 일본은 1970년 일본 정부의 공식문서인 경제백서에 내용이 포함되면서 부터라 할 수 있다. 우리나라는 그보다 늦은 1979년 근대적 프랜차이즈 시스템을 도입한 '롯데리아'의 개점을 기점으로 외식업이 하나의 산업군으로 인정받을 만큼 확대, 발전하기 시작했다.

외식산업은 인간의 식생활을 풍부하고 건강하게 한다는 점에서 영리를 목적으로 판매 행위를 하는 기업성 뿐만 아니라 가정적인 개념의 인적, 물적 서비스가 함께 이뤄져야 하고, 그에 따는 일정한 영업장(공간)과 시설도 구비되어야 한다. 이 외에도 외식산업은 식재료를 이용해 요리를 한다는 점에서 제조업의 기능을, 고객에게 직접 판매한다는 점에서 소매업의 기능을, 그리고 판매된 메뉴를 맛있고 즐겁게 먹을 수 있도록 하는 서비스업의 기능을 가지면서 푸드 코디가 겸비되고 유비쿼터스(Ubiquitous. 시간과 장소에 구애 받지 않고 언제 어디서나 정보통신망에 접속을 하여 다양한 정보통신서비스를 활용할 수 있는 환경), POS(Point of sales)시스템 등을 활용하는 복합적인 종합예술 문화산업이라고 할 수 있다.

② 외식산업의 특성과 특징

외식산업은 다음과 같은 특성을 지니고 있다.

첫째, 상품의 시간적, 공간적 제약을 받는다.

음식은 시간이 지나게 되면 품질이 떨어지고 쉽게 변질 되므로 철저한 위생관리가 요구된다. 수요예측을 잘못하면 막대한 손실을 가져올 수 있다. 또한 상품을 소비할 공간도 필요한데, 그 공간의 위치나 시설, 분위기 등이 매출에 큰 영향을 미친다.

둘째, 계절과 시간 등에 따른 수요의 편차가 뚜렷하다.

메뉴의 특성 및 계절적 요인, 사회적 환경변화 등에 의해 수요의 편차가 나타나고, 이로 인해 수요예측이 매우 어렵다. 아침, 점심, 저녁 한정된 시간 내에 매출이 집중되어 있고, 기후변화에 따른 수요변동이 많아 인력의 수급과 공간 활용이 쉽지 않다.

셋째, 인적서비스에 대한 의존도가 높다.

유형의 상품과 무형의 서비스가 결합된 형태로 음식의 조리에서부터 제공까지 모두

인적 서비스가 요구되며, 오랜 근무시간과 강한 육체노동으로 타산업에 비해 이직률이 높은 편이고, 인적서비스에 따라 매출의 증감이 발생하게 된다.

넷째, 모방이 용이하다.

미묘한 맛의 차이는 있을 수 있으나, 메뉴에 대한 모방이 쉬워 차별화 되기가 쉽지 않다. 특히 인터넷과 매스미디어의 발달로 외식정보와 아이디어가 활발히 공유되고 있어 상품의 라이프 사이클이 점점 짧아지고 있다. 인터넷으로 간편 레시피를 찾을 수 있으며, 푸드 먹방, 유튜버(YouTuber. 인터넷 무료 동영상 공유 사이트 유튜브에서 활동하는 개인 업로더를 지칭), 음식조리경연, 방송국의 음식관련 프로그램 등 다양한 채널과 경로를 통한 모방이 쉽게 되는 흐름으로 변모하고 있다.

다섯째, 메뉴의 규격화, 표준화가 어렵다.

음식은 언제 어디에서 만드느냐, 어떤 식재료를 사용했느냐, 누가 만들었느냐 등에 따라 맛이 달라질 수 있는 요인이 많다.

외식산업은 식품제조업, 소매업, 서비스업의 특성을 가진 복합 산업으로 다음과 같은 특징을 가진다.

① 생산과 판매가 함께 동시에 이뤄지는 서비스 산업이다.

② 고객, 종업원, 경영주가 하나가 되어 고감도 서비스 연출(인간관계)로 이뤄지는 사람 중심의 인재(people)산업이다.

③ 상권과 입지분석을 통해 경제성을 고려하며 점포의 입지에 의존하는 입지산업이다.

④ 표준화, 전문화, 단순화 등의 시스템을 통한 체계적인 매뉴얼 산업이다.

⑤ 식당 운영 경험과 노하우 등을 통한 다점포 전개에 따른 규모의 경제와 표준화가 가능한 프랜차이즈 산업의 기반이자 창업 선호 산업이다.

⑥ 식당의 기본요소(품질, 청결, 서비스)에 분위기를 가미시켜 고객 만족의 가치를 추구하는 가치판매 산업이다.

⑦ 복합산업(식품, 식재, 급식, 조리, 제조, 호텔, 관광, 레저, 유통, 부동산, 패션, IT산업 등)의 최종 산물이라 할 수 있다.

이 외에 외식산업의 장점으로는 현금매출이 큰 비중을 차지하고 있어 자금회전율이 빠르고, 원가관리 여부에 따라 타 산업에 비해 아직도 높은 영업이익을 실현할 수 있다는 것이다.

반면에 노동 집약적 경영구조가 대다수인데 따른 경영 합리화 및 서비스 수준 향상이 쉽지 않으며, 수요예측의 어려움, 식재료의 높은 부패성, 조·중·석식의 시간과 공간의 한계가 있으며, 종업자의 이직률이 높고, 개별 주문이 강한 업종이다. 또 식당의 건물, 설비, 분위기에 따른 영향이 많고, 다품종 소량생산과 경영주의 개인적 성향이 경영 전반에 미칠 수 있다는 단점도 지닌 산업으로 아직도 생계형으로 영세성을 면치 못하고 있는 점포가 많다.

③ 외식산업의 분류

외식산업의 분류에 있어 가장 혼동되고 있는 부분이 업종·업태의 구분이다. '업종'이란 무엇을 먹을 것인가를 기준으로 판매할 메뉴의 대분류상의 종류로 한식, 일식, 양식, 중식, 단란주점, 유흥주점 등의 분류를 말하며, '업태'는 업종에 대한 소분류를 나타내는 것으로 어떻게 먹을 것인가가 핵심이 되어 시간, 장소, 목적에 따라 취급하는 상품의 분류 및 가격, 질, 운영매뉴얼, 특정의 영업방법, 서비스를 제공하는 방법, 점포 분위기 등에 차별을 둔 것을 말한다. 예를 들면, 양식의 경우 패밀리 레스토랑, 스페셜 레스토랑, 디너 레스토랑 등으로 구분하고, 한식의 경우 우동·김밥 등의 분식점, 탕이나 찌개류, 돼지갈비 등의 일반음식점, 호텔 등과 같은 고급한정식전문점 등으로 구분하는 것을 말한다. 식품산업에 해당하는 분류와 외식산업에 해당하는 분류를 구분하는 것은 '영업'의 종류로 구분이 되며 영업의 세부 종류와 그 범위는 〈표 1-2〉와 같다.

표 1-2_ 영업의 종류에 따른 업태의 구분

식품분야(제조/가공/유통)종류	외식분야(식품접객)종류
• 식품제조·가공업 • 즉석판매제조·가공업 • 식품첨가물제조업 • 식품운반업 • 식품소분업 • 식품판매업(식용얼음판매업, 식품자동판매기영업, 유통전문판매업, 집단급식소 식품판매업, 기타 식품판매업) • 식품보존업 • 용기·포장류 제조업(용기·포장지 제조업, 용기류제조업)	• 식품접객업(휴게음식점영업, 일반음식점영업, 단란주점영업, 유흥주점영업, 위탁급식영업, 제과점영업)

④ 식품위생법 중 식품접객업에 의한 분류

식품위생법 시행령(식품의약안전처. 대통령령)에서는 외식업을 식품접객업으로 명명하고, 그 정의는 '음식류 또는 주류 등을 조리하여 주로 음식점 내에서 고객에게 판매하는 영업행위'로 규정하고 있다. 식품접객업에는 휴게음식업, 일반음식업, 단란주점업, 유흥주점업, 위탁급식업, 제과점업이 있으며, 행정업무와 관련해서는 대부분 이런 분류방법에 의해 통제와 관리가 되고 있다.

표 1-3_ 식품접객업에 따른 영업의 종류

식품접객업(업태)		분류 내용
휴게음식점영업		주로 다류(茶類), 아이스크림류 등을 조리·판매하거나 패스트푸드점, 분식점 형태의 영업 등 음식류를 조리·판매하는 영업으로서 음주행위가 허용되지 아니하는 영업. 다만, 편의점, 슈퍼마켓, 휴게소, 그 밖에 음식류를 판매하는 장소(만화가게 및 「게임산업진흥에 관한 법률」 제2조제7호에 따른 인터넷컴퓨터게임시설제공업을 하는 영업소 등 음식류를 부수적으로 판매하는 장소를 포함한다)에서 컵라면, 일회용 다류 또는 그 밖의 음식류에 물을 부어 주는 경우는 제외한다.
일반음식점영업		음식류를 조리·판매하는 영업으로서 식사와 함께 부수적으로 음주행위가 허용되는 영업
단란주점영업		주로 주류를 조리·판매하는 영업으로서 손님이 노래를 부르는 행위가 허용되는 영업
유흥주점영업		주로 주류를 조리·판매하는 영업으로서 유흥종사자를 두거나 유흥시설을 설치할 수 있고 손님이 노래를 부르거나 춤을 추는 행위가 허용되는 영업
위탁급식영업		집단급식소를 설치·운영하는 자와의 계약에 따라 그 집단급식소에서 음식류를 조리하여 제공하는 영업
제과점영업		주로 빵, 떡, 과자 등을 제조·판매하는 영업으로서 음주행위가 허용되지 아니하는 영업
*추가 설명	유흥 종사자	"유흥종사자"란 손님과 함께 술을 마시거나 노래 또는 춤으로 손님의 유흥을 돋우는 유흥접객원을 말한다.
	유흥 시설	"유흥시설"이란 유흥종사자 또는 손님이 춤을 출 수 있도록 설치한 무도장을 말한다.

분류의 특성을 살펴보면 판매상품(메뉴)또는 장소에서 먹거나 마시는 것(곳)인가 아닌가, 고객에게 주류를 마실 수 있도록 판매를 할 수 있는가 없는가, 그리고 노래를 부를 수 있는가 없는가, 유흥시설을 할 수 있는가 없는가, 유흥종사자를 두고 가무를 할 수 있

는가 없는가 등에 따라 분류를 해 보면 더욱 쉽게 이해할 수 있겠다. 그 개념을 좀 더 자세히 살펴보면 다음과 같다. 그리고 식품 접객업 분류에 따른 시설 기준은 다음과 같다

표 1-4_ 식품접객업의 공통시설기준

시설명	시설기준
영업장	1) 독립된 건물이거나 식품접객업의 영업허가 또는 영업신고를 한 업종 외의 용도로 사용되는 시설과 분리되어야 한다. 다만, 다음의 어느 하나에 해당하는 경우에는 그러하지 아니하다. 　가) 일반음식점에서 「축산물가공처리법 시행령」 제21조제6호가목의 식육판매업을 하려는경우 　나) 휴게음식점에서 「음악산업진흥에 관한 법률」 제2조제10호에 따른 음반·음악영상물 판매업을 하는 경우 　다) 관할세무서장의 의제 주류판매 면허를 받고 제과점에서 영업을 하는 경우 2) 영업장은 연기·유해가스등의 환기가 잘 되도록 하여야 한다. 3) 음향 및 반주시설을 설치하는 영업자는 「소음·진동규제법」제21조에 따른 생활소음·진동이 규제기준에 적합한 방음장치 등을 갖추어야 한다. 4) 공연을 하려는 휴게음식점·일반음식점 및 단란주점의 영업자는 무대시설을 영업장 안에 객석과 구분되게 설치하되, 객실 안에 설치하여서는 아니 된다.
조리장	1) 조리장은 손님이 그 내부를 볼 수 있는 구조로 되어 있어야 한다. 다만, 제21조 제8호 바목에 따른 제과점영업소로서 같은 건물 안에 조리장을 설치하는 경우와 「관광진흥법시행령」 제2조제 1항 제2호 가목 및 같은 항 제3호 마목에 따른 관광호텔업 및 관광공연장업의 조리장의 경우에는 그러하지 아니하다. 2) 조리장 바닥에 배수구가 있는 경우에는 덮개를 설치하여야 한다. 3) 조리장 안에는 취급하는 음식을 위생적으로 조리하기 위하여 필요한 조리시설·세척시설·폐기물용기 및 손 씻는 시설을 각각 설치하여야 하고, 폐기물용기는 오물·악취 등이 누출되지 아니하도록 뚜껑이 있고 내수성 재질로 된 것이어야 한다. 4) 1명의 영업자가 하나의 조리장을 둘 이상의 영업에 공동으로 사용할 수 있는 경우는 다음과 같다. 　가) 같은 건물 안의 같은 통로를 출입구로 사용하여 휴게음식점·제과점영업 및 일반음식점 영업을 하려는 경우 　나) 「관광진흥법 시행령」에 따른 전문휴양업, 종합휴양업 및 유원시설업 시설 안의 같은 장소에서 휴게음식점·제과점영업 또는 일반음식점영업 중 둘 이상의 영업을 하려는 경우 　다) 일반음식점 영업자가 일반음식점의 영업장과 직접 접한 장소에서 도시락류를 제조하는 즉석판 매제조·가공업을 하려는 경우 　라) 제과점 영업자가 식품제조·가공업의 제과·제빵류 품목을 제조·가공하려는 경우 　마) 제과점영업자가 기존 제과점의 영업신고관청과 같은 관할 구역에서 5킬로미터 이내에 둘 이상의 제과점을 운영하려는 경우

시설명	시설기준
	5) 조리장에는 주방용 식기류를 소독하기 위한 자외선 또는 전기살균소독기를 설치하거나 열탕세척소독시설(식중독을 일으키는 병원성 미생물 등이 살균될 수 있는 시설이어야 한다. 이하 같다)을 갖추어야 한다. 6) 충분한 환기를 시킬 수 있는 시설을 갖추어야 한다. 다만, 자연적으로 통풍이 가능한 구조의 경우에는 그러하지 아니하다. 7) 식품 등의 기준 및 규격 중 식품별 보존 및 유통기준에 적합한 온도가 유지될 수 있는 냉장시설 또는 냉동시설을 갖추어야 한다.
급수시설	1) 수돗물이나 「먹는물관리법」 제5조에 따른 먹는 물의 수질기준에 적합한 지하수 등을 공급할 수 있는 시설을 갖추어야 한다. 2) 지하수를 사용하는 경우 취수원은 화장실·폐기물처리시설·동물사육장, 그 밖에 지하수가 오염될 우려가 있는 장소로부터 영향을 받지 아니하는 곳에 위치하여야 한다.
화장실	1) 화장실은 콘크리트 등으로 내수처리를 하여야 한다. 다만, 공중화장실이 설치되어 있는 역·터미널·유원지 등에 위치하는 업소, 공동화장실이 설치된 건물 안에 있는 업소 및 인근에 사용하기 편리한 화장실이 있는 경우에는 따로 화장실을 설치하지 아니할 수 있다. 2) 화장실은 조리장에 영향을 미치지 아니하는 장소에 설치하여야 한다. 3) 정화조를 갖춘 수세식 화장실을 설치하여야 한다. 다만, 상·하수도가 설치되지 아니한 지역에서는 수세식이 아닌 화장실을 설치할 수 있다. 4) 3)단서에 따라 수세식이 아닌 화장실을 설치하는 경우에는 변기의 뚜껑과 환기시설을 갖추어야 한다. 5) 화장실에는 손을 씻는 시설을 갖추어야 한다
공통시설기준의 적용특례	1) 공통시설기준에도 불구하고 다음의 경우에는 특별자치도지사·시장·군수·구청장 (시·도에서 음식물의 조리·판매행위를 하는 경우에는 시·도지사)이 시설기준을 따로 정할 수 있다. 　가) 「재래시장 및 상점가 육성을 위한 특별법」 제2조제1호에 따른 재래시장에서 음식점 영업을 하는 경우 　나) 해수욕장 등에서 계절적으로 음식점영업을 하는 경우 　다) 고속도로·자동차전용도로·공원·유원시설 등의 휴게장소에서 영업을 하는 경우 　라) 건설공사현장에서 영업을 하는 경우 　마) 지방자치단체 및 농림수산식품부장관이 인정한 생산자단체 등에서 국내산 농·수·축산 물의 판매촉진 및 소비홍보 등을 위하여 14일 이내의 기간에 한하여 특정장소에서 음식 물의 조리·판매행위를 하려는 경우 2) 「도시와 농어촌 간의 교류촉진에 관한 법률」 제10조에 따라 농어촌체험·휴양마을 사업자가 농어촌체험·휴양프로그램에 부수하여 음식을 제공하는 경우로서 그 영업시설 기준을 따로 정한 경우에는 그 시설기준에 따른다.

시설명	시설기준
	3) 백화점, 슈퍼마켓 등에서 휴게음식점영업 또는 제과점영업을 하려는 경우와 음식물을 전문으로 조리하여 판매하는 백화점 등의 일정장소(식당가를 말한다)에서 휴게음식점 영업·일반음식점영업 또는 제과점영업을 하려는 경우로서 위생상 위해발생의 우려가 없다고 인정되는 경우에는 각 영업소와 영업소 사이를 분리 또는 구획하는 별도의 차단벽이나 칸막이 등을 설치하지 아니할 수 있다. 4) 「관광진흥법」 제70조에 따라 시·도지사가 지정한 관광특구에서 휴게음식점영업, 일반음식점영업 또는 제과점영업을 하는 경우에는 영업장 신고면적에 포함되어 있지 아니한 옥외시설에서 2009년 7월 1일부터 2011년 6월 30일까지는 해당 영업별 식품을 제공할 수 있다. 이 경우 옥외시설의 기준에 관한 사항은 시장·군수 또는 구청장이 따로 정하여야 한다. 5) 「관광진흥법 시행령」제2조제2호가목의 관광호텔업을 영위하는 장소 안에서 휴게음식점 영업, 일반음식점영업 또는 제과점영업을 하는 경우에는 공통시설기준에도 불구하고 시장·군수 또는 구청장이 시설기준 등을 따로 정하여 영업장 신고면적 외 옥외 등에서 음식을 제공할 수 있다.

표 1-5_ 식품접객업의 업종별 시설기준

시설명	시설 기준
휴게음식점영업·일반음식점영업 및 제과점영업	1) 일반음식점에 객실(투명한 칸막이 또는 투명한 차단벽을 설치하여 내부가 전체적으로 보이는 경우는 제외한다)을 설치하는 경우 객실에는 잠금장치를 설치할 수 없다. 2) 휴게음식점 또는 제과점에는 객실(투명한 칸막이 또는 투명한 차단벽을 설치하여 내부가 전체적으로 보이는 경우는 제외한다)을 둘 수 없으며, 객석을 설치하는 경우 객석에는 높이 1.5미터 미만의 칸막이(이동식 또는 고정식)를 설치할 수 있다. 이 경우 2면 이상을 완전히 차단하지 아니하여야 하고, 다른 객석에서 내부가 서로 보이도록 하여야 한다. 3) 기차·자동차·선박 또는 수상구조물로 된 유선장(遊船場)·도선장(渡船場) 또는 수상레저사업장을 이용하는 경우 다음 시설을 갖추어야 한다. 가) 1일의 영업시간에 사용할 수 있는 충분한 양의 물을 저장할 수 있는 내구성이 있는 식수탱크 나) 1일의 영업시간에 발생할 수 있는 음식물 찌꺼기 등을 처리하기에 충분한 크기의 오물통 및 폐수탱크 다) 음식물의 재료(원료)를 위생적으로 보관할 수 있는 시설 4) 소방시설 설치유지 및 안전관리에 관한 법령이 정하는 소방·방화시설을 갖추어야 한다. 5) 휴게음식점·일반음식점 또는 제과점의 영업장에는 손님이 이용할 수 있는 자막용 영상장치 또는 자동반주장치를 설치하여서는 아니 된다. 다만, 연회석을 보유한 일반음식점에서 회갑연, 칠순연 등 가정의 의례로서 행하는 경우에는 그러하지 아니하다. 6) 일반음식점의 객실 안에는 무대장치, 음향 및 반주시설, 우주볼 등의 특수조명시설을 설치하여서는 아니 된다.

시설명	시설 기준
	7) 영업장의 넓이가 150제곱미터 이상인 휴게음식점영업소, 일반음식점영업소 및 제과점영업소는 「국민건강증진법」 제9조제4항에 따라 해당 영업장 전체를 금연구역으로 지정하거나 영업장 면적의 2분의 1 이상을 금연구역으로 지정하여야 하되, 금연구역의 표시 및 시설기준은 「국민건강증진법 시행규칙」 별표 3에 따른다.
단란주점영업	1) 영업장 안에 객실이나 칸막이를 설치하려는 경우에는 다음 기준에 적합하여야 한다. 　가) 객실을 설치하는 경우 주된 객장의 중앙에서 객실 내부가 전체적으로 보일 수 있도록 설비하여야 하며, 통로형태 또는 복도형태로 설비하여서는 아니 된다. 　나) 객실로 설치할 수 있는 면적은 객석면적의 2분의 1을 초과할 수 없다. 　다) 주된 객장 안에서는 높이 1.5미터 미만의 칸막이(이동식 또는 고정식)를 설치할 수 있다. 이 경우 2면 이상을 완전히 차단하지 아니하여야 하고, 다른 객석에서 내부가 서로 보이도록 하여야 한다. 2) 객실에는 잠금장치를 설치할 수 없다. 3) 소방시설 설치유지 및 안전관리에 관한 법령이 정하는 소방·방화시설 등을 갖추어야 한다.
유흥주점영업	1) 객실에는 잠금장치를 설치할 수 없다. 2) 소방시설 설치유지 및 안전관리에 관한 법령이 정하는 소방·방화시설 등을 갖추어야 한다.

02
외식산업의 전망

① 외식산업의 문제점

최근 통계청의 경제활동인구에 따르면 전체 취업자 중 자영업자는 21.3%로 약 568만 명이다. 이는 경제협력개발기구 37개 회원국 중 5위로 높은 비중을 차지하고 있다. 국세청에 따르면 2017년 폐업한 자영업자 수는 약 84만 명으로 신규 개업자 대비 폐업율 중 음식점만 92.7%로 가장 높게 나타났고, 자영업자 대출이 600조 원 규모임을 고려하면 대출을 통해 음식점을 개업하게 되지만 살아남는 것은 10곳 중 한 곳에 불과하다는 것이다.

외식업은 나날이 발전하고 있다. 특히 제공되는 음식의 양이 아닌 서비스의 만족도로 변해 오면서 식당운영과 이용한 고객이 느끼는 가치가 더욱 중요시되고 있는데 따른 문제점을 파악해야 되는데 그 문제점은 다음과 같다.

첫째, 예비창업자의 진정성이다. 아무나 외식업에 뛰어들지 말고 진정성을 갖고 열심히 할 수 있는 사람만 해야 한다. 본인의 메뉴를 판매할 때는 우선 기본에 충실해야 한다. 근로계약서, 사업자등록증, 건강진단서, 영업신고증, 소방허가, 음식물배상책임보험, 세금신고 등 경영에 필요한 행정적인 분야는 기본이고, 음식에 대한 위생, 재료손질, 항상 같은 맛을 낼 수 있는 표준 레시피, 정량화, 좋은 식재료 구별법 등 당연한 것들을 지키도록 노력하는 진정성을 가지고 있어야 한다. 판매자는 음식값을 낮출 수 있고, 손님은 음식 칭찬과 만족감을 느끼고, 매출도 함께 올릴 수 있도록 노력해야 한다.

둘째, 창업자의 의식 문제다. 외식업은 식품제조, 판매, 서비스의 복합 산업으로서 경영에 관한 지식이 풍부해야 함에도 불구하고 경영주의 경험과 독단적 판단에 의한 경영을 하는 곳이 많다. 또한 타업종에 비해 상대적으로 직업관이 결여되어 있는 점 등을 들 수 있다.

셋째, 인적자원의 관리가 이뤄지지 않고 있다. 식당 종사원의 직업윤리관이 제대로 정립되지 않아 높은 이직률을 보이고 있고, 전문적인 교육 및 훈련의 부재 등으로 외식업을 발전시킬 수 있는 우수한 인적자원의 부족현상이 심각하다. 그러나 최근 외식산업에도 고급인력이 많이 유입 되고 있고, 많은 학교와 외식산업체에서 전문 인력을 양성하고 있으며, 또 경영주의 의식변화에 따른 기존 종업원들의 외식 및 조리 관련 교육훈련이 강화되고 있고, 이에 맞는 소상공인 교육프로그램도 지원하고 있는 추세다.

넷째, 지속적인 메뉴 개선 및 개발의 의지가 부족하다. 고객의 욕구 파악이나 기존메뉴, 신규 메뉴에 대한 분석능력 부족, 데이터 자료 부족, 고객 지향적인 메뉴 가치 창출 미비와 점점 짧아지고 있는 메뉴 사이클에 대한 인지부족 등의 문제점과 이를 극복하고자 하는 노력이 부족한 현실이다.

다섯째, 품질 관리가 미비하다. 레시피에 의한 품질기준과 실제 품질과의 차이가 발생되는데 규정에 맞는 식재료를 사용하며 당도계, 염도계, 스톱워치, 전자저울 등을 사용한 보다 과학적이고 체계적인 레시피에 의한 품질관리가 필요하다.

여섯째, 손익계산에 의한 최적 원가 산정 능력과 의식이 부족하다. 주먹구구식 계산법으로 단순 이익만 생각하다보니 감가상각비나 투자비에 대한 금리, 부가세액에 대한 부분을 원가에 넣지 않는 원인이 여기에 있다.

일곱 번째, 주방설비 및 기기의 취약성을 들 수 있다. 고품질의 상품 가치를 만들기 위해서는 우수한 주방의 설비와 기기가 필요한데, 이에 대한 전문지식이 부족하다는 점과 기기의 소량 소비, 소량 공급 풍토로 좋은 품질의 주방기기 구입이 좀처럼 쉽지 않다는 점이다.

여덟 번째, 입지 의존성이 높다 보니 초기 투자비가 높다. 식당은 입지가 승패를 좌우하기 때문에 성공 시 점포의 확장이전이 쉽지 않고, 입지선정 잘못으로 실패 시 원상복구가 어려운 업종이다.

아홉 번째, 점포 운영상의 문제점으로 열악한 근무환경이다. 근로계약서, 4대 보험 가입과 퇴직금, 연월차, 휴가, 최저임금 외 기타수당 등의 기본 복지 혜택 부족과 시설, 인력, 홍보, 관리 역할을 할 수 있는 중간관리자의 부족, 경영능력의 한계, 기본적인 외식 관련법률, 세무, 행정상의 어려움이 많은 업종이다.

열 번째, 운영자금의 부족이다. 여유자금 없이 외식분야에 창업을 하는 경우가 대부분이라 장기적인 사업계획수립이 어렵고 창업 후 수익이 발생하기까지의 금융비용 부담 등으로 인해 운영상의 문제점이 빈번하게 발생하고 있다.

열한 번째, 높은 임대료와 젠트리피케이션(Gentrification. 낙후된 구도심 지역이 활성화되어 중산층 이상의 계층이 유입됨으로써 기존의 저소득층 원주민을 대체하는 현장)의 발생이다. 외식업종이 다양하게 들어선 상권의 수익을 결정하는 요소는 유동인구에 달려 있다. 상권의 수익이 높다는 것은 임대료 또한 높다는 의미로 해석할 수 있어 유동인구는 임대료에도 영향을 미칠 수 있고, 영업이익의 직결로 이어진다. 특히 골목상권의 상승과 붕괴로 인해 상권의 임대료 변화와 그로 인한 비즈니스 형태의 변화로 수익을 거두기전 밖으로 내몰리는 현상을 더해 사회적인 문제점까지 발생시키고 있는 추세다.

❷ 우리나라 외식산업의 동향

소셜 네트워크를 활용하는 마케팅의 활용과 시장 확대, 1인가구의 증가, 진화하는 콘텐츠의 소비경험, IT기술력의 진화로 라이프스타일의 변화, 신한류 열풍의 확산, 녹색산업의 중요성 부상, 높은 임대료, 국내 프랜차이즈 산업의 매년 10% 정도 성장, 자영업자의 공급 과잉, 베이비부머 세대의 은퇴 후 창업, 고정비 증가, 노동력 중심의 업종 기피현상, 노령인구의 급증, 간편식 시장의 증가세, 1인용 포장 증가, 안전한 식품 선호, 집밥 열풍, 대기업의 한식 진출, 세프테이너(Cheftainer. 요리사'chef'와 엔터네이너'entertainer'를 합성한 신조어), 편의점 도시락의 급성장, 패밀리 레스토랑의 퇴보, 한식뷔페, 고급화, 융복합화, 로컬푸드, 양극화, 힐링, 웰빙, 가격파괴, 가치소비, 제품 원산지 강조 등이 화두로 외식업계의 변화가 이어지고 있다.

① 장기적인 경기침체로 인해 소비가 위축되고 거기에 경영노하우가 없는 신규 외식 업소들이 대거 등장함에 따라 매출이 급격하게 감소하고 있는 반면, 세계적인 환경 기후변화에 따른 식자재 값 폭등에 따른 원재료비 상승, 인건비, 임차료 등 모든 경비의 원가는 상승하여도 정부의 음식 가격 특별관리 정책에 일정한 수익을 내기가 점점 힘들어지고 있다.

② 중산층이 사라지고 소득의 격차가 커지면서 사회 전반에 걸쳐 양극화 현상이 심각하게 나타나고 있다. 외식업의 경우 규모·시설의 양극화, 매출의 양극화가 심화되고 있다. 그 중에서도 메뉴는 대중적인 저가메뉴를 지향하면서 시설이나 규모, 서비스 등은 고급식당의 형태를 띄는 경우가 늘고 있다.

③ 외식업 트렌드가 급변함에 따라 아이템의 라이프 사이클이 점점 짧아지고 일부 유행 아이템에 의해 시장이 좌우되기도 한다. 경기침체 속 각종 식품사고와 악재들이 공존하는 변화무쌍한 환경 속에서 창업자들이 외식시장의 흐름을 가늠하기란 점점 더 쉽지 않게 되었다. 최근 고객들의 소비성향은 그 변화속도가 매우 빠르며 외식업계는 이러한 고객들의 니즈(needs)파악에 총력을 기울여야 한다. 이제는 불황이라고 해서 무조건 소비를 줄이는 것이 아니라 반드시 필요하고 가치가 있다고 생각되는 것에 대해서는 적극 투자하는 시대이다.

④ 주5일 근무제의 시행과 여성의 사회진출, 배달 및 테이크아웃 확대 등의 영향으로 번화가 및 오피스 상권에서 주택가상권으로 소상권화가 진행되고 있다.

⑤ 평생직장의 개념이 무너지고 청년창업, 투잡(Two job)족 등이 늘어남에 따라 젊고 유능한 고급인력이 대거 유입되고 있다.

⑥ 양과 질은 좋으면서 가격이 싼 것을 선호하는 추세다. 이제 웰빙은 세계적인 트렌드가 된지 오래이며 안전한 먹거리의 선호도는 날로 증가하고 있다. 우리나라 역시 웰빙과 퓨전음식을 선호하고 있으며, 장기적인 불황 속에서 익숙하고 편한 음식을 선호하게 되면서 전통·토속음식이 각광을 받고 있다. 또한 2003년부터 대중매체를 중심으로 웰빙의 개념이 도입되면서 육류를 선호하던 것에서 채식(Vegetarian)과 씨푸드(Sea food), 유기농 등을 선호하는 방향으로의 전환이 가속화 되었다. 이에 대기업의 참여를 통해 씨푸드 뷔페가 발전하게 되었으나 높은 식재료와 인건비 등의 문제로 성장이 주춤한 상태이다. 패밀리 레스토랑 업계 또한 핵가족화의 빠른 진행, 1인 가구 증가로 어려움을 겪고 있다.

⑦ 최근 '장사해봤자 적자'라는 말이 심심치 않게 나올 정도로 자영업의 위기가 심각하다. 가장 큰 원인으로는 3040 연령대 자영업자들의 공급 초과현상을 들 수 있으며 내수 부진(경기침체, 교육비, 노후자금 등으로 소비지출확대), 유통채널의 변화(백화점, 대형마트의 성장세가 둔화되는 반면 온라인 쇼핑몰의 가파른 성장), 경쟁력 약화(다양하고 까다로워진 클라이언트의 욕구에 비해 자영업자들은 여전히 예전 수준)등의 원인도 존재한다.

⑧ 국내 커피산업의 규모가 급성장하고 있다. 국내 커피산업 규모가 7조 원에 달한다는 통계가 있는 만큼 시장 규모는 더욱 커지고 있으며 커피전문점을 포함해서 소매시장도 상승하고 있다. 커피 프랜차이즈의 가맹점 수가 늘어나면서 수익성 악화가 우려되는 상황이나 고급 커피 시장이 확대되어 '스페셜티' 트렌드로 이어지고 있다.

수익 모델도 다각화 되고 있다. '스타벅스'는 매장 확대 전략을 추구하고 있고, '블루보틀'은 고객이 원하는 원두를 배송해주는 커피 구독 서비스를 도입했다. 2018년 기준 국내 성인 1명이 한 해 동안 마신 커피는 353잔으로 이는 세계 성인 1인당 커피 소비량인 132잔보다 2.5배 가량 많은 수치로 우리나라 커피 시장은 지금도 성장하고 있다.

❸ 주목해야 할 외식업 트렌드

(1) 편도족

편도족이란 편의점에서 도시락으로 식사를 해결하는 사람들을 말한다. 1인 가구와 시간적, 경제적인 여유가 없는 사람들이 증가하면서 편도족 또한 늘어나는 추세다. 편의점 도시락 시장은 3000억 원대 규모로 성장하고 있으며, 2018년 외식트렌드(가심비, 빅블러, 반외식의 확산, 한식단품의 진화)와 이어지면서 소비패턴 또한 변하고 있다.

본래 편의점은 고객의 편의를 위한 24시간 문을 여는 잡화점으로 주로 일회용품과 음료수, 과자, 라면 들 간단한 식료품을 취급했다. 하지만 최근에는 가성비가 좋은 도시락과 다양한 간편식을 접할 수 있어 밥 한끼를 해결하기 위해 편의점을 찾는 소비자들이 많아지고 있다. 한 끼에 6,000원에서 10,000원이 훌쩍 넘는 일반 식당보다 3,000~4,000원에 다양한 반찬과 함께 배불리 식사를 즐길 수 있는 편의점 도시락을 선호한다는 것이다.

사회적 현상으로 고령화와 1인 가구 증가, 기술적 현상으로 ICT보급 확대와 핀테크의 고도화, 환경 친화와 웰빙·힐링·개성추구가 있으며, 경기적 현상으로 고용·소득 불안, 부의 양극화, 정치적 현상으로 규제 완화, 자유무역주의 확산을 통해 소비 패턴이 변하고 있다. 특히 크로스오버 쇼퍼(Crossover shopper. 상품구매과정에서 온라인과 오프라인을 자유 자재로 넘나드는 소비자)의 등장과 함께 값싸고 만족도 높은 가성비, 간편 결제 수요확대와 실속 또는 프리미엄형 소비를 추구한다는 점에서 편도족의 전성시대로 이어질 가능성이 커 보인다.

(2) 비대면 서비스(Untact, 언택트)

외식산업에도 무인점포의 확산이 지속적으로 이어지고 있다. 무인점포의 등장은 종업원과 방문고객이 마주한 채 메뉴를 주문하고 받는 기존 거래형태에서 벗어나고 싶은 고객의 니즈와 관련 있다. 인터넷과 정보통신기술 등 첨단 기술이 발전함에 따라 온라인 구매 형태로도 확산되고 있다. 종업원의 안내에서 벗어나 메뉴 또는 상품을 구매하는 '비대면(Untact)' 서비스 경험이 쌓이면서 오프라인 상에서도 유사한 현상이 발생하고 있다. 인건비와 임대료 등 고정비용이 상승하고 있는 점도 무인 서비스 도입을 부추기는 요소로 작용한다. 최근 외식산업에서는 온전한 형태의 무인점포와 일부 시간대에 인력이 투입되는 '스마트 점포'가 함께 도입되고 있다. 그러나 무인점포보다 인력 대처수준이 낮지만 직원 관여도가 축소되어 키오스크(공공장소에 설치된 터치스크린 방식의 정보전달) 수준에서 머물고 있다. 일반음식점 가운데 키오스크를 도입한 사업장은 0.3%에 불과하고, 피자·햄버거·샌드위치 및 유사 음식점업은 8.8%로 그나마 높았으며, 카페 등 비알콜 음료점업은 3.4% 수준인 것으로 나타난다. 고객의 까다로운 서비스나 상품을 이용하고자 하는 아이템에서는 사용이 제한될 수 있는 단점이 있다.

(3) 뉴트로(New-Tro)

뉴트로는 과거를 재현하는 데 집중한다는 뜻의 '레트로(Retro)'와 새로움을 의미하는 'New'가 결합된 합성어다. 옛 것을 재현하는 단순 복고와 다르게 MZ세대(1980년대 초반 ~2000년대 초반 출생한 세대를 가리키는 말로, 정보기술(IT)에 능통하며 대학 진학률이 높다는 특징이 있음)들이 주축이 돼 경험해 보지 못한 신선함에 이끌려 옛 것을 선호하는 트렌드다. 외식산업을 통해 70~80년대 문화가 중·장년층에게 향수를, 젊은 층에게는 재미와 호기심을 자극한다. 인테리어의 복고화, 향수를 자극하는 메뉴 또는 상품의 네이밍, 그

룻과 푸드코디 활용, 브랜드 디자인 매뉴얼의 변화 등을 통해 홍보마케팅에 적극 활용하고 있는 추세다.

인쇄소, 조명 상가, 각종 공구업체가 밀집했던 서울 을지로 뒷골목이 젊은이들이 즐겨 찾는 최신 유행거리로 자리 잡은 것만 봐도 뉴트로의 열풍은 진행중이다. 유행을 선도하는 20대 여성이 특히 몰린다는 점도 주목된다. 주요 상권별 외식업 카드 이용건수 추이를 연령대별로 구분해 보니 20대 여성의 2019년 이용건수가 특히 많이 증가한 곳이 세운상가, 을지로3가로 나타났다. 트렌드 리더일수록 명품 로고가 크게 찍힌 가방은 사용하지 않듯, 아는 사람만 알고 찾아가는 특별한 경험을 선사한다는 점에서 뉴트로 식당골목이 각광받는 것이다.

(4) 양극화의 극대화

양극화는 경제적 양극화와 사회적 양극화로 나누는데 주로 경제적 양극화의 결과로 사회적 양극화 현상이 나타난다. 즉 빈부의 격차가 심해질수록 빈익빈 부익부 현상이 두드러지고, 부유층과 서민층의 사회갈등이 발생하면서 사회가 통합되지 못하고 양극화로 분리가 되고 있다. 가구당 월 평균소득의 격차, 줄어드는 고용원과 자영업자수의 감소, 외환위기 이후 소득상위 10%의 비중이 더욱 더 늘어나게 되었다.

양극화의 극대화 원인으로는 최저임금의 가파른 인상과 판매부진, 임대료 등의 고정비 상승, 업체간 경쟁심화를 들 수 있으며, 외환위기 이후 구조조정 과정에서 실직자들이 선택한 유일한 대안이었던 자영업자들의 무한 경쟁이 원인이 되었다. 누군가 실패하고 나간 자리에 새로운 경쟁자가 들어와 실패를 반복하는 생존경쟁을 탈피해야 할 것이다.

(5) 다업종·다브랜드 시대

외식산업 중 프랜차이즈 업계에 해당되는 다업종·다브랜드 추세는 브랜드 확장과 신규개발로 수익 다각화 및 수익의 극대화를 모색하기 위한 현상으로 볼 수 있다. 소비자들의 니즈와 유행하는 아이템의 급속한 변화, 다브랜드를 통해 위험을 분산시키고 회사의 수익구조를 안정화하는 목적이 강하다. 외식산업의 브랜드 확장은 기존 브랜드의 컨셉을 약간 변형시켜 새로운 브랜드로 탄생하는 것이고, 브랜드 개발은 기존 브랜드와 다른 컨셉의 브랜드로 탄생되어 외식시장 내의 파워와 시장 점유율을 상승화 하게 된다.

(6) 그린오션

경쟁이 치열한 ’레드오션‘을 떠나 새로운 시장을 개척하는 ’블루오션‘을 넘어, 친환경 가치를 경쟁요소로 새로운 부가가치를 창출하고자 하는 시장을 의미한다. 외식업계에서도 일회용 플라스틱 근절과 같은 친환경 운동부터 비건 레스토랑, 식물성 고기 등 친환경 외식시장이 각광받고 있다. 또한 고령화 시대와 맞물려 친환경적인 식잴를 사용한 음식, 맞춤형 건강식 등이 부상하고 있다.

(7) 멀티스트리밍 소비

유튜브, 카카오, 페이스북, 인스타그램 등 사회 관계망 서비스(SNS)채널을 통해 외식소비 감성을 자극하는 컨텐츠와 마케팅이 활발하게 이루어지고 있는 현상을 뜻한다. 스마트폰이 대중화된 이후 다양한 SNS채널을 통해 일상과 경험, 취향을 공유하는 문화가 점차 확산되면서 외식업계에서도 이를 활용한 홍보에 적극 나서고 있다.

(8) 편리미엄 외식

혼밥, 혼술 등 1인 외식의 증가와 배달앱 등 비대면 서비스의 발달에 힘입어 편리함과 프리미엄을 함께 추구하는 현대 사회의 소비 성향을 뜻한다. 이에 따라 간편식(HMR)의 고급화, 밀키트(meal kit. 손질된 식재료와 양념 등을 넣고 레시피에 따라 조리만 하면 되는 HMR의 일종), 프리미엄 음식배달 서비스 등 편의성과 함께 소비자의 만족을 충족시켜줄 프리미엄 재료, 서비스 등이 확대되고 있다.

(9) Buy me-For me

’나를 위한 소비‘를 뜻하는 개념으로서, 개인이 추구하는 가치나 개성이 다양화, 세분화되면서 자신의 취향이나 감성적인 욕구를 충족시켜줄 수 있는 상품이나 서비스를 소비하는 성향을 일컫는다. 이러한 성향의 소비자들은 자신이 가치를 두는 제품이 다소 비싸더라도 과감히 투자하는 소비 행태를 보인다. ’나를 위한 소비‘트렌드는 주관적 만족과 취향을 중요시하는 밀레니얼세대를 중심으로 확산되고 있다.

④ 외식산업의 성장요인

외식산업의 성장요인은 크게 네 가지로 요약할 수 있다. 사회적요인과 경제적 요인, 문화적인 요인, 기술적인 요인을 들 수 있는데 이는 한국의 외식산업의 변천사와 함께 외식 트렌드(가성·가심비, 빅블러, 반외식, HMR, 편도족 등)를 이끄는 주요 요소이다.

표 1-6_ 외식산업의 성장요인

요인 분석	특 징
사회적 요인	여성의 사회진출 확대와 대량생산, 대량판매, 대량소비사회, 생활관·가치관의 변화, 새로운 세대 출현, 레저패턴의 다양화, 가정개념의 변화, 건강식 욕구증대, 소득증가로 인한 개별화, 고급화, 다변화 지향추세 등.
경제적 요인	국민소득증가(GNP 7천불 수준에서 강한 외식욕구발생현상), 가처분소득 증가, 노동시간 감소, 여가시간 증대, WTO에 따른 국제화·세계화, 정계 조류, 시장 개방에 따른 수입자유화, 대기업 외식시장 참여, 시장 환경의 세분화·다양화, 경영기술 개선, 자가용의 보급 확대, 주5일의 근무제 도입, 대형 국제행사의 유치 등.
문화적 요인	클라이언트의 욕구변화, 식생활 패턴의 변화(외래 음식문화 도래), 전통음식 상품화, 한식의 세계화, 사회구성원의 가치관 변화, 2030세대가 신규 외식소비 세력으로 등장, 노령인구증가 현상, 외식산업종사자의 직업 의식 개선, 식당의 이미지 전환(먹는 장소에서 대화나 여가의 장으로), 디지털 문화 확산(빠른 정보 파급력), 건강지향의 안전, 친환경의 관심, 식자재 안심욕구 등.
기술적 요인	주방기기의 현대화·과학화, 식당용 컴퓨터 기기 보급과 인터넷을 통한 정보화(IT), SNS의 일상화, 해외 유명 브랜드의 도입 및 기술제휴, 첨단산업의 기술도입, 저장 및 포장기술의 발전, 주변 환경의 변화, ISO와 같은 국제품질인증제도와 HACCP도입, Central Kitchen System, Manual System, 프랜차이즈 시스템의 가속화, 효율적인 식당관리방식 도입, 인터넷과 전자상거래, CRM(클라이언트관계관리), DATA MINING, POS시스템에 의한 관리, 푸드테크 등.

⑤ 21세기의 새로운 외식산업의 환경

21세기 시작부터 경제가 장기불황으로 접어들면서 외식산업도 깊은 불황에 허덕이고 있다. 불황초기에는 과도한 가격파괴와 출혈 경쟁을 불사하며 불황 탈출을 시도했었지만, 불황이 장기화 되면서 새로운 메뉴 및 아이템 개발, 서비스 업그레이드, 최신 경영전략 도입 등 질적 성장을 통한 불황 극복에 힘이 실리고 있다. 이것은 오히려 불황이 외식시장의 옥석을 가리고 질적 경쟁력을 갖추는 촉발제가 되었다고 해석할 수도 있다.

다시 말해서 21세기는 과거와 같이 기본만으로는 살아남을 수 없다.(음식장사는 무조건 남는
다는 안일한 생각과 주먹구구식 경영으로는 결코 성공할 수 없다는 뜻과도 일맥상통한다)

외식산업은 콜라보레이션(Collaboration)이라 일컫는 융합을 활용하는 사례도 많아지고
있다. 공간들은 하나의 기능만으로 소비자를 만족시킬 수 없다. 기존 공간들이 맞춤형
유일공간으로 존재했다면 이제는 한 번에 두 가지 이상의 기능을 하는 공간으로 발전
하고 있다. 기존의 PC방은 게임만하는 공간이었고, 간식메뉴는 스낵, 컵라면이 전부였
다. 하지만 이제는 단순히 게임만 하는 곳이 아닌 음식도 함께 즐기는 문화로 자리 잡았
다. 게임뿐만 아니라 라면, 핫도그, 피자, 볶음밥 등으로 식사까지 해결할 수 있게 되었
으며, 오죽하면 PC방 음식에 별점을 매기는 '피슐랭 가이드'라는 신조어까지 등장했다.

특히 21세기에는 20세기 외식업의 발전을 주도해 온 베이비붐 세대들이 노인층 세대
가 되어 실버세대로서도 많은 영향을 끼치게 될 전망이다. 이들 실버세대들은 주어진 여
건상 주거지역 중심의 특정지역에서 한정적인 외식생활을 하게 됨에 따라 상권의 축소현
상도 가속화 될 것이다. 21세기의 새로운 외식산업 환경을 4가지로 구분 해 보도록 한다.

표 1-7_ 21세기 외식산업 환경 구분

구분	특 징
국제화 시대	WTO체제가 굳어지면서 국제화가 가속화 되었고, 이에 따라 24시간 비즈니스 시대가 이미 도래하였다. 따라서 외식업도 24시간 영업이 늘어날 것이고, 이에 따른 심야메뉴 개발과 운영시스템 등을 개발하여 국제화 시대에 발맞추어 나가게 될 것이다. 프랜차이즈 기업들의 마스터 프랜차이즈 해외진출과 글로벌 사업팀 운영, 수입 수출의 다각화를 통한 정착, 한식 세계화와 K-POP문화의 강세를 통한 현지화 전략 활용 등이 나타날 것이다.
기술의 발전	IT산업의 발전에 따른 최첨단 장비를 통한 클라이언트관리, 인터넷과 정보통신망 활용, 푸드테크, SNS와 같은 다양한 마케팅 플랫폼 활용 등 클라이언트를 더욱 세분화시켜 관리해 나갈 전망이다. 드론의 발달과 빅블러 분야도 이에 해당한다. *빅블러(Big Blur): 인공지능과 빅데이터, 사물인터넷 등 첨단 정보통신기술의 발달로 산업의 경계가 모호해지는 현상을 말함.
클라이언트의 욕구	클라이언트의 다변화된 욕구에 따른 퓨전화와 복합화, 개별화, 신토불이화가 가속화될 전망이다. 개인들의 투자가 줄고 보수적 자산 운용이 증가하며, 사업에 대해 수익성, 고용능력 뿐만 아니라 사회적 가치 창출에 대한 교유도 높아지고 실시간 전 세계의 정보와 사람이 연결되어 다양한 욕구가 발생하게 될 것이다.
사회적 변화	주5일 근무제와 주 52시간의 정착, 최저임금의 급상승에 따른 외식업의 다각화와 고급 인력의 재활용, 공정거래 화두에 따른 정부의 프랜차이즈 활성화 정책 등으로 외식산업이 많이 변하게 될 것이다. 산업간 경계를 초월하게 되고 지속 성장모델을 선호하게 될 것이다.

6 공유주방의 탄생

공유주방(Shared kitchen)이라 함은 주방과 공간 설비 이외에 음식을 판매할 수 있는 카페, 음식배달 대행, 식자재 공급, 제품 촬영 스튜디오 등 다양한 서비스가 공간이다. 이런 비즈니스 모델은 임대료, 전기료, 수도료 등 고정비를 낮출 수 있어 식음료 사업자의 비용 절감에 기여한다.(출처: 2019.10.23. 국민일보) 현행 식품위생법은 한 공간에 한 사업자만 영업을 할 수 있도록 하고 있는데, 복수의 사업자가 한 공간에서 영업이 가능해 지면서 새로운 외식산업으로 부상하고 있다. 이러한 시스템이 가능하게 된 것은 규제 샌드박스(Regulatory Sandbox)가 기여하고 있다. 규제 샌드박스는 기업이 새로운 기술이나 서비스가 자유롭게 테스트할 수 있도록 규제를 면제하는 제도를 말한다. 신기술·서비스가 규제로 인해 사업 시행이 불가능한 경우 규제를 적용하지 않고 임시로 허용하는 제도다. 어린이들이 안전하고 자유롭게 놀 수 있는 모래 놀이터처럼 그 안에서 마음껏 혁신 사업을 해보라는 취지에서 탄생하게 된 것이다.

왜 공유주방인가?

현재 한국의 외식산업은 '해먹는 것'에서 '사먹는 것'으로, 외식보다는 온라인 배달로 변화하고 있다. 한국의 음식 배달시장 규모는 이미 20조원에 육박하였으며, 1~2인 가구의 증가와 매년 상승하는 임대료와 인건비는 배달시장의 더 가파른 성장을 유도하고 있다. 그로 인해서 음식 소비 패턴 또한 함께 변화되고 있다.

규제 샌드박스로 살펴보자면, 2019년 기업이 규제 존재 여부를 신속히 확인받을 수 있는 '신속확인', 규제 적용업이 특정 지역 또는 특정 시간대에 제품·서비스 시험을 허용하는 '실증특례', 신제품·서비스의 시장 출시를 일시적으로 허용하는 '임시허가'등 3종 제도를 도입했다.

🧯 **그림 1-1_** 규제 샌드박스 절차

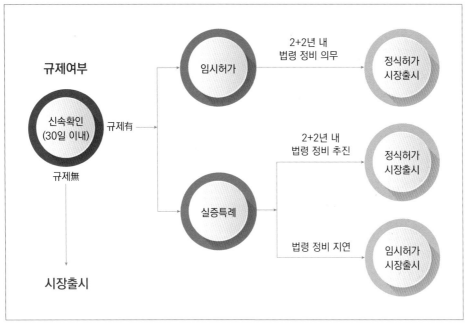

4차 산업 카테고리 이슈에서 가장 먼저 산업의 중심에 위치한 것이 공유경제이고, 공유 카테고리들이다. 외식산업에서 공유 카테고리들과 플랫폼은 단연 큰 이슈였고, 공유주방이 탄생하게 된 것이다.

현재 비즈니스모델로 정착되어가고 있는 것을 살펴보면,

① **집&방**: 남은 방을 가진 사람과 여행&출장 등으로 방이 필요한 사람을 온라인으로 연결하는 비즈니스 모델(비앤비히어로, 코자자, 직방)

② **자동차**: 한 대의 차를 여러명이 적당히 시간을 나누어 사용하는 카세어링의 비즈니스 모델(쏘카, 그린카, 타다)

③ **책**: 인터넷 '가상서재'에 내 책을 보관하고 남이 보관한 책 빌려 읽기하는 비즈니스 모델(국민도서관, 책꽂이)

④ **옷**: 입사면접 때 입는 정장 나눠 입기 아이옷 나눠 입기하는 비즈니스 모델(열린 옷장, 키플)

⑤ **재능**: 자신의 재능을 기부하고 남의 재능을 기부받는 비즈니스 모델(와우텐)

⑥ **숙박**: 숙박을 공유하는 비즈니스 모델(KOZAZA)

⑦ 공간: 오피스 공간을 카페처럼 구성된 오픈 데스크, 오픈된 형태의 프라이빗 스위트 개념의 스타트업, 프리랜서, 디자이너 등을 대상으로 공간 공유하는 비즈니스 모델(페스트파이브, 스페이스클라우드)

⑧ 주방: 오프라인 요리하는 공간과 배달의 비즈니스 모델이 만나 공유주방 비즈니스 모델이 탄생(위쿡, 클라우드키친, 먼슬리키친, 배민 키친, 월향, 세플리, 노마드쿡)

공유경제는 진입기를 넘어 성숙기로 넘어오면서 장소공유, 물건공유, 교통공유, 지식공유까지 세분화되어지고 공유 카테고리별 경쟁들이 심화되기 시작하면서 새로운 빅이슈로 급부상하고 있다. 2016년 이후 공유경제는 소유경제 시대에서 생각조차 못했던 상생경제의 기회적인 요소가 많이 부각되어 좋은 점들도 있지만, 승자 독식의 거대 유니콘 기업들의 수가 글로벌적으로 증가하면서 공유경제의 역기능에 따른 대응방안들도 대비하고 있어야 한다. 일자리의 축소와 배달 및 택배관련 종사자들은 점점 늘어나지만 도시의 지식 근로자들보다 하위 계층이 점점 증대되면서 또 다른 자유시장 경제 논리에서 사회문제로 제기될 우려가 큰 것이 사실이다. 외식산업은 나날이 발전하고 있는 공유주방과 함께 배달앱, 배달대행에 익숙해지고 있는 소비자들의 눈높이에 맞는 공유주방 시스템을 구축할 수 있지만, 좋은 환경과 좋은 음식을 맛보기 위해 오프라인 식당을 찾고자 하는 소비자도 있으니 이를 적절히 활용하는 외식산업 환경이 되어야 한다.

7 배달앱(어플)시장의 성장

공정거래위원회에 따르면 음식 배달앱 거래규모는 2013년 3,347억 원에서 2018년 3조 원으로 10배 가까이 급증하였고, 같은 기간 배달앱 이용자 수는 87만 명에서 2,500만 명으로 3배 가까이 늘었다. 배달앱이란, 소비자와 소상공인들을 연결해주는 플랫폼 즉 'O2O서비스'를 말하는 사업이다. O2O란 온라인(Online)과 오프라인(Offline)이 결합하는 사업형태를 의미하는 말이며 최근에는 주로 전자상거래 혹은 마케팅 분야에서 온라인과 오프라인이 연결되는 현상을 말하는 데 사용되고 있다.

배달시장이 커질 수 있는 요인으로는 1인 가구의 증가와 혼밥족의 증가가 가장 큰 요인이다. 2017년 대한민국 1인 가구 수는 562만가구로 전체 가구수의 약 28%를 차지하고 있다. 하루 2회 이상 1인분 주문이 가장 많았던 날이 일요일로 나타났고, 1인 활동을 즐기는 가장 큰 이유는 불편하지 않고 혼밥·혼술을 즐기는 소비자들이 증가하고 있는 것도 사실이다. 1인 가구와 함께 맞벌이 부부는 온라인 장보기, 배달 반찬·이유식 등의 수요증가도 눈에 띄게 나타났다.

온라인 쇼핑이 편리해진 것도 배달앱 수요가 늘게 된 요인이다. 클릭이나 터치 몇 번으로 주문에서 결제까지 끝낼 수 있게 되었고, 직장인과 학생, 주부 등 다양한 소비자들의 취향을 저격하고자 배달앱도 많이 생기게 되었다.

배달음식으로 연상되는 음식은 '치킨'과 '중식', '피자'가 떠오른다. 배달앱으로 주문하는 메뉴 또한 치킨과 중식, 피자가 상위권을 차지한다. 배달앱을 사용하여 음식을 주문하는 이유로는 검색부터 결제까지의 '원스탑 서비스가 가능'함과 동시에 '가격 할인 혜택' 이 두가지로 압축된다. 또한, 배달앱 이용 빈도는 일주일에 1~2회가 가장 많고 활용하는 배달앱은 '배달의 민족'과 '요기요'가 압도적으로 많다. 두 앱 모두 대중성과 다양한 이벤트가 많다는 것을 손꼽았다.

최근 배달앱 서비스 증가의 체감 수준은 높은 편이며, 서비스 자체 참신도 역시 긍정적으로 평가받고 있다. 단, 2030대 저연령층이 가장 많이 사용하고 있어 특정 세대에서만 사용빈도가 높다는 것이다.

하지만 배달앱의 좋은점만 있는 것이 아니다. 배달 시 발생하는 포장용기를 처리하는 문제가 그 중 하나다. 신선식품을 담은 스티로폼 박스와 음식을 겹겹이 싸 놓은 비닐랩, 배달음식이 담긴 일회용기는 환경에 부담을 주는 요인으로 손꼽히고 있다. 배달앱으로 인한 배달산업의 성장 이면에는 열악한 환경에 놓인 배달업 종사자들이 있다. 배달 서비스가 소비자의 입장에서는 편리해 지고 있지만, 배달업 종사자들은 산재보험과 사고위험, 보상단계의 사각지대로 내몰리고 있는 것이 현실이다.

소상공인연합회의 설문조사에 따르면 많은 소상공인의 경우 배달앱을 이용하고 있는 것으로 나타난다. 배달앱을 이용하고 있는 이유로는 '매출증대를 위해서(71%)', '타업체와의 경쟁 등 영업을 위해서 어쩔 수 없이 가입(43.5%)', '배달앱 성장에 따른 불가피한 선택(34%)'순으로 나타났다. 배달앱이 소상공인의 전체 업종에서 확산되고 있는 실정이다. 소비자들의 구매수단 변화가 급격히 스마트폰이나 인터넷을 활용한 온라인 배달시장으로의 이동이 어쩔수 없이 소상공인들이 배달앱에 초점이 맞춰지고 있는 것이 현실이다.

배달앱이라는 거대 공룡마케팅에 종속되는 소상공인들과 소비자들이 건강과 함께 자영업시장도 위험해 질 수 밖에 없다. 소상공인시장진흥공단의 '포털광고 O2O서비스 이용실태 조사결과'에 따르면 소상공인들의 월평균 광고비는 39만 5,000원으로 조사됐다. 이 가운데 앱 광고 비용이 29만 5000원으로 약 75%를 차지하였고 포털 광고비는 28만원 수준으로 약 71% 수준이다. 앱 광고 불공정거래 경험 소상공인의 62.5%가 '광고비 과다'를 불공정 행위로 꼽았다. 또한 배달앱 상단 노출 입찰 광고도 소상공인들의 빈익빈 부익부를 부추기고 있다. 배달앱 시스템은 일명 '노른자위'로 평가받는 화면 최상단에 광고할 수 있는 업체를 입찰방식으로 선정하고 있다. 이러한 방식으로 앱 화면 상단 또는 1페이지에 광고를 했던 소상공인 중 60%이상이 만족스럽지 못하다고 평가하고 있다. 그 이유는 높은 낙찰가와 성과 불확실이었다.

배달앱 서비스에서 소비자가 얻고자 하는 중 가장 중요한 것은 정확한 정보이며, 소상공인에게 바라는 것은 음식의 질이다. 소상공인들은 비싼 광고료에 불필요한 지출을 하기보다 음식의 맛과 질에, 배달앱 기업은 정확하고 객관적인 정보를 제공하는데 집중해야만 한다. 가맹사업법에는 가맹점간의 영업권역을 보장하고 있지만 배달앱 기업은 이것을 무시하고 지역 단위를 분할해 상권 충돌이 생겨나는 사례도 발생한다.

배달앱 시장에 뛰어들어 활용하는 소상공인들과 배달앱 플랫폼을 제공하는 기업의 상생을 모색해야 한다. 배달앱 서비스 이용 수수료·광고료 인하와 댓글관리 시스템, 법적장치 마련, 배달앱 서비스 연계 카드 결제시 자금결제 기일 단축도 필요하며, 배달앱 이용자 개인정보와 보안관리를 강화해야 하며, 배달음식 위생과 식품안전 강화를 위한 별도의 제도도 함께 마련되어야 할 것이다. 소비자 피해방지와 소상공인들과의 공정거래질서도 필요한 시점이다.

외식산업 컨설팅
실무와 사례

1 외식업 창업의 개요

대부분의 인간은 누구나 본인이 선호하는 분야에서 창업을 하여 자기 자신을 성취하고 이를 통해 사회에 기여하려는 경향이 있다. 창업에 대한 일반적인 정의는 '인간이 보다 나은 경제적 생활을 하기 위해 필요한 상품을 만들어 판매하고 서비스하는 조직을 만드는 일'정도로 정의할 수 있다. 단지 돈벌이만을 위해 창업하는 것은 단순히 일하는 것(노동)에 지나지 않는 것이며 특히 외식업 창업은 신념과 경영철학을 바탕으로 생성되고 이루어지는 것으로 기업이념, 기업가 정신, 기업윤리를 갖고 있어야만 진정한 외식업 창업이라 할 수가 있다. 창업은 단순히 직장을 잃었기 때문에, 또는 자본이 준비되었기 때문에 시작하는 것이 아니라 평생직업이라는 개념으로 성공적인 창업을 위해서 충분한 준비과정을 거친 후 실행하는 것이 중요하다.

창업자의 창업목적에 따라서 기회형 창업과 생계형 창업으로 나뉘는데 기회형 창업은 새로운 기술이나 새로운 아이디어를 기반으로 창업하기 때문에 위험요소(Risk)는 높으나 성공하면 큰 수익을 기대할 수 있다. 벤처창업, 소호(SOHO)창업, 1인 창조기업이 이에 속한다. 반면 생계형 창업은 최소비용을 투자해 안정적인 수익을 창출하려는 것을 목적으로 하고 소상공인, 프랜차이즈 창업이 이에 속한다.

벤처기업은 첨단 기술이나 새로운 아이디어를 사업화 하는 창조적이고 기술집약적인 형태이고, 소호창업은 집이나 작은 사무실에서 정보나 지식, 아이디어를 기반으로 시작하는 형태이다. 1인 창조기업은 자신의 경험, 기술을 통해 창조적이고 새로운 서비스를 제공하는 기술집약적 형태이며, 소상공인은 외식업, 소매업, 유통업 등 규모가 작은 점포형태의 창업이다. 프랜차이즈는 브랜드를 가지고 있는 가맹본부와 가맹점 계약을 체결하고 상표, 서비스 등을 제공받아서 동일한 이미지를 갖고 사업을 하는 형태이다. 창업 형태로 분류하면 외식업 창업은 소상공인, 프랜차이즈 창업형태에 속한다.

그렇다면 소상공인 기준 조건은 무엇일까? 소상공인은 주된 사업에 종사하는 상시근로자 수가 '업종별 상시근로자 기준'에 해당될 때 소상공인이라 말할 수 있다. 제조업과 건설업·운송업·광업은 상시근로자수가 10인 미만일 때, 이외 업종은 5인 미만일 때 소상공인이라 말한다. 평균 매출액으로도 소상공인의 기준을 정할 수 있으나 결정적으로 '중소기업현황정보시스템(http://sminfo.mss.go.kr)'에서 사업자정보 등록 후 '소상공인확인서'를 발급할 수 있다면 소상공인으로 포함된다. 식당을 운영한다면 5인 미만의 상시근로자를 보유하고 운영하는 식당이 많기 때문에 소상공인의 범위에 대다수 속하게 되는 것이다.

외식업 창업은 형태에 따라 개인 사업자와 법인 사업자로 나뉜다. 개인 사업자는 소요자본의 전부 또는 대부분을 개인이 출자하고, 그 운영에 대한 책임을 개인이 지는 형태로 소규모 자본을 투입하여 적은 인원이 운영하기에 가장 알맞다. 법인 사업자 형태는 대표이사가 회사 운영에 대한 일정한 책임을 지며, 주주는 주금 납입을 한도로 채무자에 대해 유한 책임을 지는 형태로 일정 규모 이상으로 성장 가능한 유망사업의 경우에 적합한 사업자 형태다.

표 1-8_ 외식산업과 음식장사의 차이

구분	개인 사업자 형태	법인 사업자 형태
자본조달	• 소요 자본 대부분을 개인이 출자, 자본조달의 한계가 있음	• 다수 출자자를 통해 대규모 자본 확보가 가능함
이윤분배	• 이윤의 전부가 개인에게 귀속	• 출자자의 지분에 따라 분배

구분	개인 사업자 형태	법인 사업자 형태
경영	• 경영활동에 대한 무한 책임이 따르며, 개인 역량 의존에 따른 경영의 한계가 있음	• 회사의 형태에 따라 무한 또는 유한 책임 • 소유와 경영의 분리, 전문경영인 등에 의한 경영 한계 극복
세제	• 종합소득세 과세 • 2018년 기준 소득세율 6~35%	• 법인세 과세 • 2018년 이후 2억 이하 10%, 2억 초과 20%, 200억 초과 22%, 3,000억 초과 25%
장단점	• 외부 감사 대상에 적용되지 않음 • 법인전환시 신규법인 설립보다 까다로움	• 출자금 회수가 쉽고 대외 신용도가 높음 • 자산총액이 100억 이상이면 외부감사의 대상이 됨

외식업 창업 3요소로는,

첫째, 창업을 진행하는 주체인 '창업자'로 창업자는 경영마인드, 마케팅 능력, 위기대처능력, 육체적·정신적 건강 등을 갖추는 것이 중요하다.

둘째, '자금'으로 창업시 필요자금, 창업 후 운영자금이 필요하므로 확보방법에 관하여 명확한 계획이 필요하며 창업 후 자금관리 방법도 철저하게 준비가 되어 있어야 한다.

셋째, 창업하고자하는 '아이템'으로 즉 업종·업태의 추진방향, 방법, 라이프 사이클상의 도입기 후반이나 성장기, 시대의 적합성 등 아이템의 선택과 성질이 확실해야 한다. 유행하는 아이템, 쉬운 아이템은 오래가지 못하기 때문이다.

여기에 '입지' 즉 점포를 추가한다면 4요소가 되는데, 외식업은 입지산업이라고 해도 과언이 아닐 정도로 입지는 충분한 사전분석이 필요하기 때문에 컨설팅 실무요령에서 자세히 다루도록 한다. 그리고 제5요소에는 창업자의 필수조건인 '자신감'으로 창업에 필요한 창업자, 자금, 아이템, 입지 4요소를 충분히 갖추었다고 하더라도 자신감이 없다면 예비창업자 본인은 창업을 할 수가 없게 된다. 창업자는 반드시 자신감에 차야하는 것은 맞지만 너무 지나쳐 오만하면 안된다.

(1) 외식창업의 환경

① 창업박람회나 창업교육 수강생을 대상으로 한 예비창업자 설문조사를 실시한 결과 주변의 여건 등을 모두 감안하여 예비창업자가 가장 선호하는 업종이 다름아닌 외식업으로 조사 되었다. 외식업은 제도적으로도 어느 누구나 쉽게 할 수 있는 업종이다 보니 그 만큼 경쟁이 치열한 업종이고, 일반음식점, 단란주점, 유흥음식

점들을 포함하면 약 74만 여개 정도이며, 허가받지 않은 포장마차나 노점상까지 포함하면 그 수가 엄청나다. 기존의 식당들을 살펴보면 제법 잘 되는 식당은 전체의 5% 이내, 좀 되는 식당은 20%, 그저 그런 식당이 50%, 적자를 면치 못하고 있는 식당은 25%정도로 약 75%정도의 식당이 어려움에 처해 있다고 할 수 있다. 그만큼 외식업은 치열한 생존 경쟁의 시대에 있다고 하겠다.

② 지금까지의 식당들은 맛만 있으면 괜찮았는데 이제는 맛이 기본이 된 시대가 되었다. 따라서 맛, 서비스, 청결은 기본이고 여기에 부가적으로 분위기와 자기 식당만의 개성, 차별화를 통해 고객이 지불한 식비보다 이용 후 느끼는 가치가 높아 만족을 느낄 수 있어야만 한다.

③ 식당운영에 따른 관리적인 면에서도 원가관리에서 손익분기점 관리로 변화되고 있다. 지금까지는 매출 목표달성, 다점포화에 의한 대량 판매전략, 식재료의 원가관리를 중시해 왔는데 원가율 △패스트푸드점 35%~45% △패밀리 레스토랑 30%~40% △한정식 30%~35% △한식업 35%~40% △일식 45% △육류전문점 평균 38%~45%이다. 평균적으로 원가관리는 재료비 원가에 인건비를 합하면서 60~65%정도 유지를 해왔었다. 이제는 손익분기점 관리(이익관리)를 해 나가야 한다. 매출 목표관리의 어려움이 있지만 투자규모의 축소, 직원 등 인원축소, 메뉴 종류의 축소 등으로 손익분기점 매출을 낮추어야 하는 시대에 직면하고 있으므로 이제 식당운영은 외형보다는 실속 중심으로 운영되어야 한다.

④ 외식업 노동환경의 변화로 주5일 근무실시에 따른 인력의 재활용, 24시간 비즈니스 시대에 따른 인적자원의 확보, 관리에 새로운 시각으로 접근을 해야 하는 점이다. 외식업의 특수한 근무조건을 감안한다면 이에 따른 직원의 근무환경 개선, 비전 제시 등을 통한 유능한 인재확보가 바람직하다.

⑤ 실버인구의 증가, 맛의 평준화, 식당 수의 증가, 음주단속 강화 등의 영향도 있고, 주5일 근무제에 따른 오피스가 상권에서 주택가 상권의 소비패턴이 변하면서 큰 상권에서 중상권 및 소상권으로 상권의 축소현상이 가속화 될 것이고 이제는 먼 거리로 이동하여 외식을 할 필요성이 줄어들고 있다.

⑥ 정보화 시대에 따른 신용카드제도의 정착, 주류카드제, 현금영수증, 제로페이 도입 등에 의한 식당 경영의 투명성으로 100%매출이 노출되고 있다. 그리고 직원에 대한 4대 보험 및 각종 경비의 부담, 퇴직금 보장, 과세특례제도(세무사 기장 능력이 부족한 일정 규모 이하의 영세 개인사업자들에게 좀 더 간편한 방법으로 부가세를 내도록 하는 제도. 2000년

7월 1일 폐지됨) 폐지 등 과다한 세금납부로 외식경영자의 수익은 점차 줄어들고 있다. 외식업 경영이 투명성과 경영악화 초래로 먹는장사도 망하는 시대가 접어든 지 오래 되었으며, 더욱 이런 현상이 두드러질 전망이다.

⑦ 가맹사업거래의 공정화에 관한 법률에 의한 프랜차이즈 운영형태도 시대에 맞게 수시로 변하고 있다. 프랜차이즈 수준평가제와 정보공개서 및 계약서 등록제에 따른 부실가맹본부의 사기행위 등의 방지책이 더욱 강화될 것이고 원칙을 지키는 가맹본부는 지속적인 발전을 할 수 있을 것이고, 그렇지 않은 가맹본부는 정부의 규제가 가해질 것이다. 뿐만 아니라 창업관련 기본지식을 습득한 예비창업자가 증가하면서 발전과 도태가 자연스럽게 이뤄진다.

⑧ 식당 창업에 대한 고정관념도 파괴되고 있는데, 대표적인 예가 업종·업태의 라이프 사이클이 보통 5년에서 4년, 3년으로 단축되고 있으며 최근에는 2년 이하로 줄어들고 있는 현상을 보이고 있다. 이에 따라 항상 잘 되는 업종·업태가 존재하지 않을 것이며, 항상 연구하고 교육·훈련을 통해 노력하는 식당만이 살아남을 수 있는 시대임을 명심해야 한다.

(2) 외식창업자 마인드

청년 실업과 조기 퇴직, 새로운 기술의 등장으로 인해 창업에 대한 관심과 기회가 매우 다양해지고 있으며 2009년 이후 경제위기와 일자리 감소 등의 이유로 취업난이 가중됨에 따라 청년 창업이 중요 화두로 떠오르고 있다. 정부도 청년 실업률을 해소하기 위한 대안으로 청년 창업 활성화를 위한 정책을 적극 추진하고 있다. 예를 들어 청년 팝업 레스토랑, 전통시장 청년몰 조성 및 활성화, 청년 푸드트럭 지원, 도시청년 시골파견제 등의 다양한 사업을 지원하고 있다.

조기 퇴직으로 정년의 개념이 사라지고 인간의 수명이 늘어남에 따라 노후 대책으로 외식업 창업이 중요해 지고 있으며, 창업이 활성화되면 일자리를 창출하여 고용을 확대할 수 있기 때문에 사회적 안정을 추구할 수 있다.

IT의 발전, 스마트폰과 SNS의 활성화, 사회 문화의 다양화 등 창업 기회가 증가하고 있으며 외식산업 뿐만 아니라 다양한 지원 프로그램을 통한 대학생들의 창업과 스타트업 기업도 많이 생겨나고 있다.

창업을 시작하고, 창업에 성공하기 위해서는 기본적으로 창업자의 능력, 아이템, 자금, 전략 및 계획도 중요하지만 무엇보다 창업자의 마인드가 가장 중요하다.

그렇다면 성공하는 창업자의 특징은 무엇일까? 성공한 창업자들은 여유와 미소를 잃지 않지만 보이지 않는 부분에서는 다른 사람보다 더욱 노력하는 노력가의 기질을 대부분 가지고 있다. 최소한 외식 분야에서 10년 이상 버틴 베테랑들이며 인사관리를 잘해 자신의 점포에 기여하게 만든다.

반면 실패하는 창업자들은 '옛날에는 잘 나갔었는데'하는 과거에 안주하려는 자세를 가지는 경향이 있다. 창업 실패를 환경 탓, 시대 탓 등 핑계가 많고 남 탓으로 돌리기 바쁘다. 환경적인 요인으로 실패할 수 있으나 이것이 실패의 결정적 요소는 아니다.

창업을 통해 성공하려는 자는 우선 창업이 본인에게 맞는 것인지 판단해야 한다. 정시에 출근하고 퇴근하는 월급쟁이에 알맞은 성격인지, 출근시간이 유동적이고 새로운 사람을 만나도 부담 없이 대화를 이어갈 수 있는 성격인지도 중요하다. 자신의 사고방식을 변화시킬 수 있으며 마라톤 같이 오랫동안 준비하고 오랫동안 달려야 하는 것을 알아야 한다. 꿈을 위한 목표를 세우고, 구체적인 시간관리와 새로운 인생 로드맵으로 자신을 창업형 인간으로 바꿀 것을 시도해야 한다. 꾸준한 자기계발과 단호하게 결정할 수 있는 과감한 판단력을 기른다면 외식산업 분야의 창업가 요건을 갖춘 셈이다.

Chapter 02

외식산업 컨설팅의
비전과 미래

01 외식산업 컨설턴트의 역할

1 외식산업 컨설턴트의 개념

외식산업 분야에서 필요한 컨설팅은 외식창업 컨설팅, 소상공인 경영 컨설팅, 메뉴 및 상품 개발(비법전수) 컨설팅, 상권분석 및 점포개발 컨설팅, 사업타당성분석 컨설팅, 브랜드 디자인 및 마케팅 컨설팅, 프랜차이즈 시스템 구축 컨설팅, 음식특화지구 컨설팅 등 다양한 컨설팅 분야가 있다. 컨설팅을 한다는 것은 정답을 만들어 주는 것이 아니라 최적의 대안을 제시하는 것이며, 다양한 전략과 실행계획을 구체적으로 수립하여 클라이언트(Client)의 만족도 상승과 사업성공에 이바지 하는 것이며 리스크를 최소한으로 만들어주는 길잡이 역할을 하는 것이다. 자신이 없는 분야 또는 불가능한 일은 절대로 수행하면 안되며 컨설팅을 맡으면 안되는 것이다. 그러나 안전한 일, 자신 있는 일만 한다면 큰 수익을 기대하기 어려우며, 컨설팅 경험과 노하우를 축적하는데 있어 발전의 한계를 보일 수 있다. 때로는 위험적 요소가 많을수록 최상의 수익을 창출하는 요소가 되기도 한다.

컨설팅(Consulting)이란, '컨설트(Consult)'라는 동사의 의미를 명사화한 의미로 어떤 일에 대한 정보나 조언을 구하는 것을 의미하지만, 경영 관리적 의미로 어떤 사람에게 정보(Information)을 제공하고 조언(Advice)을 해주거나 전문적(Semi- Professional)인 일을 해 주고 그 대가로 보수를 받는 것을 말한다. '특별한 훈련'과 '경험·노하우'를 통해 일정한 자격을 갖춘 사람들이 '계약'에 따라 독립적이고 객관적인 태도로 클라이언트조직을 위해 경영상의 문제를 확인·분석하는 것을 도와주고, 이러한 문제에 대한 해결안을 제시하고, 클라이언트가 이러한 해결안의 실행에 대해 도움을 요청했을 때 이를 제공하는 어드바이스 서비스다.(경영컨설팅. 밀란쿠버). 따라서 외식산업 컨설팅은 의뢰자의 요구에 응하여 외식산업에 대한 전문적인 조언이나 정보를 제공해주고 그 대가로 보수를 받는 일이라 할 수 있다. 또한, 이러한 업무를 수행하는 사람을 컨설턴트(Consultant)라고 한다. 아직도 외식산업은 소비성 산업으로 분류했던 과거의 정책에서 크게 벗어나지 못하여 사업자들의 만족한 수준의 여건을 조성하지 못하고 있다.(외식사업 경영 컨설팅. 박병열)

이처럼 적문직업적인 특성을 강조한 정의는 컨설팅 관련기관이나 컨설턴트협회, 국가기관에서 사용하는 경우가 많다. 전문직업적 서비스의 한 분야로서 발전해 오고 있기 때문에 하나의 전문직업으로 다루어지고 있다.

참고 | **미국출신 경영컨설턴트 코헨(William A. Cohen)이 말한 전문컨설턴트가 되기 위한 9가지 신조(Cohen's Maxims) 요약**

Compensation보상

이익의 형태나 혹은 월급이나 일에 대한 성과이건 여러분의 사회에 대한 기여의 부산물이며, 기여한 양에 따라 비례하게 된다. 그러나 코헨은 보상을 평생 직업의 핵심으로 생각해서는 안된다고 조언한다. 그렇게 된다면 최고의 경지에 도달하기 어렵게 될 것이며, 사회가 여러분들에게 부여한 재능과 능력에 대한 기만이 될 것이라고 했다. 어떤 일에 대한 보상도 중요하지만, 일에 대한 열정과 순수성과 인간성에 대한 직업윤리가 존중되어야 한다. 직무를 수행함에 있어서 또 다른 차원에서의 하부조직원들에 대한 보성은 조직구성원들에게 동기부여를 해주는 도구가 될 수도 있다.

Duty의무

누구나 자기의 직업에 대하여 자신이 속해 있는 사회에 어떤 의무를 가지고 있으며, 자신의 직업적 환경이나 사회에 대한 소속감을 가지고 관리해야 할 자신의 의무가 있다.

Individual Ability개인의 능력

모든 사람은 큰 일을 할 수 있는 무한한 잠재능력을 가지고 있다. 이러한 잠재능력을 발휘하기 위하여 특별한 능력이나 자질의 발견이 선행되어야 한다. 따라서 새로운 일이 부여될 때마다 즐거운 마음으로 받아들이고 자신이 능력을 발휘해 보아야 한다.

Leadership지도자정신

지도자는 책임감을 가져야 한다. 즉 리더의 지시를 받는 부하 직원들의 이익과 복지가 항상 리더의 이익보다 중시되어져야 한다. 과거 권위적인 리더십에서 최근에는 동양적인 덕이 앞서서 솔선수범하는 지도자정신이 필요한 시기가 되어가고 있다. 조직의 구성원들도 스스로 실천하고 새로운 모델을 보여 주어야 신뢰를 가지고 따르게 될 것이다.

Planning계획화

어떤 일에 대한 성공적인 결과는 우연이나 행운의 결과가 아니라 철저한 상황분석, 치밀한 준비, 적절한 계획수립의 결과에 대한 실천의 산물이다. 모든 일이 계획대로 이루어지지는 않지만 상황의 분석과 체계적인 계획수립은 실패를 최소화해 줄 수 있다.

Risk위험

위험이라는 것이 보수를 받는 이유라 할 수 있으며, 사업가인 경우 성공할 수 있는 유일한 길이라는 것이다. 안전하고 편안한 일로는 큰 결과도 기대할 수 없다는 의미다. 위험하다고 쉬운 일만 할 수는 없는 것이며, 그것이 두려우면 자신의 방에서 한 발자국도 떠날 수 없을 것이다. 위험을 감수하고 일을 두려워 하지 않으면 반드시 좋은 결과를 기대할 수 있다.

Responsibility책임감

떤 일을 떠맡으면 그 일이 성공적으로 완성될 수 있도록 책임을 지고 최선을 다해야 한다. 책임을 지지 않고 일을 할 경우 결과도 다른 이유나 책임전가 및 변명으로 결과를 대신할 수 밖에 없다.

Self-confidence자신감

자신감이란 어려운 일과 임무를 성공적으로 완수해 가는 과정에서 생기는 것이다. 어떤 일이 맡겨져도 자신감을 가지고 최선을 다해야 한다.

Success성취감

성공이란 열심히 노는데서 온다는 것이다. 성공하기를 원한다면 본인들의 모든 일을 일이 아닌 놀이로 생각해야 한다는 것이다. 물론 놀이라는 것도 질서와 규칙이 있어야 한다. 놀이는 생리적 현상이 아닌 문화로 승화시키고 있다. 일을 놀이로 생각한다면 성공을 손에 쥘 수 있을 뿐 아니라 그것을 즐길 수도 있을 것이다.

❷ 외식산업 컨설턴트의 역할

　컨설팅은 개인과 조직의 성과뿐만 아니라 클라이언트조직과 경영자가 관리와 비즈니스 관행을 향상시킬 수 있도록 도와주는 하나의 방법이기 때문에 전문 컨설턴트가 아니더라도 교육, 훈련, 연구, 프로젝트 개발, 국가 기술지원 프로젝트 협업 등을 수행하는 다른 많은 사람들에 의해 활용될 수 있다. 따라서 외식산업 컨설턴트에 종사하고 싶거나 종사하는 사람이라면 좀 더 효과적으로 맡은 프로젝트를 수행하기 위한 컨설팅 도구와 기술을 터득하고 끊임없이 연구하며 전문컨설턴트에게 요구되는 기본적인 '행동규범'을 지킬 필요가 있다. 여기서 말하는 행동규범은 외식업 컨설팅 실무프로세스에서 자세히 다루도록 한다.

　외식산업 컨설턴트에 입문하고자 함에 있어 다음과 같은 컨설팅의 기본적인 특성을 살펴보아야 한다.

① 지식전달을 통한 가치의 증대

　컨설팅 서비스가 일정한 계약기간에서 한 과업으로 수행되거나, 일정한 범위와 결과를 도출하기 위한 약속으로 제공되던지 우선, 컨설팅은 클라이언트가 요구하는 경영과 운영에 대한 지식을 전달하는 것이기 때문에 컨설턴트를 통해 전달되는 지식과 정보는 가치를 증대시키고 그들의 사업이 효과적으로 운영·발전해 나가는데 반드시 도움이 되어야 한다. '피터 드러커'는 경영의 고유한 특성들은 컨설턴트가 경영상의 관행·지식·경영에 대한 사고의 발전에 중요한 역할을 수행하면서부터 나타나기 시작했다고 한다. 여기서 말하는 지식이란, 학문과 경험, 전문적인 지식과 기술, 노하우, 역량 등을 포함한 포괄적인 것을 의미하기 때문에 지식의 전달에 있어 지식의 접근, 방법, 시대 등과도 관련된다고 보아야 한다.

　전반적인 트렌드와 환경이 변화에 적응하고 직면하고 있는 문제의 일반적인 원인을 파악하여 적합한 해결방안을 찾는 동시에 새로운 기회를 찾아 활용하는 방법을 꾸준히 학습해야하는 만큼 컨설턴트로 활동하고자 한다면 새로운 이론에 대한 지속적인 학습을 통해 이를 자신의 지식으로 만드는 노력을 게을리 해서는 안 될 것이다. 하지만 이러한 능력은 단지 학습활동을 통해서만 길러지는 것이 아니며 동료들의 경험, 컨설팅 회사의 노하우, 클라이언트와의 공동작업을 통해서도 축적하게 된다. 자신 역시 클라이언트가 갖고 있는 지식을 습득하여 보다 다양한 클라이언트에게 효과적인 조언을 할 수 있도록 지식과 역량을 강화시키는 양방향적인 과정인 것이다.

표 2-1_ 컨설팅 지식의 영역

기술적 차원	인간적 차원
• 클라이언트가 직면하는 경영 또는 사업상의 프로세스와 문제들이 갖고 있는 속성과 관련이 있으며, 논리적 분석과 해결한 도출이나 해결안 도출과 관련된 영역의 지식	• 클라이언트조직 내에서의 조직 구성원들간의 관계, 직면하고 있는 문제에 대한 사람들의 생각과 해결책에 대한 관심의 정도, 그리고 컨설턴트와 클라이언트와의 관계 등과 관련된 영역의 지식

기술적 차원의 지식은 비즈니스 프로세스, 전략 구조, 시스템, 기술, 자원배분과 활용, 생산, 재무회계 등의 영역에서 다루어지는 Tool을 활용하여 정량화 하거나 가시화 하는 데 있어 뛰어난 능력을 가지고 있는 전문가들의 역량이다. 소비자의 요구와 불평에 대한 더 나은 정보, 통제시스템, 신뢰할 수 있는 외부와 협력관계 구축, 중장기 전략 수립 등이 필요하다는 식의 기술적 관점에서 문제를 바라보는 경향이 있을 수 있다.

인간적 차원의 지식은 행동과학에 그 뿌리를 두고서, 비록 조직이 직면하고 있는 문제가 외향적으로는 기술적·재정적인 것일지라도 모든 문제의 이면에는 항상 인간적인 문제가 존재하므로 동기부여, 활성화, 권한 위임 등의 방식으로 접근함으로써 문제해결을 촉진할 수 있다고 보는 것이다. 이는 조직개발 또는 인적자원개발 컨설팅에 다수 사용되고 있으며 이를 활용하여 성공한 컨설팅 프로젝트 또한 다수 보고되고 있다.

② 조언과 지원

컨설팅의 출발점은 '질문과 답변' 또는 '충고'에서부터 시작한다. 컨설턴트가 클라이언트조직을 직접적으로 경영하거나 경영자를 대신해서 중대한 의사결정을 내리지 않는다는 것을 의미하기도 한다. 즉, 컨설턴트는 어떤 변화를 결정하고 이를 실행하는 데 있어서 직접적인 권한을 갖고 있지 않으며, 단지 자신들이 제공하는 상품 또는 솔루션의 품질과 성실성에 대한 책임만을 갖게 된다. 따라서 조직이 변화를 추진함으로써 발생하는 모든 책임을 결국 클라이언트에게 있는 것이다. 물론 컨설팅의 종류에 따라 이러한 상황에 많은 변형과 정도의 차이가 존재하겠지만, 기본적으로 컨설턴트는 올바른 방향과 올바른 시간, 올바른 결과치를 낼 수 있도록 능력과 기술을 반드시 갖추어야 한다. 컨설턴트는 자신에게 책임이 없다고 하여 책임감 없이 어드바이스 하는 것이 아니라 자신의 책임이 어디까지인가를 명확하게 구별할 수 있어야 한다.

컨설팅을 수행할 때는 원하는 성과를 달성하도록 도와주는 과정에서 순수한 조언 제공 그 이상을 해야 할 경우가 종종 있다. 예를 들어 계약된 컨설팅 범위를 넘어서는 경우가 흔히 일어날 수 있다는 것이다. 실제로 많은 컨설턴트들이 조언을 제공하는 것 외에도 조직 구성원에 대한 훈련을 실시한다거나 도덕적인 행동을 지지한다거나, 클라이언트를 대신해서 협상을 한다거나 하는 역할이 필요할 때가 있다. 또한 조직의 구성원들과 함께 어떤 활동을 수행하는 것처럼 조언자로서의 자신의 역할을 보완하기 위한 행동을 하는 것이 사실이다. 컨설팅을 수행할 때 흔히 발생하는 과업 외 '서비스' 역할을 해야 하는 경우가 발생한다면 '서비스'의 개념을 좀 더 탄력있게 받아들여 활동해야 만족도가 상승하고, 수행하는 컨설턴트의 성취감도 함께 상승하는 경우가 있으니 신중히 선택하고 추진해야 할 것이다.

③ 독립적인 서비스로의 컨설팅

컨설팅은 독립적인 서비스이자 유무형의 인적서비스라 할 수 있다. 어떤 상황을 평가하는데 있어서 편견 없는 진단을 통해 밝혀진 사실만을 말해야 하며, 자신의 이익에 앞서 진단 결과에 따라 우선적으로 조직이 해야 할 바를 솔직하고 객관적으로 추천할 수 있어야 한다. 그러나 컨설팅을 추진함에 있어 조직 또는 클라이언트의 상황이 매우 복잡하기 때문에 편견 없이 수행하기가 쉽지 않은 것이 사실이다. 컨설턴트는 이를 극복하도록 많은 연습과 실무경험을 바탕으로 수행해야 한다.

표 2-2_ 서비스 구분에 따른 컨설팅 이해

서비스 구분	세부 설명
기술적 독립	컨설턴트는 기업의 신념, 마인드, 클라이언트가 듣고 싶어 하는 이야기가 아닌 기술적 의견 중심의 어드바이스를 제공하는 독립적 위치에 서 있어야 한다.
재정적 독립	특정한 회사에 대한 투자나 시스템 구입에 대한 조직의 투자의사결정으로 인해 컨설턴트나 컨설팅회사가 어떠한 개인적·조직적 이익을 얻어서는 안 된다. 또한 현재의 클라이언트로부터 향후 더 많은 사업적 기회를 얻기 위해서 현재 추진하고 있는 프로젝트에 대한 어드바이스의 객관성이 침해되어서도 안 된다.
행정적 독립	컨설턴트는 조직의 구성원이 아니므로 그들의 행정적인 결정에 의해 영향을 받아서는 안 된다. 특히 내부 컨설턴트의 경우 이 같은 행정적 독립이 반드시 필요하다.
정치적 독립	조직의 경영진이나 구성원들이 정치적 권력이나 결탁 등을 이용하여 컨설턴트에게 어떤 영향력을 발휘하려고 해서는 안 된다.
정서적 독립	컨설턴트 스스로 공명정대하고 감정에 휩싸이지 않으며, 프로젝트가 진행되는 동안에 형성되는 우정 또는 그 밖의 정서적인 유대감이나 혐오감 등에 의해 영향을 받지 않아야 한다.

그러나 현실적으로 절대적인 독립상태를 유지하기는 매우 어렵다. 왜냐하면 컨설턴트의 경우 자신을 고용하고 자신이 제공한 서비스에 대한 대가를 지불하며 나아가 또 다른 계약으로 이어질 수 있는 클라이언트에게 수익창출을 의존할 수 밖에 없는 것이 현실이다. 특히 특정인으로부터 반복적으로 컨설팅을 의뢰 받는 경우에는 이러한 성향이 더 깊어질 수밖에 없고, 컨설턴트가 아닌 지인, 형·동생 하는 결과를 초래할 수 있어 객관적인 결정을 할 수 없는 상황에 놓여 난처한 경우를 많이 봐 왔기 때문이다. 컨설팅 이외의 서비스를 통해 많은 수익을 창출하지만 이로 인해 컨설턴트가 지켜야 할 전문적인 직업인으로서의 독립성이 점차 상실 될 수 있는 리스크도 존재하기 마련이다.

> ### 참고 컨설팅 수행 시 유의사항
>
> - 클라이언트는 컨설턴트를 고용해야 할 법적인 의무가 없기 때문에 자신이 원하는 컨설턴트를 자유롭게 선택할 수 있다.
> - 클라이언트는 컨설턴트의 기술적 역량과 개인적 성실함을 더 중요시하기도 한다.
> - 눈 앞에 보이는 이익을 위해 컨설턴트로서의 독립성과 객관성을 저버리는 컨설턴트는 결국 자멸할 수 밖에 없다.

④ 일시적인 서비스로의 컨설팅

조직이 필요로 하는 기간 동안 컨설턴트는 전문적인 의견을 제공하면서 그들의 문제를 해결하기 위해 전념하지만 일단 프로젝트가 완료되면 조직을 떠나는 것이 일반적이다. 비록 좋은 관계가 오랫동안 지속되더라도 이러한 관계를 중단시킬 수 있는 권한은 항상 클라이언트에게 있다는 것을 잊어서는 안 된다.

클라이언트는 자신들의 부족한 분야, 전문적인 지식과 기술이 필요하다면 일정기간과 일정금액으로 컨설턴트와 계약을 체결하게 된다. 조직은 컨설턴트와 함께 문제를 극복할 수 있는 방법을 택하는 것이 고정비 지출에 대한 부담감을 덜게 되는 것이다. 장기 플랜이 아닌 단기간에 할 수 있는 일을 전문가를 고용하여 진행하기에는 큰 무리가 따르기 마련이다. 따라서 컨설팅 지원사업, 멘토링 지원 등을 통해 이를 해결해 나아가도록 국가와 각 기관의 협조를 구해 활용할 수 있는 방법을 찾아가는 것이다.

⑤ 비즈니스로의 컨설팅

개인적으로 활동하는 개인 컨설턴트이건 컨설팅 회사에 소속된 컨설턴트이건 모든 컨설턴트들은 고객을 위해 자신이 수행한 모든 작업에 대한 수임료를 청구해야 하기 때문에 이들은 전문서비스의 판매자이며, 고객은 구매자라고 할 수 있다. 즉, 컨설팅회사는 프로페셔널 서비스 조직이면서 동시에 상업적 비즈니스를 목적으로 한 조직인 것이다.

따라서 컨설팅 프로젝트는 기술적으로 정당화될 수 있어야 함은 물론이고 고객과 컨설턴트 양자 모두에게 재정으로도 실현이 가능하며, 상업적으로도 이익을 창출하는 활동이어야 한다. 조직의 입장에서는 컨설팅을 통해 얻어지는 이익이 컨설턴트에게 지급되는 수임료, 스태프들이 투여한 시간, 컨설팅을 통해 부수적으로 발생하는 비용 등 컨설팅을 위해 투입되는 총비용을 상회해야 한다. 한편 컨설턴트 입장에서는 다른 전문서비스회사들이 일반적으로 적용하는 기준으로 평가했을 때 자신들이 받는 수임료가 이익을 창출할 수 있는 수준이어야만 한다. 그러나 경우에 따라서는 클라이언트가 지불하는 수임료가 컨설턴트가 제공하는 서비스의 모든 비용을 충당하지 못할 때도 있는데, 가령 정부의 경제정책 또는 그 밖의 경제적, 정치적, 사회적 이유로 타 기관으로부터 보조금을 지원받아 컨설팅 프로젝트를 수행하는 경우가 이러한 예에 해당할 수 있다. 보조금을 지원받아 조직과 공동으로 프로젝트를 지원할 때에는 일정 세금(부가세)와 기업이윤, 일반관리비 등이 컨설팅 수임료에서 제외되는 경우가 종종 발생하게 된다. 컨설팅 회사의 수행 인력에 대한 인건비 또한 인정되지 않는 경우가 발생할 수 있으니 컨설팅 계약 전 사업비를 산출할 때 그 항목을 염두 해 두고 정산증빙이 편리하게 미리 구분해 놓아야 한다.

또 어떤 기관은 훈련과 연계하여 컨설팅을 수행한 후 이러한 훈련을 통해 벌어들이는 수익으로 컨설팅 비용을 충당하기도 한다. 한편 일부 비영리단체들은 혜택을 받지 못하는 사회단체나 낙후지역에 위치한 기업에게 컨설팅과 카운슬링을 제공하는 컨설팅회사를 대상으로 컨설팅 비용의 전액 또는 일부를 보조금 형태로 지급하기도 한다.

❸ 컨설턴트가 할 수 없는 것

파산에 직면한 클라이언트나 기업, 회생불가 상태의 상황 등 어느 누구도 도와줄 수 없는 상황이 언제든지 존재할 수 있으며, 설사 도움을 주는 것이 가능하다 할지라도 컨설턴트나 컨설팅 회사가 기적을 만들어 낼 것이라고 기대하는 것은 잘못된 생각이다. 컨설턴트 역시 클라이언트에게 이들이 직면한 모든 문제를 자신이 해결해 줄 것이라는 기대감과 호언장담을 해서는 안 된다. 문제해결에 대한 의사결정과 그 결과에 대한 경영상의 책임으로부터 완전히 해방시켜 줄 수는 없다. 클라이언트가 추구하는 바와 목표를 어디까지 달성하는지, 새로운 기회와 지원제도를 잘 활용할 수 있는지, 기업이 학습하려하고 있고 변화 할 수 있는 자세가 되어 있는지, 컨설팅을 수행함에 있어 컨설턴트를 믿고 의지하며, 신뢰할 자세가 되어 있는지 복합적으로 검토해야한다. 컨설턴트는 서로 Win-Win할 수 있는 관계로 발전하도록 노력해야 하며 절대 할 수 없는 프로젝트라면 과감히 거절하고 또 다른 방향으로 '제시'해 보는 쪽으로 노력해야 한다.

외식산업 컨설팅
실무와 사례

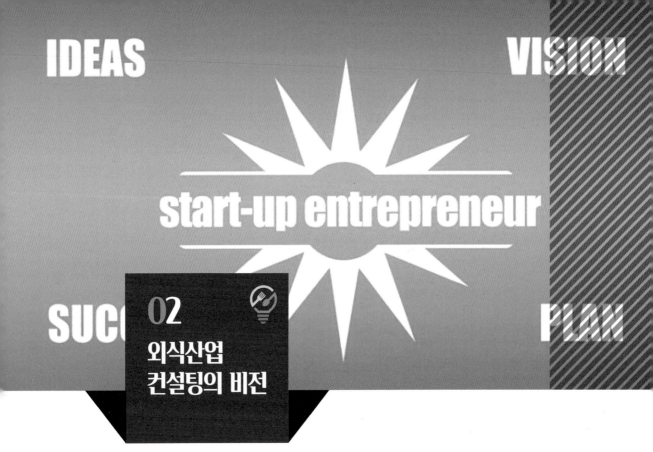

02

외식산업
컨설팅의 비전

① 인증과 면허

　인증(Certification)과 면허(Licensing)를 컨설팅에 적용할지의 여부와 그 방법에 대해서는 컨설팅회사와 컨설턴트협회, 클라이언트와 컨설턴트 본인, 그리고 국가 산하기관에서도 논쟁이 끊이지 않고 있다. 물론 소상공인·협업화 컨설턴트, 상인 강사, 상권육성 전문인력(소상공인시장진흥공단), 식품·외식 멘토링, 컨설턴트(aT한국농수산식품유통공사), 자영업 컨설턴트(서민금융진흥원)를 매년 모집·위촉되고 있고 컨설턴트란 전문직업이 갖는 의미와 사회적 책임에 대한 인식이 확산되고 있다는 것을 보여주는 증거이지만, 한편으로는 프로페셔널리즘의 발전을 저해하는 다양한 요소들이 아직도 존재하고 있다는 것을 의미한다.

　컨설턴트에 대한 인증은 사회적으로 컨설팅이 하나의 완전한 전문직업으로 폭넓게 인정받기 위한 과정에서 반드시 거쳐야 하는 단계로 봐야 한다. 기업이나 정부, 일반대중 입장에서 경영과 비즈니스에 대한 중요한 사항을 결정하는 데 관련된 컨설턴트의 전문성이 보장된다면 컨설턴트의 수요가 대단히 많아 질 것이다. 또한 국제적 지위를 향상시키고 다른 전문직업과 경쟁하는 데에도 도움이 될 것이며, 컨설팅 비즈니스에 있어 좀 더 강력한 시장 질서를 확립하는 데도 많은 도움이 될 것이다.

이러한 인증제도와 선발절차에 있어 반대의견도 많은 것이 사실이다. 가령 인증을 통해서 컨설턴트가 주어진 일에 실제로 적합한 전문 인력인가를 보증하기가 매우 어려우며, 인증은 컨설턴트라는 전문직업에 발을 들여 놓는 것에 대해 일반적이고 활동할 수 있는 자격을 설정하는 것 외에 아무런 의미가 없다고 보는 것이다. 그리고 컨설팅을 한다는 것 그 자체는 하나의 사업이기 때문에 이들이 시장에서 실시하는 테스트를 통과하여 클라이언트를 충분하게 확보하는 것이 그들의 역량을 인증하는 것이지 별도의 인증서는 필요없다고 주장하는 이들이 다수이다.

또한 컨설팅 범위를 정의하는 것이 어렵고 전문직업으로서 갖추어야 할 지식체계가 확립되지 않았을 뿐만 아니라 다른 전문직업과도 중복되기도 한다. 일부 대형 컨설팅 회사의 경우에는 자사의 구성원들에게 컨설턴트 인증 또는 면허를 취득하라고 장려하기도 하고 이를 통해 맨 파워(Man Power)를 통한 활동 영역을 확장해 나아가기도 한다. 이에 대한 최소한의 대안은 국가 산하기관에서 자격을 부여해주는 과정과 자격을 갖춰서라도 컨설턴트 활동을 가능하도록 만들어주고 있는 실정이다.

② 각 기관별 컨설턴트 모집 요강 및 자격

정부에서 지원하는 컨설팅 사업 중 '소상공인'을 대상으로 지원되는 컨설팅 사업으로 한정하고, 이에 알맞은 컨설턴트 모집 요건을 기초로 하여 총 6개 분야의 컨설턴트로 나열해 보고자 한다. - 소상공인시장진흥공단의 역량강화 컨설턴트와 사업정리 컨설턴트, 소상공인 강사, 협동조합 협업 컨설턴트, 상권분석 전문가 등 5개 분야와 서민금융진흥원의 자영업 컨설턴트 1개 분야와 한국농수산식품유통공사의 식품·외식 컨설턴트 1개 분야, 한국관광공사 관광두레 컨설턴트 1개 분야에서 수행역할과 조건을 알아보고, 컨설턴트의 신청요건을 살펴보도록 한다.

① 소상공인 역량강화 컨설턴트

소상공인 역량강화 컨설턴트는 소상공인 관련 업종 및 분야별 전문성과 실무능력을 갖춘 전문가를 선별·모집하여 소상공인들에게 필요한 컨설팅의 품질 향상과 성과를 제고하기 위해 매년 정기적으로 '소상공인시장진흥공단'에서 컨설턴트가 가능한 자를 모집하고 있다. 소상공인 지원분야에 전문직을 두고 있거나, 소상공인을 대상으로 하는 컨설팅 관련 지식과 경험, 노하우, 교수, 지도자 등이 모집대상에 해당한다. 가장 최근 소상공인 역량강화 컨설턴트 모집 요강을 살펴보도록 한다.

그림 2-1_ 2021년도 소상공인 역량강화사업 컨설턴트 모집 사례

---

1 모집개요

■ 모집대상

소상공인을 대상으로 하는 컨설팅* 관련 지식과 업종·분야별 경험 및 노하우가 풍부한 자로 모집분야별 세부
자격요건을 충족하는 자

■ 모집규모

(모집규모) 전국 500명 내외, 6개 지역본부별 모집

- 컨설턴트는 한 개의 지역본부만 선택하여 신청하여야 하며, 최종 선정 후 지역본부 및 컨설팅 분야·업종
  변경 불가

지역본부별 모집인원

구분	서울·강원	경기·인천	대전·충청	대구·경북	광주·호남	부산·울산·경남
모집인원	00	00	00	00	00	00

* 컨설팅 수행은 지역본부 제한없이 전국 단위로 가능

■ 모집분야

(모집분야) 경영·브랜드·디자인, 법률, 기술, 투자·디지털 전환 등 4개 분야로 모집

- (경영·브랜드·디자인) 소비행태 변화를 선도하는 경영역량 및 매출증대, 브랜딩, 디자인 고도화 관련
  컨설팅 가능 전문가
- (법률) 특허, 법률, 세무, 노무 등 관련 경력 및 자격을 갖춘 자
- (기술) 음식업, 이·미용업, 제과·제빵 등에 관한 기술전수가 가능한 전문가
- (투자·디지털 전환) 디지털화 관련 컨설팅 가능 전문가, 투자·펀딩에 대한 전문성 및 경력을 갖춘
  엑셀러레이터 등 전문가

모집분야 및 세부내용

모집분야	세부내용
경영·브랜드·디자인	• 마케팅, 영업홍보, 프랜차이즈, 직원관리, 재무관리, 안전·보건 관리, 브랜딩 및 디자인 도입 및 고도화 등
법률	• 특허, 법률, 세무, 노무 등
기술	• 상품 및 메뉴 개발, 이·미용 비법 전수 등
투자·디지털 전환	• 소상공인의 디지털화, 투자·펀딩 등

■ **세부 자격요건**

(모집규모) 모집분야별 세부 자격요건 중 1개 이상의 자격을 충족하여야 지원 가능

– 온라인 신청 시 아래 자격요건 중 1개를 선택하여야 하며, 반드시 선택한 자격요건에 맞는 증빙서류를 등록하여야 함

모집분야별 세부 자격요건

모집분야		세부 자격요건
경영·브랜드·디자인	가	컨설팅 경력 5년 이상으로, 공고일 기준 최근 3년간 컨설팅(교육 제외) 실적이 7건 이상인 자
	나	중견기업, 대기업에서 모집분야와 관련한 직무 수행경력이 7년 이상이거나 공공기관에서 소상공인(전통시장·상점가 포함) 관련 경력 또는 상담경력이 7년 이상인 자 *공고일(2021.5.13.)기준 한국중견기업연합회에서 제공하는 중견기업 확인서 발급정보 공개 상의 유효기간이 남아있는 기업 및 공정위 지정 공시대상기업 집단 현황에 해당한 기업
	다	경영지도사 또는 기술지도사 등록증 소지자 *유효기간내 등록증만 인정, 자격증은 불인정
	라	가맹거래사, 행정사, 물류관리사 자격증 소지자
	마	전문대 이상의 창업·경영 등 소상공인 관련과목 겸임교수(시간강사 포함) 이상으로 당해 연도에 재직 중인 자 *보험, 보건 등 소상공인 정책자금 지원제외 업종 관련 학과는 불인정
	바	석사 이상의 학력자 중 컨설팅(교육 제외) 경력이 3년 이상이며, 공고일 기준 최근 3년간 컨설팅(교육 제외) 실적 5건 이상인 자
	사	온라인창업 경력 5년(사업체유지기간 기준) 이상 및 연매출 10억 이상인 자
법률	가	변호사, 법무사, 변리사, 회계사, 세무사, 노무사
기술	가	소상공인 관련 업종별 국가기술자격증을 보유하고 자격증과 동일 업종의 실무 경험이 5년 이상인 자
투자·디지털 전환	가	엑셀러레이터로 등록된 법인에서 상근 전문 인력으로 경력이 3년 이상인 자
	나	중견기업, 대기업에서 모집분야와 관련한 직무 수행경력이 7년 이상인 자 *공고일(2021.5.13.)기준 한국중견기업연합회에서 제공하는 중견기업 확인서 발급정보 공개 상의 유효기간이 남아있는 기업 및 공정위 지정 공시대상기업 집단 현황에 해당한 기업

■ **추진절차 및 일정**

①모집공고	②신청·접수	③서면평가	④컨설턴트 등록교육 실시	⑤컨설턴트 최종 등록
공단본부 (5.13)	관리시스템 (~6.2)	지역본부 (~6.11)	전문기관 (~6.18)	공단본부 (~6.21)

② 소상공인 교육강사

소상공인 교육강사는 이론교육 강사와 실습교육 강사를 공개 모집하여 소상공인 각 분야별 전문성과 역량을 갖춰진 자를 대상으로 정기적인 모집을 하고 있다. 마케팅, 서비스, 클라이언트관리, 상품개발, 점포운영, 프랜차이즈, 이미용, 도소매 유통 등 다양한 분야에 종사하고 있는 컨설턴트 또는 전문가를 '소상공인시장진흥공단'에서 강사 POOL형태로 운영하고 있다. 컨설팅과 강사활동을 겸임하고 있는 컨설턴트가 많은 관계로 컨설턴트와 강사 역할을 동시에 할 수 있는 방법을 알아 보고자 최근 소상공인 교육이 가능한 강사 모집공고 사례를 살펴보도록 한다.

그림 2-2_ 2015년도 소상공인 교육강사 모집 사례

1 모집분야

■ **이론 및 실습과정으로 구분하여 다양한 전문 분야별 강사 모집**

분야(세분류 기준)가 없을 경우 '기타'로 하고, 신청자가 세분류 기재 가능

소상공인교육 모집분야

대분류	세분류
이론 교육	①마케팅 ②친절서비스 ③클라이언트관리 ④소비자의 이해 ⑤상품개발 및 관리 ⑥상권분석 ⑦브랜드 관리 ⑧광고·홍보 ⑨점포경영 ⑩진열 및 포장 ⑪상인정신 ⑫디자인 경영 ⑬법률 ⑭세무 및 회계 ⑮ 프랜차이즈 ⑯기타( ) *본인직접 분야기재 가능
실습 교육	①음식업 ②슈퍼마켓/편의점 ③의류도소매업(악세서리포함) ④화장품도소매 ⑤기타 도소매 ⑥이·미용업 및 기타미용관련 ⑦욕탕업 ⑧세탁업 ⑨학원(교육서비스) ⑩자동차 관련업 ⑪경영관련 서비스업 ⑫IT관련 서비스업 ⑬운수업 ⑭오락, 문화, 운동 관련 서비스업 ⑮ 기타( ) *본인직접 분야기재 가능

2 신청자격

■ **신규강사**

아래의 소상공인교육 강사비기준을 충족하는 자로서, 분야별 전문성과 역량을 갖춘 자
– 업계·기관·단체, 공무원, 군인 등은 전직 직위를 인정하고, 외국어는 학원강사 등을 필요시 활용

구분	가급	나급	다급
금액(시간당)	250천원	200천원	150천원
	220천원	170천원	120천원
학계	정교수 이상 또는 박사로서 15년 이상 경력자	조교수 이상 또는 박사로서 5년 이상 경력자	조교수 이하 또는 박사학위 5년 미만 경력자
업계	상장기업 대표이사 이상	상장기업 임원 이상	상장기업 부장 이하
기관	공공기관 기관장	공공기관 상근임원	공공기관 직원
경제단체/협회	전국규모의 경제단체/ 협회의 대표	전국규모의 경제단체/ 협회의 상근임원	전국규모의 경제단체/ 협회의 직원
	* 각 시도에 10개 이상의 지회가 구성되어 있는 곳		
언론계	국장 이상	부장 이상	부장 미만
연구기관	국책연구원 연구위원 이상	국책연구원 책임연구원	국책연구원 선임연구원이하
군인(직업군인)	대령 이상	중령 이하, 소령이상	대위 이하
공무원	부이사관 이상	서기관 이상	사무관 이하
(국가공인) 전문자격증	변호사, 변리사, 공인회계사, 세무사로서 10년 이상, 경영지도사, 기술사, 유통관리사 등 18년 이상 경력자	변호사, 변리사, 공인회계사, 세무사로서 5년 이상 또는, 경영지도사, 기능장, 유통관리사 등 8년 이상 경력자	변호사, 변리사, 공인회계사, 세무사로서 5년 미만 또는, 경영지도사, 기사이하, 유통관리사 등 8년 미만 경력자
기능 자격증	미용사, 조리사 등 기능관련 자격증 소지자로서 20년 이상 경력자	미용사, 조리사 등 기능관련 자격증 소지자로서 10년 이상 경력자	미용사, 조리사 등 기능관련 자격증 소지자로서 10년 미만 경력자
소상공인교육 등	소상공인교육 등 교육경력 20년 이상 경력자	소상공인교육 등 교육경력 10년 이상 경력자	소상공인교육 등 교육경력 10년 미만 경력자
소상공인	사업자 등록증 기준 업력 20년 이상 성공 소상공인	사업자 등록증 기준 업력 10년 이상 소상공인	사업자 등록증 기준 업력 10년 미만 소상공인
비고	레크리에이션, 기체조, POP, 웃음, 건강, 외국어 등 소상공인교육과 직접적 관련이 적은 교양과목을 지도하는 강사로서 일괄적으로 다급으로 지급		

*학계,업계/기관/단체, 언론, 연구위원, 군인, 공무원은 전직 직위를 인정함
 − 전직으로 인정시 해당기관 또는 관련분야 합산 경력 10년 이상시 '가'급, 미만시 '나'급 인정

■ 기존강사

'14년 소상공인교육 강사풀에 등록된 자로서, 기존의 등급조정, 강의 분야를 추가 또는 변경하고자 하는 자

③ 식품·외식 멘토링 컨설턴트

식품·외식 멘토링 컨설턴트는 농림축산식품부와 한국농수산식품유통공사(aT)에서 국내산 원료를 사용하는 중소식품제조기업의 기술과 마케팅, 디자인등을 개선하기위한 컨설팅을 지원하기 위해 '식품단기역량제고 전문위원'이라는 명칭으로 매년 모집하고 있다. 모집분야는 총 7개로 기술분야(HACCP, 식품위생관련법, 상품개발, 품질개선)와 마케팅 분야(상품마케팅, 디자인개발)로 나눠 모집하고 있다. 최근 식품단기역량제고 전문위원 모집공고 사례를 살펴보도록 한다.

그림 2-3_ 2019년도 식품 단기역량제고 전문위원 모집 사례

---

1 모집안내

모집일자: 공고일로부터 ~ 3월 22일(금) 18:00

신청방법: 채용홈페이지(https://foodbiz.trns.kr)에서 입사지원서 접수

■ **모집분야(7개 및 인원(60명)**

	분야		인원
기술	HACCP 준비단계	국내 HACCP인증시스템 구축을 위한 사전 준비단계	40명
	HACCP 사후관리	소규모 HACCP에서 일반 HACCP전환 심사대응	
	식품위생관련법	관련법규 영업자준수사항, 표시기준 등 지도	
	상품개발	상품개발 절차 및 시제품 개발	
	품질개선	품질개선을 통한 경쟁력 확보	
마케팅	상품마케팅	상품 온·오프라인 마케팅	20명
	디자인개발	포장디자인 개선	

■ **지원자격**

분야	지원자격
기술	기술사(식품 또는 수산제조) 또는 박사학위 소지자로써, 관련분야 근무(컨설팅)경력자
마케팅	식품경영 및 디자인 관련 전공자, 관련분야 근무(컨설팅) 경력자 *관련분야: 농식품유통(온·오프라인), 경영전략, 마케팅 및 디자인

- 근무경력 및 컨설팅 수행실적 인정범위
  : HACCP(인증, 기초교육/사후관리 등), 제품개발 또는 품질·공정개선(식품), 식품 표기사항 및 관련법규
   지도 등 모집분야와 관련된 근무(컨설팅)경력에 한함
- 전문지식(학력) 인정범위: 식품공학, 식품영양, 경영, 위생, 디자인 등 컨설팅관련 분야에 한함
- 전문지식(자격증) 및 컨설팅 건수의 경우 평가점수의 합이 배점한도를 초과할 수 없음
- 자격증: 컨설팅관련(경영, 디자인, 기술관련 등 국가기술자격증) 및 전공에 준하는 자격증

■ **제출서류**

- 전문위원 등록 신청서 1부
- 직무역량기술서 1부
- 증빙서류: 학위증명서, 재직/경력증명서, 자격증 사본, 실적증명서(컨설팅)

■ **선정기준(기술/경영 공통)**

- 1차 계량평가(서류) 및 2차 비계량평가(직무역량기술서)

■ **지원 선정절차**

①공고 및 접수	②1차 평가	③2차 평가	④선정
- 공고 게시 - 서류접수	- 채용대행사 - 서류평가(계량)	- aT담당부서 - 직무 역량기술서 평가(비계량)	- 결과 발표 - 선정

■ **선정**

- 결과발표: 최종 선정인원 개별통보(채용홈페이지 발표 및 문자발송)
- 전문위원 등록: 식품기업지원관리시스템(foodbiz.or.kr) 개별 등록 후 지원사업 참여

■ **문의처**

- 채용홈페이지(foodbiz.trns.kr) Q&A 게시판 혹은 Tel. 02-6300-1734

2 지원사업 개요

■ **지원사업**

"2019년 식품 품질·위생 단기역량제고"

■ **지원대상**

국산원료를 주원료로 사용하는 중소식품제조기업

지원사업	지원구분	지원한도	자부담금	비고
식품 품질· 위생 단기역량제고	일반기업	1,400천원	100천원	현장지도 5회 (1회 30만원/6시간)
	우대기업	2,300천원		현장지도 8회 (1회 30만원/6시간)

*우대기업: 식품명인기업, 전통식품품질인증기업, 술품질인증기업, 농식품부식품산업진흥과 소관 품평회
 (김치품평회, 술품평회) 입상 후 3년 내 기업, 농공상융합형중소기업, 신규창업(창업 1년이내),
 소규모기업(최근년도 매출 1억원 미만), 사회적경제기업 및 장애인기업

■ 지원절차

지원사업추진절차	진행방식
신청접수(온라인) → 선정 → 자부담금 납입 → 업무협약 → 전문위원 매칭 → 사업수행(5회~8회) → 수행완료 → 완료점검 및 만족도 조사 → 수임료 정산	foodbiz.or.kr 온라인 접수 및 수행관리

■ 사업수행

- 수행횟수: 일반기업 5회, 우대기업 8회
- 수행기한: 전문위원 선정 통보일로부터 2개월 이내
- 수행방법: 전문위원의 업체방문 및 현장지도 실시(1회당 6시간)
- 수행일로부터 3일이내에 회차별 수행일지 및 방문증빙 제출

■ 사업완료

- 완료점검: 현장방문을 통한 수행내용 점검 및 만족도 조사 실시
- 통보일로부터 7일 이내 완료점검 전문위원의 업체 방문조사

■ 평가점수(100%) = (완료점검 점수 × 70% + 만족도점수 × 30%) / 업체수

평가점수	활용방법
90점 이상	해당연도 Best 전문위원 후보로 선정 (별도 평가를 통하여 최종 수상자 선정 및 포상금 지급)
70점 미만	해당연도 업체 추가배정 및 차년도 사업참여 제한 (발생 즉시 시행하며, 이 경우 업체 평균을 적용하지 아니함)

■ 수임료 정산

- 수임료(수행) : 회당 30만원 (제세 포함)
- 수임료(완료점검) : 회당 25만원 (제세 포함)
- 부대비용 : 거리별 차등 지급 (증빙제출 필수)

이동거리	교통비	일식(식비 등)	합계
편도 70km ~ 150km	4만원	1만원	5만원
편도 150km ~ 300km	7만원	3만원	10만원
편도 300km 이상	10만원	3만원	13만원
도서지역	실비	3만원	실비 + 3만원

*증빙자료: 교통비 영수증(하이패스, 탑승권 등), 업체 인근 사용 영수증(주유소, 식당)
*이동거리 산정기준: 전문위원 주소지에 방문업체까지 자가용 거리

④ 자영업 컨설턴트

자영업 컨설턴트는 서민금융진흥원에서 영세 자영업(소상공인)컨설팅 수행이 가능한 자를 컨설턴트로 공개 모집하고 있다. 신청을 희망하는 활동지역을 3개 지역까지 선택이 가능하고 향 후 프리랜서 형태로 계약을 체결한 이후 컨설턴트 위촉기간동안 활동하게 된다. 최근 서민금융진흥원에서 진행한 컨설턴트 모집 사례를 살펴보도록 한다.

🖳 **그림 2-4_** 2019년도 자영업 컨설턴트 모집 사례

■ **모집개요**

- 대상: 영세 자영업 컨설팅 수행이 가능한 자
- 모집지역: 서울, 경기, 부산, 광주, 전남
  *신청시 희망하는 활동지역을 명기할 것 (3지망까지 선택 가능)
  *본 모집을 통해 선발된 분들은 서민금융진흥원과의 협약(프리랜서 계약)을 통해 컨설턴트 위촉기간 동안
  활동하게 됩니다.

■ **모집기간**

2019. 3. 5(화) ~ 3. 14(목) 18:00까지

■ **모집대상**

- 자영업 컨설턴트 9명
  *컨설팅 신청인의 사업장을 방문하여 컨설팅 수행 및 결과보고서 제출
- 수도권지역 컨설팅 매니저 1명
  *담당 지역을 대표하는 컨설턴트로, 컨설팅 사전·현장점검, 만족도조사 등을 실시하고 진흥원에서 별도 위탁하는
  특정 업무를 수행

■ **응시방법**

컨설턴트 모집 홈페이지(http://kinfa1.saramin.co.kr)에서 온라인 접수

■ **선발절차**

①컨설턴트 모집　→　②서류심사　→　③면접심사　→　④합격자 발표　→　⑤컨설턴트 위촉

3.5(화)~3.14(목)　　~3.22(금)　　~3.27(수)　　4.1(월)　　4.5(금)

*전형 단계별 합격자 발표는 모집 홈페이지 공지
*각 전형별 합격자에 대하여 다음 전형 응시자격 부여
*상기 절차 및 일정은 진흥원 사정에 따라 변경될 수 있음

■ **자격요건**

*면접대상자로 선발 시, 면접심사 시까지 자격 요건 증빙 서류 제출

> **지원자는 다음 조항 중 반드시 1개 이상의 자격요건을 충족하여야 함**
>
> 가. 경영지도사 또는 기술지도사 등록증 소지자(유효기간 내)
>
> 나. 변호사, 법무사, 변리사, 회계사, 세무사, 노무사, 가맹거래사 자격증 소지자
>
> 다. 석사 이상의 학위 취득자로서 창업·경영관련 강의 또는 진단·지도 경력이 2년 이상 인자 중 공고일 기준 최근 2년간 자영업 관련 진단·지도 실적 10건 이상인 자
>
> 라. 은행에서 가계여신, 중소여신 심사경력 5년 이상인자 또는 이에 준하는 자
>
> 마. 진흥원 및 사업수행기관에서 2년 이상 관련 분야의 실무경력이 있는 자
>
> 바. IT분야(홈페이지, 쇼핑몰구축, QR코드 등)는 컨설팅 경력 2년 이상이며, 공고일 기준 최근 2년간 10건 이상 진단·지도 실적이 있는 자
>
> 사. 전문대 이상의 창업·경영 등 소상공인 관련학과 겸임교수(시간강사 포함)로 재직 중인 자
>
> 아. 소상공인 업종에 2년 이상 종사하거나 운영한 경험이 있는 자 중 최근 2년간 자영업 관련 진단·지도 실적이 3건 이상인 자
>
> 자. 타기관의 컨설턴트로 2년 이상 활동하며 10건 이상의 자영업자 또는 소상공인 진단·지도 실적이 있는 자
>
> 차. 특정분야의 전문가로 서민금융진흥원 원장이 인정한 자

⑤ 소상공인 협동조합 협업컨설턴트

소상공인 협동조합 '협업컨설턴트'는 소상공인협동조합의 설립에서 운영까지 전반사항에 대한 컨설팅을 지원함으로써 협동조합의 조기정착과 경영안정화에 기여하고, 현장방문을 통해 맞춤형 컨설팅을 지원할 수 있는 전문성과 실무능력을 갖춘 전문가를 선별·모집되어 활동하도록 '소상공인시장진흥공단'에서 모집하고 있다. 협동조합 설립에 대한 전문지식과 사업수립 능력, 조합운영에 대한 경영, 전문지식, 정리(회생)분야가 가능한 컨설턴트가 해당된다. 최근 소상공인 협동조합 협업컨설턴트 모집 요강을 살펴보도록 한다.

📊 그림 2-5_ 2017년도 협업컨설턴트 모집 사례

1 사업개요

■ 사업목적

소상공인협동조합의 설립에서 운영까지 전반사항에 대한 컨설팅을 지원함으로써 협동조합의 조기정착 및 경영안정화에 기여

■ 모집대상

소상공인협동조합 활성화 사업의 성과제고를 위해 관련 지식 및 경험·노하우가 풍부한 외부전문가

■ 신청기간

'17. 3. 22(수) ~ 4. 7(금), 18:00까지
*활동기간: 2017년도 협업컨설턴트로 활동 가능(6월~11월)

■ 모집규모

200명 내외
*지역본부별로 모집규모가 상이

■ 모집분야

– 현장방문을 통해 소상공인협동조합의 설립 및 운영에 관한 제반사항 등에 대한 맞춤형 컨설팅을 지원
– 소상공인협동조합 협업컨설턴트 지원분야

컨설팅 분야		지원대상	컨설팅 주요내용
1.조합 설립		(예비)소상공인협동조합	• 조합 설립 전반(정관작성 등) • 조합 사업계획 수립 *소상공인협동조합 협업사업 사업계획 수립에 한정
2.조합 운영	① 경영	소상공인협동조합	• 조합 경영 및 운영 전반 *경영(상권분석·마케팅·인사·노무·회계 등),운영 노하우 등
	② 전문		• 조직관리(갈등관리 등), 중장기 발전방향 수립, 위기관리 대책능력 배양 등
	③ 정리		• 정밀진단 후 회생가능여부를 분석하여 맞춤형 지도 *(회생가능) 재무상태 등을 분석하여, 매출향상 및 원가절감 방안, 부채탕감계획, 판로확대 계획 수립 등 컨설팅 *(회생불가) 사업전환, 타 조합과 합병, 휴·폐업 등 유도

■ 주요역할

– (역할) (예비)소상공인협동조합을 직접 현장방문하여 조합 설립·운영 등에 대한 맞춤형 컨설팅을 수행
  *컨설턴트 수행계획서 작성, 협약체결, 현장방문 컨설팅, 결과보고서 제출 등
– (비용) 컨설팅 수당 250천원(1일 4시간 기준)
  *지원한도: 1개 업체당 최대 8일까지 지원

■ 추진절차

*컨설턴트 교육수료자에 한해 '17년 협업컨설턴트로 최종 등록하고 컨설팅 활동 실시
**세부 추진일정은 내부사정 등에 의해 지역본부별로 일부 상이할 수도 있음

2 신청개요

■ 신청자격

아래의 조항(가~바) 중 1개 이상의 자격요건을 충족한 자

구분	세부 자격요건
가. 국가전문자격증 소지자	경영지도사 또는 기술지도사 등록증 소지자(유효기간 내), 변호사, 법무사, 변리사, 회계사, 세무사, 노무사, 가맹거래사, 유통관리사 자격증 소지자
나. 진단지도 경력자	소상공인 및 중소기업 진단·지도 경력이 3년 이상인자 중 공고일 기준 최근 3년간 소상공인 및 중소기업 관련 진단·지도 실적 10건 이상인 자 *실적증명서로 증빙이 안 될 경우, 세금계산서, 협약서(사본) 등 객관적 증빙자료를 제출
다. 관련분야 경력퇴직자	중소기업 및 소상공인 유관기관에서 퇴직한 자로서, 중소기업 및 소상공인(전통시장·상점가 포함) 관련 경력 또는 상담경력이 5년 이상인 자
라. IT분야 (홈페이지, 쇼핑몰구축, QR코드 등) 전문가	컨설팅 경력 3년 이상으로, 공고일 기준 최근 3년간 소상공인관련 진단·지도 실적이 10건 이상인 자
마. 관련분야 교수(강사)	전문대 이상의 창업·경영 등 소상공인 관련학과 겸임교수(시간강사 포함)이상으로 재직중인 자
바. 소상공인협동조합 관련 현장 전문가	소상공인협동조합 컨설팅 경력이 2년 이상 또는 기능장, 명장(국가공인훈격)

■ 신청기간

'17. 3. 22(수) ~ 4. 7(금), 18:00까지
*접수마감: '17. 4. 7(금) 18:00시까지 도착(4월 6일 우편 소인분은 불인정)

■ **신청방법**

- 우편 또는 직접 방문 제출
- 컨설턴트 (희망)지역을 관할하는 소상공인시장진흥공단 지역본부로 신청접수

  *첨부 6의 전국 소상공인시장진흥공단 전국 지역본부 주소록 참조

■ **접수처**

- 공단의 관할 지역본부(6개)

  *①서울·강원, ②부산·울산·경남, ③대구·경북, ④광주·호남, ⑤경기·인천, ⑥대전·충청

  **6개 지역본부 중 활동을 희망하는 지역의 1개 지역본부를 선택하여야 함

  (지역본부 중복 지원 시에는 탈락처리)

  *** 선정된 컨설턴트는 관할 지역본부에서 관리·감독하며, 타지역에서 컨설팅 수행 불가

■ **신청서류**

- 컨설턴트 신청서 등 5개 제출(증빙)자료

구분	제출서류	부수	비고
1	•협업컨설턴트 참가신청서 1부 [첨부 1]	1부	원본
2	•협업컨설턴트 자기소개서 [첨부 2]	1부	사본
3	•개인정보 수집·이용 / 제공 동의서(컨설턴트용) [첨부 3]	1부	사본
4	•컨설턴트 윤리강령 서약서 [첨부 4]	1부	사본
5	•학력증명서(최종 학력증명서만 제출) *단, 기존 협업컨설턴트의 경우 학력증명서는 미제출	1부	사본

⑥ 자영업 상권분석전문가

자영업 상권분석 전문가는 소상공인시장진흥공단에서 무분별한 창업을 사전 방지하고, 준비된 창업과 지역상권 진단을 위한 외부 전문가(컨설턴트)를 모집한다. 상권분석 및 창업정보 제공 등 관련 컨설팅이 가능한 자를 모즙하여 소상공인을 지원하기 위해 운영되는 전문가 시스템 이다. 상권분석은 소상공인시장진흥공단에서 운영되는 '상권분석시스템'을 기본적으로 활용하여 지역 단위별로 입지, 업종, 상권, 시간대, 매출, 유동인구, 동종업계 통계, 창폐업율 등의 데이터를 분석하여 창업의 리스크를 최소화함에 그 목적이 있다. 최근 자영업 상권분석전문가 모집공고 사례를 살펴보도록 한다.

그림 2-6_ 2018년도 상권분석 전문가 모집 사례

1 모집개요

■ **추진목적**
무분별한 창업 방지 등 준비된 창업과 지역상권 진단을 위해 외부 전문가를 활용한 지역별 상권분석
자문단 구성

■ **모집대상**
상권정보 제공 등 관련 컨설팅이 가능한 외부 전문가

■ **모집기간 및 신청방법**
– 모집기간: '18. 11. 12.(월) ~ 11. 16.(금) 18:00
– 신청방법: 전국 지역센터별 방문 또는 우편을 통한 신청·접수

■ **모집규모 및 모집방법**
– 모집규모: 540명(지역센터별 9명)
– 모집방법: 전국 지역센터별로 모집·자문단 구성

■ **선발절차**

①모집공고	②지역센터별 인원조정 (필요 시)	③서류접수 및 서류평가	④전문가 등록교육 실시	⑤전문가 최종 등록
공단본부	(지역본부)	지역센터	공단본부· 지역본부	공단본부

■ **주요역할**
– 상권분석 전문가: '상권분석시스템'을 활용하여 지역단위별 상권분석 지원 등 컨설팅 수행
(지원대상) 소상공인 또는 예비창업자
– 관리인력: 지역센터에 상주하여 자문단 보고서 관리, 자문단 행정처리 및 기타 자문단 활동에 필요사항 지원

2 세부 모집내용

■ **신청 및 접수**
–모집공고: 소상공인시장진흥공단 홈페이지(www.semas.or.kr) 및 소상공인마당(www.sbiz.or.kr)에 공고
–신청기간: '18. 11. 12.(월) ~ 11. 16.(금) 18:00
*지역센터별 신청현황에 따라 조기 마감(선착순) 가능
–신청방법: 전국 지역센터별 방문 또는 우편을 통한 신청·접수
*접수가 조기에 마감될 수 있으므로 신청인이 신청 전 마감여부 확인 必

■ **모집분야**
– 상권분석 전문가: 상권정보 제공, 상권 및 입지분석 등 관련 컨설팅 수행이 가능한 자

Chapter 02

외식산업 컨설팅의 비전과 미래

■ 세부 자격요건

– 모집대상: 세부 자격요건 중 1개 이상의 자격요건을 충족한 자

모집분야		세부 자격요건
상권분석	①	'18년 소상공인 역량강화사업 활동 컨설턴트 * 공고일 기준 사업참여제한의 제재를 받은 경우는 제외
	②	최근 3년간 컨설팅 실적이 3건 이상인 자
	③	3년 이상 업체를 운영한 경험이 있는 소상공인

*본인이 수행한 컨설팅 실적을 제출하되, 공공기관 및 민간기관 등의 기관장(대표)이 인정하고 실적증명서 상 직인 날인 필수
**실적증명서는 중소벤처기업부 산하 공공기관, 지자체 등 공공기관에서 발급한 양식은 제출가능하나, 민간기관일 경우 표준양식을 활용

■ 모집규모

– 540명(지역센터별 9명) / 지원자는 전국 지역센터 중 하나를 선택하여 신청 가능하며, 최종 선정된 지역센터 관할 내에서만 활동 가능(지역센터 중복 신청 불가)
*최종 선정 후 활동 지역센터는 변경 불가

■ 지역본부별 상권분석 전문가 배정(안)

(단위: 개, 명)

구분	서울·강원	부산·울산·경남	대구·경북	광주·호남	경기·인천	대전·충청	계
센터수	9	9	6	13	12	11	60
인원	81	81	54	117	108	99	540

■ 활동기간

– '18. 11월(선정 시) ~ '18. 12. 31. / 활동일수: 최대 30일(6주, 토·일·공휴일 활동 인정)

■ 운영방식 및 근무조건 등

– 운영방식: 전국 각 지역센터별로 자문단*(9명) 구성·운영
*사무공간 등 지역센터 여건에 따라 1명은 관리인력으로 지정가능하며, 관리인력은 공단 직원과 친인척 관계가 없는 자로 한함
– 근무조건: 상권분석 전문가 등으로 선정 시 전국 각 지역센터(60개)에 배정되어 프리랜서 형태로 근무(4h/1일)
(상권분석 전문가) '상권정보시스템'을 활용하여 지역단위별 상권분석 지원 등 관련 컨설팅* 수행, 1일 최대 2건 수행 가능
*1일 1건 이상의 상권분석 및 관련 컨설팅을 수행하여야 하며, 근무일수별 1건 이상의 완료보고서 제출 시 근무로 간주
(관리인력) 지역센터에 상주하여 자문단 보고서 관리, 자문단 행정처리 및 기타 자문단 활동에 필요사항 지원 1일 4시간 초과근무 불인정)
*단, 지역센터 여건에 따라 관리인력(1인)으로 지정될 경우, 지역센터에 상주(4h/1일)하여 행정지원업무 등 수행
– 근무기간: ~'18. 12. 31.(주 5일, 4시간/1일, 토·일·공휴일 활동 인정)
– 수당조건: 7만원*(1일, 출장비 등 포함)
*근무기간 중 근무일수당 최소 1건 이상 상권분석 등을 수행하여야 하며, 30개 업체 상권분석 등 제공 시 210만원 (30개 업체×7만원) 수당 지급
** 1일 2건 이상 수행 시 최대 2일(14만원)로 인정

⑦ 사업정리 컨설턴트

사업정리 컨설턴트는 소상공인시장진흥공단에서 폐업 또는 폐업예정자에 있는 소상공인을 대상으로 소상공인시장진흥공단에서 진행하고 있는 '희망리턴패키지 사업'사업정리컨설팅의 원활한 추진을 위해 매년 모집을 하고 있다. 폐업예정 소상공인의 임금근로자 전환 및 정착 지원을 통해 소상공인 폐업충격을 완화하고 재기를 지원하는 활동을 수행하게 된다. 최근 사업정리 컨설턴트 모집공고 사례를 살펴보도록 한다.

그림 2-7_ 2021년도 사업정리 컨설턴트 모집 사례

---

1 모집개요

■ **모집목적**
- 컨설턴트 신규 유입을 통해 지역·분야별 컨설턴트 Pool을 확대함으로써 폐업 소상공인의 다양한 선택 기회 제공
- '21년 신규 도입되는 직무·직능 컨설턴트 선발을 통해 지원 영역및 분야를 확대함으로써 소상공인의 만족도 제고

■ **모집개요**
- 대상: 사업정리컨설턴트 세부 자격요건을 충족하며 '21년 신규 컨설턴트로 등록하고자 하는 자
- 기간: '21. 3. 22(월) ~ 3. 26(금)
  *평가결과 및 면접일정은 관할지역본부에서 개별 통지 3월말 ~ 4월초
- 접수: 온라인(www.sbiz.or.kr)으로 신청서 및 증빙서류 제출
- 규모: 총 347명 (재기전략 84명, 세무50명, 부동산 33명, 직무직능 180명)

지역본부	컨설턴트 모집(명)				
	재기전략	세무	부동산	직무·직능	계
서울강원	19	11	8	35	73
경기인천	15	11	7	30	63
부산울산경남	15	8	5	25	53
광주호남	15	8	5	30	58
대전충청	10	6	4	35	55
대구경북	10	6	4	25	45
계	84	50	33	180	347

*활동분야 및 수행지역본부 선택 (중복지원 불가)
*모집규모는 기존컨설턴트 등록 후, 지역·분야별 정원에 따라 달라질 수 있음

■ **선정 및 평가**
- 방법: 관할 지역본부별 서류·면접 평가 후 컨설턴트 최종선발
  (1차 서류) 서류검토 결과 자격기준을 충족하는 자를 대상으로 서류 평가를 실시하여 면접평가 대상자 선정
  *제출된 필수 및 자격 증빙서류 등에 대한 자격요건 충족 여부 검증

(2차 면접) 서류평가 합격자 대상으로 사업정리컨설팅과 관련된 경험 및 경력, 컨설턴트로 활동 시
　　　　적합여부 등에 대한 면접실시
(결과발표) 최종합격자 공단 홈페이지 또는 개별 공지
- 절차: 신청 및 평가, 교육 순대로 진행

신청 및 접수	서류 및 면접평가	컨설턴트 등록교육 (온라인)	컨설턴트 승인 및 수행
희망리턴패키지 홈페이지 3.22(월)~3.26(금)	관할 지역본부 3월말~4월초	지식배움터 4.5(월)~4.16(금)	컨설팅 수행 4.5(월)~

*평가 일정은 지역본부별 상황에 따라 변경 될 수 있음

■ 세부 자격요건

아래의 조항 중 1개 이상의 자격요건을 충족하여야 함

모집분야	모집자격		세부요건
재기 전략분야	변호사 법무사 노무사 행정사 경영지도사 신용분석사 경력자 유관기관	가	변호사 자격이 있는 자로서 개인사업자 혹은 법인 대표 또는소속으로 1년 이상 활동경력이 있고, 소상공인 관련 법률자문 또는 소송 실적이 1건 이상 있는 자
		나	법무사·노무사·행정사 자격증을 취득 후 개인사업자 혹은법인 대표 또는 소속으로 1년 이상 활동하고, 공고일 기준최근 3년 이내 소상공인 대상 컨설팅 실적이 3건 이상 있는 자
		다	경영지도사 등록증(유효기간 내) 및 신용분석사 자격증 소지자 중 컨설팅 경력이 3년 이상이며, 공고일 기준 최근 3년 이내 소상공인 대상 컨설팅 실적이 5건 이상 있는 자
		라	법률, 세무, 회계, 경영학 관련 석사이상 학위 취득 후 공고일 기준최근 3년 이내 소상공인 대상 컨설팅 실적이 7건 이상 있는 자
		마	컨설턴트 경력이 5년 이상이며, 공고일 기준 최근 3년 이내소상공인 대상 컨설팅 실적이 7건 이상 있는 자
		바	중소벤처기업부 및 산하 중소기업 관련 공공기관, 금융권(시중은행)에서 퇴직한 자로서, 당해 기관에서 소상공인(전통시장·상점가 포함) 관련 경력 또는 상담경력이 5년 이상있는 자
		사	'20년 희망리턴패키지 사업정리컨설팅 일반분야 컨설턴트로 등록된 자
세무 분야	세무사 회계사	아	세무사, 회계사 자격증을 취득 후 컨설턴트 신청일 기준 사업장을운영하고 있으며, 1년 이상 해당 사업자등록을 유지하고 있는 자
		자	세무사, 회계사 자격증을 취득 후 컨설턴트 신청일 기준 개인사업자혹은 법인에 소속되어 있으며, 공고일 기준 최근 2년간 세무신고(부가가치세, 종합소득세, 면세사업장현황신고, 법인세) 대행 실적이5건 이상인자
		차	'20년 희망리턴패키지 사업정리컨설팅 세무분야 컨설턴트로 등록된 자
부동산 분야	공인 중개사	카	공인중개사 자격증을 취득 후 컨설턴트 신청일 기준 사업장을운영하고 있으며, 2년 이상 해당 사업자등록을 유지하고 있는 자
		타	공인중개사 자격증을 취득 후 컨설턴트 신청일 기준 사업장에 소속되어 있으며, 공고일 기준 최근 2년간 상가 양수도 중개 실적이5건 이상인 자
		파	'20년 희망리턴패키지 사업정리컨설팅 부동산분야 컨설턴트로 등록된 자
직무·직능 분야	직업 상담사	하	직업상담사 2급 이상 자격이 있는 자로서 개인사업자 혹은 법인 대표 또는 소속으로 1년 이상 활동 경력이 있고, 만19세 이상 성인 대상 직업상담 실적이 1건 이상 있는 자

* 소상공인 대상 컨설팅 인정 실적
　- 폐업관련 각종 신고사항, 폐업예정자 재무상태 분석 후 차임금 상환 방법, 신용불량 예방 방법 등, 시설·
　　재고물품 등 폐업 재산 처분 관련 방법, 집기·설비 매각 방법 등 인정
　- 사업타당성 분석 및 전략, 경영진단, 점포운영, 점포 재무상태 및 상권분석 등
* 신규컨설턴트는 사, 차, 파 요건 제외(불인정)

⑧ 관광두레 컨설턴트

관광두레 컨설턴트는 현대아산과 한국관광공사에서 주관하는 '관광두레 주민사업체 육성지원사업'의 효율적인 추진을 위해 컨설턴트로 등록되어 활동하게 된다. 관광두레 주민사업체 대상 역량강화 및 창업·경영애로 해결을 위한 컨설팅 지원을 통해 지속가능한 지역기반 관광사업체를 육성하는 활동을 수행하게 된다. 최근 관광두레 컨설턴트 모집공고 사례를 살펴보도록 한다.

그림 2-8_ 2021년도 관광두레 컨설턴트 모집 사례

---

1 모집개요

■ 모집대상

지역주민 주도 공동체 기반의 지속가능한 관광사업체 육성에 필요한 현장 노하우 보유 및 컨설팅 수행이 가능한 자로 모집분야별 세부자격요건을 충족하는 자

■ 모집규모

- 00명 내외
- 분야별 모집인원

구분	창업·경영	상품개발·메뉴개발	디자인	홍보마케팅
모집인원	00	00	00	00

*컨설턴트는 최종 선정 후 컨설팅 분야 변경 불가

■ 모집 분야

모집분야	전문분야
창업·경영	• 사업계획서, 비즈니스 모델, 아이템 검증, 시장분석, 판로개척, 머천다이징, 경쟁분석, 고객분석, 유통채널, 시장반응 테스트, 투자유치, 크라우드펀딩 등 • 경영진단, 경영전략, 마케팅, 상권분석, 거래처 발굴, 품질관리, 재무/회계, 세무, 인사/노무 등
상품개발·메뉴개발	• 여행/체험상품(공정여행, 생태관광, 농촌관광, 문화예술체험, 놀이체험 등), 숙박상품(게스트하우스, 민박 등), 관광기념품 (공예, 굿즈, 미니어처, 조형, 일러스트, 체험키트 등), 관광콘텐츠 기획, 기타 관광 상품 등 • 식음(한식, 중식, 양식, 일식, 도시락, 음료, 주류, 기타 등), 베이커리(제과, 제빵, 젤라또, 아이스크림, 디저트류 등), Meal-kit 개발, 푸드스타일링, 기타 메뉴 개발 등
디자인	• 네이밍, C.I 및 B.I 등 개발 • 브랜드 어플리케이션 개발 • 공간디자인(공간개선, 공간컨셉, VMD 등)
홍보마케팅	• 사진, 영상 촬영 등 홍보콘텐츠 제작 • 블로그, SNS 등 온라인 마케팅 대행 • 홈페이지 구축, 브랜드 마케팅 대행

*상품개발·메뉴개발의 경우 기술전수 및 비법전수 가능한 전문가

■ **세부 자격요건**

모집분야별 세부 자격요건 중 1개 이상의 자격을 충족하여야 지원 가능
- 신청 시 아래의 자격요건 중 1개를 선택하여야 하며, 반드시 선택한 자격요건에 맞는 증빙서류를
  제출하여야 함

모집분야		세부 자격요건
창업·경영	가	경영지도사 또는 기술지도사 등록증 소지자(유효기간 내)
	나	회계사, 세무사, 노무사 자격증 소지자
	다	전문대 이상의 창업·경영 등 관련 과목 겸임교수(시간강사 포함) 이상으로 당해 연도에 재직 중인 자로 최근 3년간 컨설팅 (교육 제외) 실적이 5건 이상인 자
	라	컨설팅 경력 5년 이상으로, 최근 3년간 컨설팅(교육 제외) 실적이 5건 이상인 자
상품개발·메뉴개발	마	여행/체험, 호텔, 관광기념품 등 해당분야 근무 경력 10년 이상인자로 최근 3년간 컨설팅(교육 제외) 실적이 5건 이상인 자
	바	분야별 해당 자격증을 보유하고 자격증과 동일 분야 실무경험이5년 이상인 자로 최근 3년간 자격증과 동일분야의 컨설팅(교육 제외) 실적이 5건 이상인 자
디자인	사	네이밍, C.I 및 B.I 개발, 브랜드 어플리케이션 개발 등이 가능한 전문 컨설팅 업체
	아	공간디자인(공간개선, VMD 등)이 가능한 전문 컨설팅 업체
홍보 마케팅	자	사진, 영상 촬영 등 홍보콘텐츠 제작이 가능한 전문 컨설팅 업체
	차	블로그, SNS 등 온라인 마케팅 대행이 가능한 전문 컨설팅 업체
	카	홈페이지 구축, 브랜드 마케팅 대행이 가능한 전문 컨설팅 업체

■ **추진절차 및 일정**

①모집공고	②신청·접수	③서류평가 및 면접평가	④컨설턴트 오리엔테이션 실시	⑤컨설턴트 최종 등록
현대아산 (3/15)	이메일 (~3/29)	현대아산 (~4/16)	현대아산 (~4/23)	현대아산 (~4/30)

*평가일정은 내부사정에 의해 변경될 수 있으며, 변경 시 개별 연락

03
외식산업
컨설팅의
범위

외식산업 컨설팅의 범위는 컨설팅을 의뢰하는 발주처 또는 클라이언트에 의해 구분될 수 있다. 개인 또는 기업, 공공기관 및 관공서로 구분되어지며 다음과 같이 컨설팅 범위를 정할 수 있다.

표 2-3_ 외식산업 컨설팅 범위 구분

컨설팅 분야	발주기준
• 일반음식점 창업 컨설팅 • 프랜차이즈 시스템 구축 컨설팅 • 상권분석 및 점포개발 컨설팅 • 브랜드 디자인 개발 컨설팅 • 사업타당성분석 컨설팅 점포 홍보마케팅 컨설팅 • 경영진단 컨설팅 • 메뉴(상품/식품)개발 컨설팅 • 가맹계약서 작성 및 정보공개서 등록 컨설팅 • 상표/서비스표/실용신안 특허등록 컨설팅	• 개인 • 기업(일반기업/법인기업)

컨설팅 분야	발주기준
• 프랜차이즈 지원사업 컨설팅 • 상권분석 컨설팅 • 농가맛집(농가레스토랑) 컨설팅 • 소상공인 컨설팅 • 브랜드(상품)디자인 개발 지원 컨설팅 • 협업화 지원사업 컨설팅 • 경영진단 컨설팅 • 메뉴(상품/식품)개발 컨설팅 • 정부지원(과제)컨설팅 • 지역 상권 활성화 전략 수립 컨설팅 • 음식특화지구 컨설팅 • 상표/서비스표/실용신안 특허등록 컨설팅	• 공공기관(비영리기관) • 관공서(지자체, 공단 등)

① 일반음식점 창업 컨설팅

외식사업 분야는 일반적으로 휴게음식점, 일반음식점, 단란주점영업, 유흥주점영업, 위탁급식영업, 제과점 영업으로 나뉘는데 이 중 휴게음식점과 일반음식점에 대한 컨설팅 범위를 한 눈에 알아볼 수 있으며, 판매상품과 점포, 브랜드(디자인)가 사전에 정해져 있는 상태에서 컨설팅이 수행되는 과정으로 그 범위를 정해보도록 한다.

표 2-4_ 음식점 창업 컨설팅

컨설팅 진행요소	컨설턴트 수행내용
행정지원	• 건강진단결과서(구. 보건증)안내 • 영업신고증 발급 안내(해당 구청, 군청 등 위생과) • 사업자등록증 발급 안내(해당 세무서. 업종/업태 구분) • 매출통장 개설과 체크카드 발급 안내 • 주류통장 개설과 체크카드 발급 안내(주류 판매시) • 신용카드 가맹점 등록 지원(POS 공급업체 활용) • 소방 인허가 여부 안내 • 수도, 가스, 전기 적격여부 사전확인 및 인허가 여부 안내 • 음식물배상책임 및 화재보험 가입 여부 안내

컨설팅 진행요소	컨설턴트 수행내용
오픈지원	• 인테리어 공사와 내외부 익스테리어 자문 • 카운터, 주방, 홀, 화장실, 창고, 간판, CCTV, 전화인터넷 등 현장 지원 • 두건/유니폼, 식자재 공급, 냉장냉동고 재고관리, 선입선출, POS사용관리, 메뉴판, 홍보물, 의탁자 배열, 영업동선, 주방동선, 환기구, 조리도구, 점포 홍보채널 개설 등 현장 지원
교육지원	• 온/오프라인 위생교육 → 위생교육 수료증 수령 • 카운터 서비스, 주방 및 홀 위생교육, 블랙컨슈머 및 클라이언트클레임 응대요령, 포장방법, 식자재 검수요령, 오픈마감 확인절차 등 현장 교육
사후관리	• 월 4회 현장점검 및 서비스, 매출, 메뉴, 홍보, 경영, 위생에 대한 체크리스트 정기 점검 진행

일반음식점 창업 컨설팅 수행절차는 다음과 같다.

그림 2-9_ 일반음식점 창업 컨설팅 수행절차

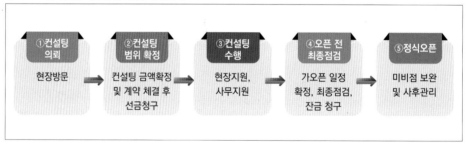

①컨설팅 의뢰 — 현장방문

②컨설팅 범위 확정 — 컨설팅 금액확정 및 계약 체결 후 선금청구

③컨설팅 수행 — 현장지원, 사무지원

④오픈 전 최종점검 — 가오픈 일정 확정, 최종점검, 잔금 청구

⑤정식오픈 — 미비점 보완 및 사후관리

2 프랜차이즈 시스템 컨설팅

프랜차이즈 시스템 구축 컨설팅은 일반음식점으로 운영 중인 클라이언트가 프랜차이즈 사업으로 전환하여 가맹사업을 수행하기 위해 수행되는 컨설팅이다. 일반적으로 프랜차이즈 법률컨설팅과 브랜드 디자인 컨설팅, 가맹본부 운영 매뉴얼, 가맹점 운영매뉴얼, 표준레시피화 등이 이에 속하며, 전문가 멘토링 투입, 직영점 운영현장을 분석하여 프랜차이즈화 가능성을 진단하고 프랜차이즈 사업화 전략을 수립한다. 프랜차이즈 시스템 구축 컨설팅이 수행되는 과정으로 그 범위를 정해보록 한다.

표 2-5_ 프랜차이즈 시스템 구축 컨설팅

컨설팅 진행요소	컨설턴트 수행내용
법률 컨설팅	• 상표권 출원 및 등록 여부 확인 → 변리사 지원 • 공정거래위원회 가맹계약서&정보공개서 등록 → 가맹거래사 지원 • 가맹금 예치제도 등록, 보증보험 가입
가맹본부 운영매뉴얼 개발	• 기업윤리/윤리헌장 및 강령/윤리준칙 • 가맹본부 이해하기/가맹점 개설/가맹점 관리 • 신메뉴개발 프로세스/판매메뉴구성/가맹영업/상담 • 점포개발/계약/유통시스템/품목/배송/수퍼바이저 의미와 역할 • 가맹점 관리 서식/가맹점 오픈 프로세스/조리교육 일정 • 인테리어 매뉴얼/컴플레인 사례/인테리어 컨셉/디자인
가맹점 운영매뉴얼 개발	• 직원관리(인사)/회계관리/메뉴관리/POS매뉴얼 • 시설영업관리/서비스관리/일일체크리스트 • 기간별 체크리스트/시식행사/전단지배포 • 고객 DB활용/기타 마케팅 • 국내 프랜차이즈 산업 현황 및 시장/마케팅 사례 • 매출향상 프로세스/매장 컴플레인/메뉴별 조리 동영상 제작 • 조리레시피 제작
기타	• 홈페이지, 모바일 채널 구축 및 운영교육 • 전용 블로그, SNS시스템 개설 및 운영교육

프랜차이즈 시스템 구축 컨설팅 수행절차는 다음과 같다.

그림 2-10_ 프랜차이즈 시스템 구축 컨설팅 수행절차

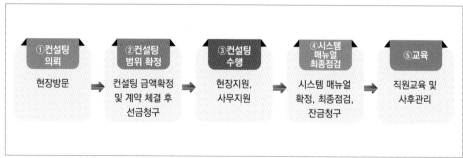

③ 상권분석 및 점포개발 컨설팅

상권분석과 점포개발 컨설팅에서 상권분석이 필요한 것은 중소형 점포가 필요한 업종에 해당할 수 있다. 창업 이후 경영진단 컨설팅과 업종전환, 활성화 전략을 수립할 때도 필요한 것 중 가장 먼저 해야 할 것이 상권분석이고, 창업 전 현장의 부동산 중개업소와 해야 할 것이 점포개발이다. 부동산 중개업소와 매물 확인 전 점포개발의 기본 지식이 있어야 상권을 볼 수 있고 클라이언트의 창업 실패확률을 낮출 수 있다. 상권분석과 점포개발 컨설팅이 수행되는 과정으로 그 범위를 정해보도록 한다.

표 2-6_ 상권분석 및 점포개발 컨설팅

컨설팅 진행요소	컨설턴트 수행내용
상권정보 시스템	• 소상공인시장진흥공단 '상권정보시스템'(http://sg.sbiz.or.kr)활용 • 지역선택(상권)/영역선택/업종선택 및 분석 • 상권평가/업종분석/매출분석 데이터 확인 • 인구분석/지역분석 데이터 확인
현장 상권분석	• 상권정보시스템에서 확인 불가한 현장 확인 • 교통 및 유동인구 흐름, 상점가, 업종분포 확인 • 층별 임대시세 평균(보증금/권리금/임대료)확인
아이템/사업 확정	• 분석된 상권에 대한 아이템의 적합 여부 판단 • 아이템 변경 및 확정 • 창업비용에 맞는 점포개발 기준 제시
부동산 중개업소 (생략 가능)	• 해당 점포에 대한 현장실사 동행 • 창업비용, 관리비용 등 확인 • 등기부등본 등 건물상태 확인
임대차계약 (생략 가능)	• 해당 점포에 대한 임대차 계약서 작성 시 참관(권고) • 체크리스트에 의한 계약 구비서류 확인
기타	• 컨설턴트는 클라이언트에게 점포 계약을 위한 직접적 알선을 하지 않는 것이 좋음

상권분석 및 점포개발 컨설팅 수행절차는 다음과 같다.

그림 2-11_ 상권분석 및 점포개발 컨설팅 수행절차

①컨설팅 의뢰	②상권분석	③현장 브리핑	④아이템 및 사업확정	⑤임대차 계약
현장방문	데이터 분석 및 현장분석 완료	데이터와 상권 분석 브리핑 후 컨설팅 비용 청구	창업비용 고려 점포개발 착수 여부 확정	참관 및 사후관리

④ 브랜드 디자인 개발 컨설팅

브랜드 디자인 개발 컨설팅은 디자인 전문가가 컨설팅을 수행하는 분야로 창업시 아이템을 대표하는 브랜드 네이밍부터 슬로건, BI(Basic System)기본 시스템 개발, BI응용시스템(Application System)을 다양하게 개발하게 된다. 또한 BI응용시스템 개발 시 판매상품의 사진촬영이 필요한 경우 전문 포토그래퍼와 함께 메뉴사진을 촬영 및 보정하여 최종 응용디자인으로 활용하기도 한다. 브랜드 디자인 개발 컨설팅이 수행되는 과정으로 그 범위를 정해보록 한다.

표 2-7_ 브랜드 디자인 개발 컨설팅

컨설팅 진행요소		컨설턴트 수행내용
네이밍(Naming)개발		• 상표등록가능여부 확인 • 특허청 '키프리스'(http://www.kipris.or.kr) 활용 • 타겟층, 경쟁시장, 차별화 가치 적용 • 필요시 변리사를 통한 상표 및 서비스표 출원 및 등록
광고 언어 개발		• 캐치프레이즈(Catchphrase) : 타인의 주의를 끌기 위한 문구 형태 • 슬로건(Slogan) : 대중의 행동을 움직이는 짧은 문구 형태
스토리텔링(Storytelling) 개발		• 5W1H 활용(누가, 언제, 어디서, 무엇을, 어떻게, 왜) • 역사, 식재료, 소스, 조리법, 인물, 효능, 효과 등 활용
BI기본 시스템	심벌마크 (Symbolmark)	• 기본형, 응용형, 그리드시스템, 작도법, 칼라, 색상규정, 사이즈 규정, 색상 활용규정, 금지규정 등 개발
	로고타입 (Logotype)	• 국문, 영문, 한문타입, 응용형, 색상활용, 그리드시스템, 작도법, 활용규정, 금지규정 등 개발

컨설팅 진행요소		컨설턴트 수행내용
	시그니처 (Signature)	• 심볼로고 조합, 한글·영문·한문조합, 상하, 좌우, 국문·영문, 주소배열, 색상활용, 전용서체, 지정서체, 전용패턴 등 개발
	전용색상	• 주색, 보조색, 인쇄색 규정, 활용규정, 금지규정
	전용(지정)서체	• 국문, 영문, 한문, 숫자, 기호 등 개발
BI응용 시스템	사인류	• 메인사인, 간판, 입간판, 유도사인, 건물 및 시설사인, 포스터, 전단지, 스토리보드, 스탠드 사인 등 개발
	서식류	• 명함, 편지지, 봉투(대/중/소), 초청장, 팩스용지, 메모지, 상장류, 각종 증서케이스, 간행물 등 개발
	패착물류	• 명찰, 신분증, 방문증, 주차증 등 개발
	스티커류	• 차량용, 재물조사, 로고, 캐릭터, 고정자산, 사용책임자 등 개발
기타		• 브랜드 디자인 매뉴얼북, CD 또는 USB제작

브랜드 디자인 개발 컨설팅 수행절차는 다음과 같다.

그림 2-12_ 브랜드 디자인 개발 컨설팅 수행절차

5 예비 사업타당성 분석 컨설팅

외식산업 중 예비 사업타당성 분석 및 전략의 컨설팅이 필요한 분야는 업종전환에 대한 사업 타당성, 프랜차이즈 사업확장 및 2nd브랜드를 위한 사업타당성, 점포 이전을 위한 사업타당성, 특수매장(백화점, 휴게소, 놀이공원, 쇼핑몰)입점을 위한 사업타당성 등 다양한 분야에 적용되고 있다. 자료검토와 기초분석, SWOT분석, 브랜드, 상품, 상권입지,

마케팅 믹스(6P), 추정 손익계산, 최종 비즈니스모델을 수립하기 까지 다양한 노력이 필요한 분야이다. 예비 사업타당성 분석 컨설팅이 수행되는 과정으로 그 범위를 정해보도록 한다.

표 2-8_ 예비 사업타당성 분석 컨설팅

컨설팅 진행요소	컨설턴트 수행내용
예비검토	• 목표설정과 자료검토 및 기초분석 • 주요 분석 및 전략수립문제 확인 • 1차 기초 수립 후 대안 제시 및 개발구상 수정
사업범위 설정	• 최종개발구상 설정 후 금융구조 수립 및 재무, 수익성 검토 • 사업성과 예측과 수익성 검토
전략 수립	• 사업타당성(5W1H활용)나열 • SWOT분석 및 전략 수립 • (필요시)브랜드 계획, 상품계획, 입지상권 분석 • 마케팅 믹스(6P), 추정손익계산
비즈니스모델 확정	• 핵심파트너와 타겟 설정 • 핵심활동, 핵심자원, 가치제안, 클라이언트관계, 홍보채널 • 고정비용, 수익요소 산출 후 BEP(Break-even point) 예상경비 시뮬레이션
기타	• 사업범위 설정 단계에서 사업성과 예측 및 수익성이 나쁘다고 판단될 경우 전략수립단계부터 컨설팅 생략하도록 함

예비 사업타당성분석 컨설팅 수행절차는 다음과 같다.

그림 2-13_ 예비 사업타당성분석 컨설팅 수행절차

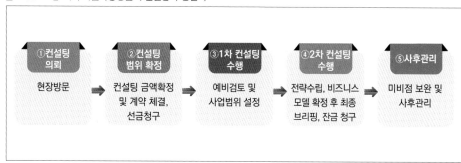

6 경영진단(개선)컨설팅

외식산업 중 경영진단(개선)컨설팅이 필요한 분야는 소상공인 컨설팅, 음식특화거리조성, 골목상권 활성화, 점포운영개선 등 관공서 및 지방자치단체에서 추진하고자 하는 사업 중 업소를 선정하거나 선정 후 경영개선이 필요한 사항을 도출하기 위해 적용되기도 하고, 적게는 음식점 1개부터 많게는 100여개 이상의 음식점을 일정기간동안 컨설팅 해야 하는 사업도 이에 해당된다. 물론 클라이언트 개인이나 기업이 자발적으로 경영진단(개선)컨설팅을 의뢰하는 경우도 있겠지만, 정부지원사업의 컨소시엄 형태의 사업 추진이나 민관이 협업하여 추진하는 사업에 적용되는 것이 일반적이다.

컨설팅 추진방향과 취지 및 교육, 미스터리쇼퍼 진단, 업소별 종합상태 방문진단 및 분석, 개선사항 제안, 업소별 맞춤형 지원계획 수립 및 지원 등 다양한 단계별로 진행되고 있으며, 경영진단(개선) 컨설팅이 수행되는 과정으로 그 범위를 정해보도록 한다.

표 2-9_ 경영진단(개선)컨설팅

컨설팅 진행요소	컨설턴트 수행내용
사전조사	• 유무선 전화통화, 인터넷·모바일 활용 자료수집, 상권정보시스템 활용 데이터 분석
미스터리쇼퍼 (암행진단)	• 평가표에 의한 대기, 맞이/안내, 주문/메뉴제공, 배려/서비스, 계산, 음식수준, 배웅, 점포관리, 우수내용 및 미비점 평가(100점 만점 기준)
경영진단을 위한 현장점검 및 인터뷰 수행	• 컨설팅 진단표에 의한 경영, 마케팅, 클라이언트관리, 위생, 손익, 소방 등의 개선사항 도출과 현장사진 촬영
컨설팅 보고서 작성	• 수행 및 진단내용과 개선사항에 대한 컨설팅 보고서 제작
개선사항 교육	• 미스터리쇼퍼와 현장점검, 인터뷰를 통해 도출된 발전방향 교육 진행
기타	• 미스터리쇼퍼와 경영진단은 분리되어 진행 될 수 있음.

경영진단(개선)컨설팅 수행절차는 다음과 같다.

그림 2-14_ 경영진단(개선)컨설팅 수행절차

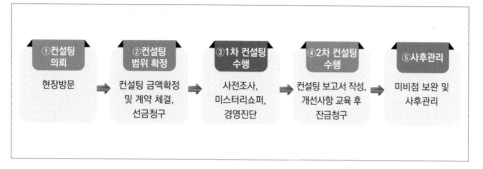

7 메뉴개발(R&D) 컨설팅

외식산업컨설팅 중 메뉴개발 컨설팅이 빠질 수는 없다. 메뉴개발 컨설팅은 다양한 사업에 적용되고 있으며, 소상공인컨설팅, 음식특화거리조성, 골목상권 활성화, 점포운영개선 등 관공서 및 지방자치단체에서 추진하고자 하는 사업 중 특화음식개발 또는 단품, 상차림 개발에 적용되기도 하고, 개인 창업컨설팅, 신메뉴 개발 등의 범위에 적용된다.

메뉴개발 컨설팅은 요리전문가이자 컨설팅이 가능한자가 수행하며, 아이템 선정, 식재료 선정, 메뉴 스토리, 시식회, 소스개발, 상차림 개발 등의 컨설팅을 수행하게 된다. 메뉴개발 컨설팅이 수행되는 과정으로 그 범위를 정해보도록 한다.

표 2-10_ 메뉴개발 컨설팅

컨설팅 진행요소	컨설턴트 수행내용
사전 미팅	• 클라이언트의 희망메뉴 컨셉, 단가, 식재료 등 분석 • 1차 컨셉 확정 및 포지셔닝 설정
메뉴 컨셉 개발 및 사전 시식회	• 시장조사, 기획, 그릇, 조리법 등의 컨셉 개발 • 사전 시식회를 통한 비법전수 여부 확정
1차 레시피 개발	• 비법전수 확정을 통한 1차 표준 레시피 개발 • 계량화, 원가계산 완료 후 최종 판매가 확정

컨설팅 진행요소	컨설턴트 수행내용
최종 시식회	• 최종 시식회 및 미세한 맛과 양 조절, 비법전수 일정 및 장소 확정
표준레시피 개발	• 2차 표준 레시피 개발 • 계량화, 원가계산 수정 완료
비법 전수	• 현장 비법전수 후 최종 레시피 전달 완료
기타	• 관공서 및 지방자치단체서 추진하는 사업은 컨설팅 진행요소가 상이할 수 있음

메뉴개발 컨설팅 수행절차는 다음과 같다.

그림 2-15_ 메뉴개발 컨설팅 수행절차

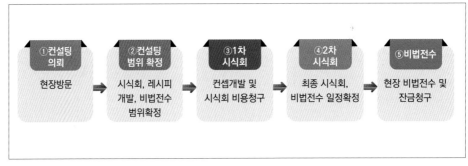

① 컨설팅 의뢰 → ② 컨설팅 범위 확정 → ③ 1차 시식회 → ④ 2차 시식회 → ⑤ 비법전수

①컨설팅 의뢰	②컨설팅 범위 확정	③1차 시식회	④2차 시식회	⑤비법전수
현장방문	시식회, 레시피 개발, 비법전수 범위확정	컨셉개발 및 시식회 비용청구	최종 시식회, 비법전수 일정확정	현장 비법전수 및 잔금청구

외식산업 컨설팅
실무와 사례

04
컨설팅 기업의
관리

① 전문 서비스 기업

컨설팅 사업은 성장하고 있는 다른 전문서비스업종보다 더 많은 기업가 정신을 필요로 한다. 급격하게 변화하는 고객과 사회문화의 니즈는 매일 또 다른 새로운 비즈니스 기회를 만들어 내기도 하며, 새로운 사업을 추진하는 선구자 역할도 할 수 있다.

컨설팅 기업은 컨설턴트의 특정한 기술적·관리적 역할과 더불어 기업가적 역할을 정의해 놓을 필요가 있다. 자신이 소속된 회사가 기업가적 행동에 가치를 두고 있다고 인식한 컨설턴트는 그에 맞게 사고하고 행동할 것이다. 따라서 회사가 무엇을 기업가 정신으로 간주하는지에 대해 컨설턴트가 분명히 알 수 있도록 해야 한다.

일반적으로 컨설팅 기업에 있어 기업가적 사고라고 여겨지는 것들은 다음과 같다.

- 서비스를 통해 새로운 고객을 확보하고 있는가?
- 기존의 고객으로부터 더 많은 사업을 이끌어내고 있는가?
- 실행하기 쉬운 프로젝트를 더 많이 판매하는가?

- 항상 혁신적 작업방법을 찾고 있는가?
- 회사가 오래된 문제를 해결할 수 있는 새로운 방법을 따라갈 수 있다는 것을 증명하고 있는가?
- 새로운 분야를 개발해서 시장의 주도권을 잡는가?

또한 컨설턴트는 회사 내에서 기업가처럼 생각하고 행동하는 것이 근속기간이 오래된 컨설턴트에게만 요구되는 것인지 회사의 모든 구성원에게 요구되는 것인지에 대해서도 명확하게 알고 있어야 한다. 한편 컨설팅 조직의 사업규모가 점점 커져 많은 컨설턴트를 고용하고 있는 파트너십이나 주식회사의 형태로 전환되는 경우에도 기업가적인 사고와 행동이 요구되며, 관료주의나 연구기관으로 돌아가려는 성향을 방지할 수 있다.

1) 고객관리

고객이 없다면 컨설팅 자체가 존재할 수 없기 때문에, 컨설팅 기업은 고객 네트워크와 거래처를 구축하고 이를 관리해야 한다. 컨설턴트는 창고에 제품을 쌓아놓고 고객이 제품을 찾을 때마다 판매하는 형태로 사업을 할 수 없기 때문이다. 컨설팅 프로세스에서 제품을 생산하는 주체는 바로 클라이언트이며 컨설턴트는 대부분 촉매의 역할만 수행하기 때문에 클라이언트의 참여가 절대적으로 필요하다.

컨설팅은 컨설팅 기업과 클라이언트 양측을 대표하는 한 사람 또는 한 집단이 활동하기 때문에 컨설팅 연결고리에 있어 프로젝트 담당자 개인적 측면이 매우 중요한 역할을 한다. 컨설팅 기업의 규모나 프로젝트의 복잡성에 상관없이 컨설팅 기업은 특정한 프로젝트를 수행하기 위해 한 명 또는 소규모 TF팀(Task force)정도를 클라이언트에게 파견한다. 컨설팅 프로젝트는 각각의 수많은 고객에게 개별적으로 서비스를 제공하기 때문에 아무리 규모가 큰 컨설팅 기업일지라도 대량생산이나 유통망을 통해서 서비스 할 수 없다. 즉, 가장 규모가 큰 컨설팅 기업도 결국에는 소매점 역할을 하는 것이다.

컨설팅은 무형의 형태로 존재하고 양측의 관계에 대한 본질들로 인해 컨설팅 서비스의 품질 평가와 보증이 쉽지 않다. 심지어 동일한 컨설팅 기업 내에서 조차 품질을 어떻게 측정하고 평가할 것인가에 대한 독립적이고 객관적인 기준을 정한다는 것이 불가능한 경우도 있다. 컨설팅은 모든 고객에게 가능한 한 최상의 서비스를 제공하는 것이지, 단순히 프로젝트를 고객에게 판매하고 이에 대한 대가를 받는 것이 아니기 때문이다.

컨설팅은 클라이언트의 니즈를 만족시킬 수 있는 서비스 제공을 목표로 하기 때문에, 컨설팅 완료 후 요구를 만족시켰는지 여부가 서비스의 품질을 평가하는 중요한 기준이 된다. 따라서 컨설팅의 품질관리와 개선은 클라이언트로부터의 피드백을 통해 이루어지며 만족에 초점을 두게 된다.

2) 지식관리

클라이언트에 대한 지식전달이 가능하기 위해서는 컨설팅 기업이 자신들의 지식기반을 창조·개발·관리해야 한다. 컨설팅 기업에게 있어 이러한 지식·노하우 관리는 새로운 것이 아니며, 프로페셔널 서비스를 제공하는 대부분의 기업들은 정보시스템, 문서작업, 고객파일, 보고서 관리, 프로젝트 디브리핑(Debriefing. 미션을 마친 담당자에게 보고를 받는 것), 브레인스토밍(Brainstorming. 대안을 만들어 낼 때 3인 이상이 모여 자유롭게 아이디어를 내놓는 회의 방식) 등의 다양한 지식관리 방안을 활용하고 있다. 정보시스템과 인터넷의 발전에 힘입어 기업 내에서의 정보공유, 고객과 다른 프로페셔널 서비스 조직과의 네트워크 유연성이 더욱 향상되고 있다.

3) 컨설턴트 관리

모든 컨설턴트(신입 컨설턴트 포함)는 컨설팅 기업 내에서 다른 동료와 함께 있는 시간보다 클라이언트와 직접적으로 접촉하는 시간이 더 많다. 컨설팅 기업은 경력이 많은 컨설턴트뿐만 아니라 신입 컨설턴트를 포함한 모든 조직원들의 역량과 성실성에 의존할 수 밖에 없다.

일부 전문직종(메뉴개발자, 디자이너)의 경우 이들이 갖추어야 할 학문적 배경, 훈련, 경험, 노하우 등을 매우 구체적으로 정의하고, 서비스 품질의 표준화를 달성하기 위해 노력해야 한다. 이러한 직종에서는 프로페셔널의 태도조차 상당히 표준화되는 경향이 있기 때문이다.

그러나 컨설팅을 수행하는 과정에서의 태도는 다르다. 그 이유는 컨설팅 기업에 종사하고 있는 전문직종이라면 컨설턴트로 바라볼 수 있고, 컨설턴트마다 교육적 배경과 실무경험이 서로 다르기 때문이다. 다양한 학문적 접근과 노하우를 필요로 하는 프로젝트를 수행하기 위해 컨설팅 기업은 각각의 컨설턴트가 가지고 있는 다양성을 매우 중요하게 생각한다.

컨설팅 기업의 이직율은 일반적으로 다른 전문직에 비해 높은 편이다. 컨설팅 기업에 있어 인적자원관리는 가장 중요하면서도 가장 세심한 관리가 필요한 영역이다. 높은 수준의 지식과 기술을 소유하고 있는 컨설턴트를 관리하기 위해 일반적인 컨설턴트 행동 유형을 보며 관리하는 방법은 다음과 같다.

- 잠재역량을 갖춘 컨설턴트를 어떻게 선발하여 채용할 것인가?
- 높은 이직률 속에서도 기업의 공동 철학을 어떻게 유지시킬 것인가?
- 클라이언트의 프로젝트와 관련된 기술적 의사결정권을 어느 정도로 설정하는가?
- 뛰어난 성과창출역량, 평생학습, 주도력, 기업가 정신, 위험 감수, 전문직업인으로서의 성실성, 그리고 회사에 대한 충성심에 대한 동기유발은 어떻게 할 것인가?
- 집단지식의 기반을 어떻게 개발하고 유지하며 활용성을 높이고 회사 내의 지식공유를 어떻게 활성화 할 것인가?

컨설팅 기업에 종사하는 컨설턴트들은 개별적으로 많은 프로젝트를 수행함에 따라 개인주의적 성격이 강해져 나중에는 자신들이 왜 회사에 소속되어 활동하는지에 대해 의구심을 가질 수 있다. 또한, 스스로 기술자로 활동하기를 자청하고 프로젝트 참여도를 낮추고 싶어하며, 경험을 쌓기 위해 입사한 사람들은 오랜 기간 회사에 머물 생각을 하지 않는 경우도 많다.

컨설턴트의 이러한 행동들은 일반적으로 통용되는 관리스타일에 의해 형성되는 것이다. 컨설팅 기업마다 서로 다른 조직문화를 갖고 있는데, 대부분의 시간을 클라이언트와 프로젝트 수행에 시간을 보내고 있고 조직문화를 빨리 받아들여야하는 숙명을 가지고 있다. 빨리 받아들이지 못하면 스스로 포기하는 경우가 대부분이다.

컨설팅 기업의 조직문화는 컨설팅에 대한 공동의 가치와 원칙들이 더해지면서 점진적으로 완성되며, 이에 따른 노하우가 축적되어 새로운 프로젝트 수행기법과 조직문화가 변화하게 된다. 모두가 함께 컨설턴트로 태어나고 있는 과정일 뿐이다.

② 컨설팅 기업의 마케팅 관리

1) 프로필과 이미지

컨설팅 기업의 프로필 범위는 무한하다고 할 수 있지만 전략적 선택에 완전한 자유를 누릴 수 있는 것은 아니다. 컨설팅 기업이 제공할 수 있는 서비스의 종류, 포트폴리오, 인적자원, 컨설턴트의 역량 등을 고려하여 프로필 범위를 정해야 한다.

컨설팅 기업의 프로필을 정할 때는 그들이 수행하고 있는 컨설팅 프로젝트에 참가하고 있는 개별 컨설턴트와 주요 클라이언트의 성격과 문화에 의해서도 영향을 받는다. 컨설팅 기업의 사명, 기업이념, 사업영역, 제공하는 서비스에 대한 일반적인 설명 뒤에 숨겨져 있는 것이 무엇인지를 이해하는데 도움을 주어야 하며, 개념적으로도 유용하게 활용되어 컨설팅 기업의 성장에도 많은 영향을 미친다.

컨설팅 기업만의 특별한 컨설팅 서비스를 확보해야 한다. 타 기업과 구별되는 독특한 서비스와 제품을 개발해 제공하는 것이 매우 효과적인데, 특별 서비스(훈련 패키지, 사업 진단방법론, 정보시스템, 프로세스의 독창성, 교육 프로그램, 컨설팅 기법 등)가 클라이언트의 니즈와 일치하고 컨설팅 기업이 이러한 서비스를 성공적으로 마케팅 할 수 있다면, 이를 통해 상당한 경쟁우위를 갖게 된다.

그러나, 실제로 특별하지 않은 서비스를 마치 다른 서비스와 차이가 있는 것처럼 포장해서 클라이언트를 유혹하는 것은 매우 전문가답지 못한 태도라는 것을 명심할 필요가 있다.

컨설팅 기업의 핵심역량으로 프로필과 이미지를 관리할 수 있다. 핵심역량이란, 컨설팅 기업이 뛰어난 지식과 노하우를 개발·수행해 왔고 잘 훈련된 컨설턴트를 충분히 보유하고 있으며, 컨설팅 영역에서의 발전 속도를 따라갈 수 있고, 폭넓은 범위의 클라이언트를 위한 다양한 프로젝트를 수행하는데 큰 어려움이 없는 영역을 말한다. 어떤 일을 할 수 있는 역량을 마케팅 하는 것이라 볼 수 있다. 핵심역량은 컨설팅 기업이 강점을 가지고 있는 영역에 대해서 집중 서비스하며, 핵심역량으로부터 벗어나는 프로젝트를 수주했다면 협력관계를 맺고 있는 파트너 기업과 공동으로 프로젝트를 수행해 나가면 된다.

핵심역량의 개념이 항상 고정적인 것은 아니며, 경험과 컨설팅 인력의 변화 등으로 인해 언제든 변화할 수 있다. 또한, 컨설턴트들의 역량개발을 통해 강화되고 이를 통해 변경할 수 있는 것이기 때문에 핵심역량을 잘 활용해야 한다.

2) 외식산업 컨설팅에서의 마케팅

많은 고객을 확보한 컨설턴트일수록 마케팅은 필요 없다고 생각하는 경향이 있는데, 이런 견해를 따르는 컨설턴트는 마케팅을 살아남기 위해서 받아들여야만 하는 필요악적인 존재로 바라본다.

그러나 다른 분야의 전문가들이 점점 더 많은 컨설턴트가 마케팅을 자신들이 제공하는 서비스 개념에 내재된 하나의 특성으로 인식하고 있다. 유튜브 채널과 SNS온라인 커뮤니티 활용, 외식관련 신문 기고, 소상공인 강사활동 등을 통해 컨설턴트 자신을 많이 노출하고 어필하게 되는 것이다. 컨설턴트가 많이 노출되어 찾는 클라이언트가 많아진다는 것은 결국 컨설팅 기업이 성장하고 있다는 것과 일맥상통하는 것이다.

그러나 외식산업 컨설팅의 마케팅에서는 컨설팅 기업과 그 기업에 고용된 개별 컨설턴트간을 명백히 구분해야 한다는 점은 간과해서는 안 된다. 서비스의 수준이 높은 기업이 컨설팅 기업에 컨설팅 의뢰를 하게 되면 일반적으로 자신과 일하는 컨설턴트가 컨설팅 기업의 집단적인 노하우와 조직문화가 반영되어 있는 뛰어난 품질, 성실성, 동일성을 갖추고 있기를 기대한다. 그러나 컨설턴트도 인간이기 때문에 완전한 동질성을 갖추기에는 불가능하고 바람직하지 않다. 따라서 고객에게 컨설팅 기업의 이미지·노하우·개별 컨설턴트 능력·성격·스타일간의 차이가 있다는 것을 충분히 인식할 수 있게 해야 하며, 컨설팅 기업은 기업차원 뿐만 아니라 컨설팅에 참여하는 개별 컨설턴트들과 함께 마케팅 하는 조직문화를 형성해야 한다.

3) 마케팅 테크닉

컨설팅 기업은 새로운 고객에게 알려질 수 있는 가장 오래된, 그리고 가장 효과적인 방법이 '추천'이다. 일반적으로 경영자는 상대방과의 대화에서 정보를 주고받는데, 이들은 전문가에 대한 호의적인 정보와 그렇지 않은 정보를 함께 주고받기 때문에 클라이언트에게 컨설팅 서비스의 만족도가 이렇게 중요한 것이다.

클라이언트와 친밀감을 형성하고 좋은 관계를 지속적으로 유지함에 있어 컨설팅 수행이 완료되었다 할지라도 지속적인 관심을 가지고 있다는 것을 보여주면 된다. 이를 통해 최근의 컨설팅 사례를 빛대어 기술에 대한 정보와 노하우를 어드바이스해주며, 때로는 그들과 식사를 하면서 사업과 컨설팅에서 새로운 발전에 대해 이야기를 나누어야 한다. 이러한 노력이 뒷받침 되어야 컨설턴트를 신임하게 될 것이고, 다른 동료 사업가나 경영자에게 기꺼이 추천할 수 있을 것이다.

다음은 외식산업 컨설팅 기업의 서비스를 마케팅 하기위한 일반적 마케팅 테크닉은 다음과 같다.

① 모든 마케팅의 초점을 고객의 니즈와 요구사항에 맞춘다.

고객에게 필요한 것은 컨설턴트가 자신이 겪고 있는 상황을 충분히 이해하고 인내심을 가지고 경청할 준비가 되어 있고, 자신의 사업에 이익이 되는 해결책을 발견하고 실행해 줄 수 있다는 확신을 갖는 것이다. 따라서 마케팅 노력은 고객 중심이어야지 결코 컨설턴트 중심이어서는 안된다. 또한 고객에 대한 컨설턴트의 관심은 순수해야 하며, 컨설턴트 자신에 대한 이익보다도 고객의 이익을 더 의식해야한다.

② 모든 고객은 유일한 존재임을 명심한다.

컨설턴트가 가지고 있는 과거의 경험과 성과는 컨설턴트에게 있어서 매우 중요한 자산이지만 이것이 오히려 올가미가 될 수 있다. 현재의 고객이 직면하고 있는 문제를 과거에 여러 번 해결해 본 경험으로 인해 고객이 필요로 하는 것을 벌써 다 알고 있다고 느낄 수도 있기 때문이다. 비록 현재의 고객을 둘러싸고 있는 모든 조건이 과거에 성공적으로 수행했던 프로젝트와 동일하게 보일지라도, 해결해야 할 문제와 관련된 사람은 항상 다르다는 것을 명심해야 한다. 즉, 새로운 고객은 항상 유일한 존재라는 것을 명심해야 한다. 따라서 현재의 고객에게 이전에 설계했던 모조품을 제공하는 것이 아니라 현재의 고객만은 위한 새로운 독창적인 해결안을 제공해 주어야 한다.

③ 자신에 대해 부정확하게 말하지 않는다.

고객이 컨설턴트의 능력에 대한 어떤 증거도 요구하지 않은 채 일을 맡기고자 할 경우, 컨설턴트는 비록 자신의 능력을 벗어나는 서비스일지라도 일을 맡고자 하는 유혹에 빠질 수 있다. 그러나 이는 고객의 이익에 심각한 손상을 줄 수도 있는 비윤리적 행동이다. 마케팅 능력은 현실적으로 스스로를 평가할 수 있는 능력도 포함된다는 것을 명심해야 한다.

④ 과잉판매를 하지 않는다.

정도를 넘어서는 마케팅은 고객으로 하여금 컨설팅회사가 제공할 수 있는 것보다 더 많은 기대를 하도록 만들며, 이러한 과잉마케팅은 결국 고객의 기대와는 반대되는 결과를 가져다 줄 수도 있고 윤리적으로도 옳지 않다. 과잉마케팅은 도움을 필요로 하는 고객에게 실제적인 도움을 주지 못할 것이며, 신입컨설턴트를 트레이너나 감독자 없이 파견하도록 만들기도 한다.

⑤ 다른 컨설턴트의 명예를 훼손시키지 않는다.

고객으로부터 경쟁관계에 있는 컨설턴트가 활용하는 접근방법과 능력에 대한 질문을 받을 경우, 고객이 자신을 선택하도록 하기 위해 경쟁자에 대한 왜곡된 정보를 제공하거나 그의 명예를 손상시키는 것은 전문직업인답지 못한 행동이다. 고객에 따라서는 컨설턴트 본인 스스로가 자신의 약점을 말하고 있다고 생각할 수도 있다.

⑥ 전문서비스를 마케팅하고 있다는 사실을 절대로 잊지 않는다.

컨설턴트는 마케팅에 있어서 기업가적이고 혁신적이고 때로는 공격적이어야 한다. 컨설턴트는 다른 산업부문에 속한 조직의 마케팅 테크닉으로부터 많은 것을 배울 수는 있지만, 어떤 마케팅 방법과 테크닉이 적당할 것인지를 결정할 때는 서비스가 가지고 있는 전문직업적 성격, 고객의 감수성, 지역문화적인 가치와 규범을 반드시 고려해야 한다.

⑦ 마케팅과 프로젝트의 실행 모두에서 고도의 전문적 성과를 달성하도록 노력한다.

계약이 체결되기 전까지는 많은 노력을 하다가도, 계약이 체결되어 컨설팅 프로젝트가 진행될 때는 고객에 대해 별로 관심을 갖지 않는 컨설턴트가 종종 있다. 이들은 계약서에 서명만 하면 마케팅은 끝났다고 생각하는 잘못된 일을 범하고 있는 것이다. 프로젝트를 어떻게 실행하는가도 중요하지만 마케팅 효과를 발휘하는 만큼 완벽한 서비스를 제공하기 위해 항상 노력해야 한다.

4) 경쟁사 파악

경쟁사로부터 무언가를 배운다는 것은 단순히 모방한다는 것이 아니다. 경험이 부족한 컨설턴트는 자원이 충분하지 못한 상황이기 때문에 다른 경쟁사들이 하는 것을 그대로 따라하려는 잘못을 범하기 쉽다.

그들과 경쟁을 할 것인지 아닌지를 결정한다는 것은 매우 미묘한 문제이지만, 전략적 선택에 있어서는 반드시 결정해야만 하는 문제이다. 대부분의 컨설팅 기업은 기존의 다른 컨설팅 기업과 똑같은 서비스를 제공함으로써 그들과 경쟁하기보다 현재 그들이 제공할 수 없는 새로운 비즈니스모델 또는 서비스, 제품을 고객에게 제공한다는 전략을 선택할 것이다. 그러나 컨설팅 서비스를 통해 제공되는 대부분의 기술적 내용들은 법적 보호를 받을 수 없어(법적으로 등록된 시스템·소프트웨어 패키지는 제외) 얼마 지나지 않아 경쟁사들은 이와 동일하거나 유사한 서비스를 제공하게 될 것이라는 점을 간과해서 안 되기 때문에 항상 새로운 비즈니스모델을 기획하고 수행해야 하는 것이 컨설팅 기업의 숙제이다.

Chapter 03
외식산업 컨설팅
실무 요령

컨설팅
환경에 대한
이해

① 컨설턴트의 기본 역량

컨설턴트는 쉽게 말해서 개인고객 또는 기업고객 등 조직과 고객에게 필요한 고민거리를 해결해 주는 사람을 컨설턴트라고 할 수 있다. 일반적으로 컨설턴트는 클라이언트의 문제점을 찾아내고 해결책과 조언을 해 주는 사람이기도 하다. 기업 경영에 대한 애로사항을 분석하고 문제해결을 위해 대책을 연구하는 등 기업경영과 점포경영을 종합적으로 조언해주고 실행해 주는 전문가다. 일부에서는 컨설턴트라는 명칭 외 멘토링, 경영자문, 기업분석가 등으로 불리기도 한다. 외식산업 컨설팅 업무의 영역은 경영전략, 인사 및 조직관리, 재무회계, 상품 및 브랜드 개발, 상권분석, 점포개발, 사업타당성 분석 등 경영과 마케팅, 판로개척 등의 분야로 매우 광범위하게 적용된다.

외식산업 분야의 컨설턴트는 주로 전문 컨설팅 기업에 입사하여 출발하게 되는 것이 일반적이며, 대학교수, 경영지도사, 가맹거래사, 공인중개사, 변리사, 요리사 등의 전문가로서 출발할 수도 있다. 일부는 개인 컨설팅 업체를 창업하거나 대학교 및 대기업 연구소의 연구원으로 근무하면서 관련 분야의 컨설팅 업무를 수행하기도 한다. 연봉

수준은 소속기관과 개인별로 편차가 있지만 대기업 평균 연봉보다 높은 편에 속한다. 능력을 인정받을 경우 금새 억대 연봉자가 될 수도 있으며, 컨설팅을 수행하다가 대형 프로젝트를 맡게 되어 한순간 직업이 바뀔 수도 있다. 하지만 프로젝트 중심 또는 Case by Case 중심으로 컨설팅이 진행되기 때문에 야근과 잦은 출장, 휴무일 근무가 발생할 수 있으며, 근무시간도 일정하지 않게 될 수도 있다. 또한, 길게는 1년 이상 컨설팅을 의뢰한 고객사로 출장근무를 가기도 한다. 연령대는 30대에서 50대가 가장 많이 활동하고 있는데 이는 10년차에서 15년차 이상의 컨설턴트가 거의 없기 때문이다. 보통 컨설팅 관련 회사에 입사할 시기는 20대 후반부터 30대 초중반이 많으며 대부분 입사 5년차 이상이 되면 독립하여 개인·법인 사업체로 창업하거나 다른 조직으로 이직하는 경우가 많다.

컨설턴트는 전문직으로 평가받아 전망이 밝은 편에 속하지만 컨설턴트로 활동하기 위한 경험과 노하우를 쌓는 기간이 상당히 소요된다. 예를 들어, 20년 이상 영업하고 있는 음식점 경영주를 만나거나, 프랜차이즈 사업을 통해 안정된 가맹본부의 2nd브랜드 런칭을 컨설팅 하게 되는 경우 등 현장에 소위 잔뼈가 굵은 클라이언트를 만난다면 짧은 경험과 노하우로는 컨설팅을 수행할 수 없기 때문이다. 최소한 컨설팅 회사 근무 경력이나 외식분야 창업경력이나 관리자 경력, 다양한 분야의 요리 경력, 식품회사 개발부서 근무경력, 프랜차이즈 가맹본부 슈퍼바이저 활동 경력, 디자인 회사 근무경력 등 '컨설팅 실적' 또는 '관련분야 경력사항'을 꾸준히 경험하고 쌓아두어야 한다.

최근 평생직장의 개념이 사라지면서 전문성과 사회적 위상, 자기 발전성이 상대적으로 높은 직업이 미래 유망 직업으로 각광받고 있는데 컨설턴트가 그 중 하나로 꼽을 수 있다. 4차 산업혁명과 인공 지능 시대는 이미 우리의 일상을 변화시키고 있고 음식점에 들어선 전자 메뉴판부터 사람의 얼굴을 인식하는 스마트폰, 무인주문시스템(키오스크), 우리의 말을 인식하고 날씨 알림 또는 TV채널을 바꿔주는 생활밀착형 AI시스템까지 기술은 벌써 일상에 스며들고 있고 외식산업도 변화하고 있다. 최근 구인구직 '사람인' 조사에 따르면 자신의 업종이 AI(인공지능)시대에 살아남을 것이라고 높게 평가한 이들은 IT, 웹, 통신 종사자들이고, 뒤이어 교육업, 의료·제약, 건설업 순으로 나타났다. 반면 은행과 금융업 종사자들은 살아남을 것이라고 답한 비율이 40%로 조사되어 대상 업종 중 가장 낮았다. 또한 한국고용정보원의 '2017 한국직업전망 보고서'에 따르면 컨설턴트가 전망이 높다고 손꼽았다. 이는 경제 규모 성장과 글로벌화로 경영환경이 복잡해지면서 경영·진단전문가(컨설턴트), 관세사, 손해사정사, 행사기획자 등 사업서비스 전문가

의 수요가 많기 때문이며, 또한 정보기술(IT)직종과 관련 기술직, 전문가의 고용이 증가
할 것으로 예상한데 따른 것이라 할 수 있다. 이미 무인발급기로 음식점 카운터 개념이
사라지고 있으며, 조리의 단순화, 표준화의 속도는 점점 가속화되고 있으며, 로봇 바리
스타가 커피를 만들어주는 카페도 운영되고 있는 것이 현실이다. 앞으로 외식산업에서
는 컨설턴트의 역할이 필수적이라 할 수 있다.

2 컨설팅에 필요한 기본 요소

1) 외식산업 컨설턴트를 위한 기본 교육

외식산업분야의 컨설턴트로 활동하려면 기본적으로 외식산업 실무경험이 뒷받침 되
어야 한다. 현장을 알지 못하면 컨설팅이 필요한 요소와 분야, 범위, 방향성, 전략 등의
오류로 인하여 컨설턴트와 클라이언트가 가고자 하는 방향이 달라질 수 있기 때문이
다. 기본적으로 경영, 마케팅, 회계 관련 등의 전문지식이 필요하다. 대화에서 나오는 소
통과 공감, 문제해결 동기부여 등 문제를 풀어나감에 있어 관련 지식은 필수이며 중요
한 컨설팅 수단이 될 수 있다. 클라이언트가 말하고자 하는 부분의 경청과 이에 맞는
적재적소의 질문을 통해 신뢰가 쌓이게 되며, 컨설팅을 추진하는 동안에 필요한 성공
요소로 작용할 수 있다. 또, 컨설턴트의 친화력과 설득력, 질문의 난이도, 대화의 예절
등은 해결방안을 모색하고 실천하는 데 강한 원동력으로 작용할 수 있다.

표 3-1_ 외식산업 컨설팅을 위한 기본 교육

회계 교육	마케팅 교육	점포 운영 교육
상권 및 입지분석 교육	소비 트렌드 교육	인사관리 교육

① 회계 교육

컨설팅을 하기위해서는 우선 회계적인 용어와 그 내용에 대해 알고 있어야 한다. 매
출원가, 판매관리비, 영업이익, 손익분기점, 고정비 등을 클라이언트에게 설명하고 이해
시킬 수 있어야 한다. 외식산업의 경우 깊은 지식이 아니라 기본적인 회계 상식으로도
잘 이해시킬 수 있다. 컨설팅을 수행함에 있어 고도의 회계지식이 필요할 경우 회계사,

세무사 등의 해당 분야 전문가의 힘을 빌려야 한다. 다음은 외식산업 종사자들이 접하는 기본 회계분야 용어와 설명을 나열한 것이다.

표 3-2_ 기본적으로 사용되는 회계 용어

사용단어	세부 설명
매출액	• 기업 또는 사업자가 그 영업의 목적으로 하는 상품(메뉴)등의 판매 또는 용역의 제공을 행하고 그 대가를 받음으로써 실현되는 수익(총 판매금액)을 말함 • 일일매출, 월별매출, 연간매출 등
매입액	• 판매를 위한 상품(메뉴)또는 제품제조에 요하는 원재료, 저장품 등을 구입하는 비용을 말함 • 주류 매입, 식자재 매입, 포장용기 매입 등
손익분기점	• 기업 또는 사업자가 일정 기간의 매출액이 당해기간의 총비용과 일치하는 점을 말함 • 매출액이 그 이하로 감소하면 손실, 그 이상으로 증대하면 이익이라고 함.
매출원가	• 기업 또는 사업자가 영업활동에서 영업수익을 올리는데 필요한 비용 • 제조원가, 상품매입원가 등
감가상각비	• 기업 또는 사업자가 사용하는 기물이나 설비 등 가치의 감소분을 보전하는 비용을 말함 • 테이블, 의자, 주방설비, 간판, POS, 냉난방기, 홀/주방기물 등
매출총이익	• 기업 또는 사업자가 일정기간 내 판매한 매출액에서 상품(메뉴)를 만드는데 투입된 총비용인 매출원가를 제외한 것을 말함
영업이익	• 매출총이익에서 일반관리비와 판매비(급여, 세금, 공과금, 감가상각비, 광고비 등)를 제외한 총 금액을 말함
당기순이익	• 기업 또는 사업자의 일정기간(해당기간)의 순이익을 말함 • 매출액에서 매출원가, 판매비, 관리비 등을 제외하고 여기에 영업외 수익과 비용, 특별 이익과 손실을 가감한 후 세금을 뺀 것
부가가치세(부가세)	• 기업 또는 사업자가 거래단계별로 재화나 용역에 생성되는 부가가치(마진)에 부과되는 조세를 말함 • 상품 구매(매입)시 발생되는 마진에 대한 세금은 10%임
카드 수수료	• 신용카드 수수료라고 하며, 가맹점이 결제시스템을 이용하는 대가로 총금액에서 신용카드사에 지불하는 수수료를 말함
세금계산서	• 기업 또는 사업자가 상품이나 용역을 공급하고, 이에 대해 부가가치세를 포함하여 거래하였다는 사실을 확인하는 문서 • 서식 구성항목으로는 공급자, 공급받는 자, 상호, 성명, 사업장 주소, 업체, 종목, 거래일자, 공급가액, 세액, 거래품목 등이 있음

② 서비스 마케팅 교육

외식산업 분야의 컨설턴트는 기본적인 회계 교육과 함께 경영에 필수적인 마케팅에 대한 교육은 필수다. 음식점을 경영하는 경영주 대부분이 회계, 메뉴, 음식, 조리, 관리, 상권 등에 대한 교육은 충분하나 마케팅에 대한 교육이 부족한 경우를 많이 본다. 즉, 판매하고자 하는 상품 또는 메뉴와 서비스를 구매할 고객이 누구이며, 그 고객의 연령과 특성, 성향이 무엇인지, 원하는 가치와 만족은 무엇일까 하는 가이드라인을 만드는 것이라 할 수 있다. 또한 마케팅 교육에서 빠질 수 없는 용어인 7P, STP, 3C관련 교육은 물론, 소비자들의 태도나 라이프스타일 등의 심리적인 분야에도 일정한 교육이 요구된다. 다음은 외식산업 종사자들이 접하는 기본 마케팅 용어와 설명을 나열한 것이다.

표 3-3_ 기본적으로 사용되는 서비스 마케팅 용어

사용단어		세부 설명
7P (4P+3P)	Product	• 판매하고자 하는 제품 또는 기술
	Price	• 판매하고자 하는 제품의 가격, 원가비율 등
	Place	• 판매하고자 하는 장소 또는 입지상권
	Promotion	• 판매하고자 하는 제품의 판촉 또는 홍보
	Physical evidence	• 판매하고자 하는 제품의 물리적 증거 • 수상내역, 리뷰, 인증, 인테리어 등의 유형적 근거
	Process	• 판매하고자 하는 제품의 서비스가 이루어지는 과정
	People	• 직원, 클라이언트 등 서비스 참여자
STP		• 시장세분화(Segmentation), 타깃설정(Targeting), 포지셔닝(Positioning)의 앞 글자를 모아 만든 합성어 • 마케팅의 전략과 계획 수립 시 소비자행태에 따라 시장을 세분화하고, 이에 따른 표적시장의 선정 후 적절하게 제품을 포지셔닝하는 일련의 활동
3C		• 클라이언트(Customer), 경쟁사(Competiter), 자회사(Company)의 앞 글자를 모아 만든 단어 • 클라이언트와 우리가 기획한 것, 경쟁기업과 자사를 분석하면서 성공하기 위한 마케팅 전략수립의 활동

③ 점포 운영 매뉴얼 교육

외식산업 분야의 컨설턴트는 외식업소의 점포 운영이나 접객 서비스 등에 대한 노하우나 매뉴얼을 가지고 있어야 하며, 실무운영 경력도 뒷받침되어야 한다. 예를 들어 주방의 위치나 홀 영업동선, 음식의 레시피, 메뉴의 구성요소, 인테리어 또는 외부 익스테리어의 적정성, 고객과의 접점, 위생, 서비스 응대 멘트, 고객 클레임 대응법 등 해당 업종이나 종목에 어울리는 것이 어떤 것이 있는지 사전에 충분한 노하우을 보유하고 컨설팅에 임해야 한다. 다음은 외식산업 종사자들이 접하는 점포운영 용어와 설명을 나열한 것이다.

표 3-4_ 기본적으로 사용되는 점포운영 용어

사용단어	세부 설명
점포운영 매뉴얼	• 직원 채용기준, 인력운영(업무 분담별) • 회계관리, 부가세 신고, 4대 보험 가입운영, 원가관리, 손익계산법 • 메뉴특징 및 판매단가 • 매장정보관리, 문자발송, 메뉴삽입, 단가변경 • 오픈마감 프로세스, 접객 멘트, 서비스 원칙 설정, 성희롱 예방교육
위생 매뉴얼	• 서비스 위생, 복장규정, 식자재별 위생기준 및 검품의무 지침 • 식품안전 법적 요구사항 • 구역별 청소방법
체크리스트 매뉴얼	• 일일점검표, 화장실 점검표, 식자재 현황표, 주방관리 점검표, 오픈마감 점검표 등
점포마케팅 매뉴얼	• 시식행사, 전단지 배포, 고객DB활용 • 온/오프라인 마케팅, 서비스 마케팅 전략, 점포 활성화 실전방법 등
주방관리 매뉴얼	• 주방기기 사용법, 식자재 관리방법, 가스/전기 안전교육 • 냉장/냉동/실온 보관, 식재료 소분관리 등
조리 매뉴얼	• 표준레시피화, 계량, 원가산출 등

④ 상권 및 입지분석 교육

외식산업 분야의 컨설턴트는 외식업소의 점포영업, 상권 및 입지분석능력을 갖춰야 한다. 소상공인시장진흥공단 사이트에 상권에 대한 상세분석을 참고로 하고, 현장 방문

후 반드시 확인해야할 사항, 주변 상권 시세, 교통 및 유동인구의 흐름 등 사전에 충분한 지식을 보유하고 컨설팅에 임해야 한다. 상권 및 입지분석에 대한 내용은 상권조사와 입지분석에서 자세히 다뤄 보도록 한다.

⑤ 소비 트렌드에 대한 교육

외식산업이나 업종에 대한 트렌드 분석은 자료조사 또는 서적, 보도자료, 해당 분야 전문가와의 만남 등 다양한 접근이 필요하고, 매년 발표되는 식품외식산업에 대한 트렌드 리포트도 함께 참고하면 더 나은 트렌드로 접근할 수 있다. 한국농수산식품유통공사에서 미리 보는 외식 트렌드로 그 흐름을 참고하여도 된다.

그림 3-1_ 한국농수산식품유통공사. 미리 보는 외식트렌드 참조

⑥ 인사관리 교육

외식산업 분야의 컨설턴트는 외식업소의 인적자원관리와 조직관리에 대한 개념을 기초로 하여 인사관리 노하우를 가지고 있는 것이 좋다. 인적자원확보는 직원의 모집·면접·선발 등의 채용활동을 말하며, 인적자원개발은 직원의 잠재적 능력을 실현할 수 있도록 교육훈련과 능력개발 및 배치·전직·승진 등의 활동을 말한다. 이에 맞는 근로계약규정, 근무규정, 직원복지, 최저임금 등 사전에 충분한 지식을 보유하고 컨설팅에 임해야 한다. 다음은 외식산업 종사자들이 접하는 인사관리 용어와 설명을 나열한 것이다.

표 3-5_ 기본적으로 사용되는 인사관리 용어

사용단어	세부 설명
근로계약서	• 기업 또는 사업자가 인력을 채용하고 근로자는 일을 하고 회사로부터 그 대가를 지급받기로 약정하고 작성하는 근로계약 문서 • 고용주와 근로자 각각 1부씩 서명 후 보관 • 기본 표준근로계약서와 단기근로계약서가 있음
복무	• 기본 준수사항, 회사의 물품관리, 출입, 근무제한 또는 출입제한, 조퇴 및 외출, 결근의 절차, 출퇴근 규정 등에 해당됨
인사	• 인사위원회 기능, 인사이동, 인사권 보장, 회의록 작성 등에 해당됨
채용	• 구비서류, 채용결격사유, 노조가입 내용, 수습 및 채용, 채용취소, 근로계약 등에 해당됨
휴직 및 복직	• 휴직사유, 휴직기간, 휴직청구, 복직 등에 해당됨
퇴직·해고	• 퇴직원 제출, 정년, 해고의 사유, 해고의 제한, 해고의 예고, 퇴직 또는 해고일, 금품정산 등에 해당됨
근로시간	• 근로형태, 근로시간 및 휴게시간, 연장·야간 및 휴일근로, 근로시간 등의 적용제외, 출장중의 근로시간, 일·숙직 등에 해당됨
휴일·휴가	• 휴일의 정함, 휴일대체, 휴일·휴가의 중복, 연차휴가, 연차유급휴가의 사용촉진, 연차휴가의 대체, 경조·특별휴가, 휴가의 사용 등에 해당됨
연소자의 보호 및 남녀고용평등	• 연소자 증명 및 근로계약, 연소자의 근로시간, 시간 외 근로, 균등대우, 생리휴가, 산전·후 휴가, 육아시간, 성희롱금지, 성희롱 판단기준, 직장 내 성희롱의 성립요건, 성희롱 예방교육, 직장 내 성희롱 예방장치, 고충처리 등에 해당됨
급여의 계산 및 지급	• 급여의 계산 및 지급, 결근자의 급여, 일할 계산, 임금공제, 비상시 지불 등에 해당됨
제수당	• 연장·야간·휴일 근로수당, 상여금, 퇴직금, 재직일수의 계산, 재해보상, 구상권의 행사, 조력의무 등에 해당됨
징계	• 징계의 종류, 경고·견책·감급·격하의 사유, 출근정지·권고사직,징계해고의 사유 등에 해당됨

① 컨설턴트 이미지

'이 세상 최고의 브랜드는 당신이다' 라는 말이 있다. 컨설턴트의 첫 인상·첫 이미지는 호감과 비호감을 결정짓기도 하고 다양한 컨설팅 분야의 성공 열쇠로도 꼽히고 있다. 헤어스타일 패션, 메이크업, 표정과 자세처럼 시각적인 요소부터 말투와 같은 청각적인 요소까지 컨설턴트의 이미지를 본인만의 이미지로 개척해 보는 것이다. 외모와 자세가 변하면 그에 맞는 내면도 긍정적으로 변할 수 있고 외모와 내면이 선순환 한다고도 할 수 있다. 다양한 분야의 사람들을 만나는 것이 컨설턴트의 가장 큰 매력중의 하나이다. 어렵게 찾아온 클라이언트를 배려하고, 공감해주고, 고민거리를 경청해주고 좋은 방향으로 대화하는 것도 컨설턴트의 역할이기도 하다. 이미지를 전달함에 있어 청각적(38%), 시각적(55%), 언어적(7%)요소가 적용된다.

① 본인만의 이미지 메이킹

이미지(Image)란 감각 대상에 대해 감지된 정보가 마음속에서 정보처리과정을 거치며 재구성되어 만들어 지는 현상을 말하며, 어떤 사람이나 사물에 대해 가지는 시각상이나 기억, 인상, 평가 및 태도의 총체라 할 수 있다. 이미지를 결정하는 요소로는 외적 이미지와 내적 이미지가 있는데, 외적 이미지는 메이크업, 헤어, 복장, 자세, 태도, 걸음걸이, 말투, 목소리, 속도가 해당되며, 내적 이미지로는 성실함, 겸손함, 성격, 신뢰감, 가치관, 신념 등이 이에 속한다.

② 이미지 메이킹의 효과
- 자신감을 향상 시킨다
- 목표이익을 획득하게 된다
- 접촉범위의 확대를 가져온다
- 변화에 신속히 대처할 수 있다.
- 시너지 효과(Synergy effect)를 유발한다.

③ 입의 표정
- 입꼬리가 살짝 올라간 듯, 힘주지 않고 자연스럽게 다문다
- 입술을 살짝 벌려 윗니가 아래 입술에 닿는다
- 입술을 쭉 내밀거나 아랫입술에 힘이 들어가지 않는다
- 명랑한 미소를 지을 때 윗니가 살짝 보인다
- 대화 시 입술을 한쪽으로 씰룩 거리지 않는다
- 입술을 혀로 자주 빨지 않는다
- 어금니를 꼭 물거나 반대로 늘 입을 벌리지 않아야 한다
- 입술에 혈색이 있어 보여야 한다(어두워 보이지 않도록 한다)

④ 눈의 표정
- 눈에 힘이 들어가지 않고 시선이 편안하다
- 곁눈질과 아래 위로 훑어보는 시선은 좋지 않다
- 힐끔힐끔 보는 것은 상대방에게 불쾌감을 준다

- 턱을 올리고 보거나 눈을 부릅뜨지 않는다
- 눈동자를 많이 움직이지 않으며, 자신있고 밝게 주시한다

⑤ **용모복장**(남녀 공통)
- 단정 : 심플한 정장에 블라우스 권유
- 개성 : 밝고 세련된 감각 또는 트렌디한 정장 권유
- 진취 : 어두운 컬러 재킷과 바지정장 권유
- 고급 옷보다는 단정하고 깨끗한 옷차림
- 머리, 벨트, 구두는 사람의 시선이 이동하는 점이다

⑥ **헤어스타일 연출**
- 긴 머리는 묶거나 단정하게 유지
- 단발머리는 귀 뒤로 넘기기
- 앞머리는 눈을 가리거나 흘러내리지 않게 고정
- 너무 튀는 염색은 신뢰도 하락의 원인

⑦ **명함의 교환**
- 컨설턴트가 미리 준비해서 먼저 주도록 한다
- (해당 시)직급이 낮은 사람이 높은 사람에게 먼저 주도록 한다
- 명함 줄 대상이 두 명이라면 직급이 높은 사람에게 먼저 준다
- 명함을 건네면서 소속과 이름을 소개한다
- 명함의 이름이 상대방 쪽에서 바로 보이도록 건넨다
- 명함은 반드시 상대방 손에 건네준다
- 명함을 받은 후엔 상대방의 호칭을 불러준다

2 컨설턴트의 대화

컨설턴트는 클라이언트와의 효과적인 대화를 위해 대화 전체를 이끌어 나가는 것이 필요하다. 메시지를 어떤 의도로 전하는 것도 중요하지만 클라이언트가 어떤 반응을 보일지 가늠해 보는 것도 대화를 성공시키기 위해 중요하다.

① 관심

상대방에 대해 관심을 가지고 상대방을 이해할 수 있어야 한다. 상대방에 대한 성격, 비전, 목표, 고향, 가족, 학교, 음식, 건강, 영화, 스포츠 여행 등 공통분모(유사성)를 찾는 것도 좋은 방법이다. 또한, 나를 알리기 위한 방법으로 내가 누군지, 무엇을 하고 있고, 할 것인지, 나의 비전과 목표 등에 대해 말하는 것도 하나의 방법이 될 수 있다.

② 집중

상대방을 진정으로 배려하면 의사소통은 잘 되게 마련이다. 1:1의 관계는 이해와 존경이 포함되며, 개인차를 인정하고 상대방을 있는 그대로 받아들이고 자신의 견해에 일치시키려 강요하지 말아야 한다. 집중이 필요하면 1:1 커뮤니케이션을 활용하는 것도 좋은 방법이다.

③ 공감

이심전심이라 하였다. 상대방의 감정에 대하여 본인이 느끼는 바를 나타내고, 상대방이 했던 말을 다시 함으로써 말을 재점검 하는 기회로 삼는 것이 좋다. 예를 들어 '아 그 문제에 관해...하게 느낀다는 말씀이지요?' 또는 '...하기 때문에 그렇게 느껴지시는 군요. 저라도 그랬을 겁니다' 라는 표현방법이다. 그리고 상대방과의 대화내용을 요약, 정리하여 논의를 발전시킬 수 있도록 하며, 상대방이 말한 것을 자신의 말로 바꾸어 말하는 것도 공감표현의 한 방법이 될 수 있다.

④ 경청

말을 배우는 데는 2년이면 되지만 듣는 것을 배우는 데는 60년이 걸린다는 말이 있다. 귀 기울여 듣는 것이 상대방의 마음을 얻는 지혜로 통할 수 있다. 맞장구를 쳐주거나 관심과 흥미를 나타내거나, 상대를 응시하고 상대방으로 하여금 '말하고 있는 사람이 중심인물' 이라는 느낌을 갖게 만들어 주는 것이 잘 경청하는 방법으로 통할 수 있다.

⑤ 화법

메시지는 단순하고 곁가지가 없어야 한다. 부정적인 단어보다 긍정적인 단어를 사용하여 나 중심의 언어가 아닌 상대방 중심의 언어를 사용하도록 노력한다. 대부분의 사람들은 남의 부탁을 거절하는 데에 어려움을 느낀다. 상대방에게 상처를 주지 않고 부드럽게 거절하는 방법으로는,

첫째, 수락하듯 거절한다. 내일 뭔가 해달라는 사람이 있는데 스케쥴상 어렵다면 '오늘 저를 도와주신다면, 내일은 제가 그 일을 도와드릴 수 있습니다.'라고 말하며,

둘째, 거절할 때 Rain Check(다음 기회로 미루자)을 사용한다. 다음주에 시간 있느냐고 물었을 때 다음주는 시간이 없다고 말을 끝내지 말고 '다음주는 어렵지만, 그 다음주는 언제든 시간이 가능합니다'라고 말하는 것이다.

③ 컨설팅 범위 확정

대부분의 클라이언트가 컨설턴트를 찾는 목적은 '장사가 잘 되고 싶다', '돈을 잘 벌고 싶다'라는 마음이 있어 찾게 된다. 상권을 분석하고, 좋은 장소에 입점하고, 새로운 메뉴를 개발하고, 새로운 디자인의 간판과 인테리어를 하고, 프랜차이즈 시스템을 구축하고, 식당 창업을 하는 모든 프로세스가 해당된다. 그렇다면 클라이언트가 가지고 있는 문제점을 객관적으로 판단하고, 문제점 개선 방안을 제안하고, 개선하는 일련의 과정을 브리핑 함으로써 컨설팅 범위를 확정하는 단계를 반드시 거치게 된다. 컨설팅의 범위를 확정한 이후 이에 맞는 컨설팅 수임료 제시와 함께 향후 계약서를 작성한다. 다만, 컨설팅의 범위를 계약 전에 확정하였다고 해도 컨설팅을 수행하는 동안 새로운 이슈가 발생하여 계약범위를 초과하는 경우도 발생할 수 있다. 컨설턴트가 할 수 있는 범위 안에서 추가로 진행하거나 혹은 추가비용이 발생한다면 이에 맞는 내용을 클라이언트에게 정확히 전달하고 매듭짓는 것이 중요하다.

컨설팅 브리핑 요소

클라이언트에게 컨설팅 범위를 브리핑하기 전에 꼭 확인해야할 사항이 있다. 경영주와의 인터뷰 도중 도출한 경영자의 자질, 사업수행능력, 사업 준비 및 운영정도, 상권 내 업종분포 특성, 경쟁력, 목표시장 및 타겟, 광고요소, 판매촉진, 스토리텔링, 비용 발생 등에 대한 내용을 바탕으로 컨설팅 범위를 정한 이후 브리핑을 하도록 한다.

기본적으로 경영주가 해결해야할 사항, 컨설팅 수행 시 컨설턴트가 해야 할 사항과 달성 목표, 최종 결과물, 컨설팅 교육, 컨설턴트의 사후관리 방법, 컨설팅 수행기간의 정함, 컨설팅 계약방법 등이 이에 해당한다.

　　1차 브리핑을 완료한 후 최종적으로 컨설팅 수임료를 제시하면 클라이언트와의 첫 미팅에서 수행해야 할 부분은 완료가 된다.

④ 상담일지 작성

그림 3-2_ 컨설팅 상담 일지

<table>
<tr><td colspan="2" align="center">컨설팅 상담 일지</td></tr>
<tr><td colspan="2">일시: _____년 _____월 _____일 _____요일 / 시간 _____:_____ ~ _____:_____
상담자: _____</td></tr>
<tr><td align="center">구분</td><td align="center">내용</td></tr>
<tr><td rowspan="11" align="center">업체현황</td><td>업체명:</td></tr>
<tr><td>경영자:</td></tr>
<tr><td>주소:</td></tr>
<tr><td>연락처: 전화 _____ / 휴대폰 _____</td></tr>
<tr><td>업종분류:</td></tr>
<tr><td>면적:</td></tr>
<tr><td>소유자:</td></tr>
<tr><td>직원수:</td></tr>
<tr><td>상권현황:</td></tr>
<tr><td>메뉴내역:</td></tr>
<tr><td>기타:</td></tr>
<tr><td align="center">상담 사항
(의견 사항)</td><td></td></tr>
<tr><td align="center">도출 사항</td><td></td></tr>
</table>

03 상권조사와 입지분석

① 상권·입지조사 분석의 목적과 절차

외식산업 컨설턴트는 부동산 분야에 대한 전문가는 아니다. 하지만 상권분석의 중요성과 입지를 분석하는 이유에 대해서는 모두가 공감하게 된다. 전체상권을 분석한 후 상권정보시스템을 활용하고, 현장을 방문하여 객관적인 데이터와 주관적인 판단에 의해 최종 점포를 구해야 하고, 예비창업자들에게 '입지'란 외식창업의 흥망성쇠를 결정지을 수 있는 요소이기 때문에 상권조사와 입지분석이 필요하다.

'상권'이란, 대지나 점포가 미치는 영향권으로 거래의 범위를 말하며, 고객이 음식을 먹거나 내점할 수 있는 지리적인 범위를 의미한다. 또한 영업을 하는데 있어서 우리 점포의 고객이 될 수 있는 대상이 얼마나 있는가 하는 한정적인 지역 범위를 말하는 것으로 그 범위를 축소해가면서 분석기법을 활용한다.

'입지'란 대지나 점포가 소재하고 있는 위치적인 조건으로 즉 접객장소를 의미하는데 인구의 특징, 소득수준, 구매습관, 교통 및 접근성에 많은 영향을 받는다. 상권분석은 상권전체의 성쇠여부를 평가하는 것이고 입지분석은 개별점포의 성패여부를 파악하는 것으로 보면 된다. 따라서 상권분석을 먼저하고 입지분석은 그 뒤에 해야만 제대로 된 점포를 구할 수 있다.

표 3-6_ 입지와 상권의 비교

구분	입지	상권
개념	대지(장소)나 점포의 위치적인 조건 (Location)으로 시간적, 공간적 범위	대지(장소)나 점포가 미치는 영향권의 범위(Trading Area)로 실소비를 이루고 있는 분포지역의 소비심리를 이루는 주체
물리적 특성	평지, 도로변, 상업시설, 도시계획 지구 등 물리적인 상거래공간	대학가, 역세권, 아파트 단지, 번화가 등 비물리적인 상거래 활동 공간
키워드	POINT(강조점)	BOUNDARY(경계선)
등급구분	A급지, B급지, C급지	1차 상권, 2차 상권, 3차 상권
분석방법	점포분석, 통행량분석	업종경쟁력 분석, 구매력 분석
평가기준	점포의 권리금, 임대료와 보증금, 가시성, 접근성	반경거리(250m~1Km)

상권조사나 입지분석은 그 목적이 자기가 희망하는 업종 또는 업태가 가장 활성화 될 수 있는 장소를 선택하기 위한 것이며, 입지와 상권조사를 통해서 자기 점포의 영업이 잘 될 것인지, 또 매출은 어느 정도가 될 것인지 예측하기 위한 기초자료로 활용된다. 따라서 상권·입지분석이 단순한 보고서와 같은 형식적인 컨설팅이 되어서는 안 된다.

점포 운영 및 채산성이 무엇보다 중요하므로 개점입지는 업종·업태별 특성을 감안하여 독립형 건물과 복합형 건물로 구별할 수 있고, 건물 층별 고객 흡입력, 그리고 상주하는 인구와 유동인구로 어느 정도 구분하여 통행량을 분석한다. 또한 사람이 모이는 장소인지 집결지인가 흩어지는 장소인가, 고객 흐름이 유동성인가 아니면 정체성인가 등도 파악해야 한다.

주변 상권조사는 번화가 또는 중심상가, 금융, 오피스, 주택가, 아파트단지, 학원가, 대로변 입지, 유원지 입지 등의 입지적 분류를 통하여 분명한 타겟을 고려해야 하고, 유사혹은 동종업종·업소에 대한 메뉴 가격대 객단가, 매출, 고객층을 세분화하여 시장분석을 해 나가야 한다. 이런 내용들은 시간대별, 요일별, 날씨별, 남녀별, 연령층별 등 상권반경 내에서 조사한 다음 분석, 진단, 평가를 통해 사업 수행 및 전략에 반영해야 한다.

컨설턴트가 수행하는 상권·입지조사 분석의 목적과 기준은 다음과 같다.

표 3-7_ 상권·입지조사 분석의 목적과 기준

구분	창업 전	창업 후
목적	• 창업하고자하는 입지에서 매출목표를 산출 • 현재의 여건과 앞으로의 발전가능성, 현재 상권내에서 가장 잘되고 있는 식당과 인기메뉴, 형성되고 있는 가격대 조사 • 상권의 크기 파악	• 클라이언트가 운영하고 있는 점포의 해당 상권·입지 분석을 통한 해당 사업의 타당성 확인과 Target, 마케팅, 경영, 메뉴구성, 점포 활성화 방안도출 해결방안 마련
목표	• 창업점포의 메뉴구성 기획 • 접근성과 가시성 확인 • A~C급지 선정 • 임대계약 확정 • 경쟁점포 조사 • 점포권리분석 • 사업타당성분석	• 신메뉴 개발 및 메뉴구성 변화 필요성 도출 • 디자인 변화 및 개발 필요성 도출 • 점포 이전 및 확장 필요성 도출 • 유동인구 및 거주인구에 맞는 사업전략 수정 필요성 도출 • 영업시간 수정 또는 업종전환 필요성 도출 • 사업타당성 분석 • 상권단절요인 및 상권범위설정

1) 상권의 분류

상권분석은 현실적으로 어느 정도까지 상권을 분석할 것인가 범위를 설정해야하며 크게 공간적 범위, 내용적 범위, 절차적 범위로 나눌 수 있다.

먼저 공간적 범위는 상권의 범위를 말하며, 예정 점포가 있는 경우는 2차 상권까지 조사를 하는 것이 좋고 없는 경우는 그 지역의 핵심점포를 중심으로 원을 설정하여 반경 500m 이내로 하는 것도 무방하다. 내용적인 범위는 업종·업태에 대한 분석, 시장규모 분석, 매출 예측 분석, 수익성 분석, 라이프 스타일 분석 등을 말하며, 절차적 범위는 방법론적 범위를 설정하는 것으로 직접 현장을 방문하여 유동인구 조사나 업종업태의 분포도 조사는 리서치를 하는 방법과 인구, 성별, 소득수준과 같은 것은 통계자료 조사 방법을 많이 사용하며 이 두 가지를 혼용하는 방법도 많이 사용하고 있다.

상권의 설정은 특정 점포가 고객을 끌어들이는 지리적 범위가 어느 정도인가를 파악하는 것을 말하며, 매출구성비의 의존도가 높은 정도에 따라서 일반적으로 1차, 2차, 3차 상권으로 구분되어 진다.

〈표 3.9〉를 바탕으로 한국적 외식문화를 상권에 접목시켜 본다면 1차 상권에서는 식사위주로, 그리고 호프와 같은 주류 위주로 이동을 하는데 이를 2차 상권이라 하며 마

지막 노래방과 같은 유흥업소로 이동을 하는데 이를 3차 상권이라고 할 수 있으며 늦은 밤까지 영업이 되는 유흥상권이라면 점심매출이 떨어지는 경향이 있다.

표 3-8_ 상권의 구분

구분	1차 상권	2차 상권	3차 상권
개별점포	점포매출 또는 고객수의 65~70%정도 이상을 점유하는 고객의 거주범위로 도보로 10분 이내의 소상권	1차 상권 외곽지역으로 매출 또는 고객수의 25~30%정도 이상을 점유하는 고객의 거주범위	2차 상권 외곽지역으로 매출 또는 고객수의 5%정도 이상을 점유하는 고객의 거주범위
공동점포	상권 내 소비수요의 30% 이상을 흡수하고 있는 지역	상권 내 소비수요의 10%이상을 흡수하고 있는 지역	상권 내 소비수요의 5%이상을 흡수하고 있는 지역
패스트푸드	500m	1,000m	1,500m
패밀리 레스토랑	1,000m	1,500m	3,500m
캐주얼 레스토랑	1,500m	2,500m	5,000m

2) 입지·상권분석 방법

입지·상권을 분석하기 위해서는 먼저 주변의 가장 높은 곳에 올라가서 전체적인 상권을 파악한 후 사람이 모이는 곳과 영업이 가장 잘되는 곳을 파악해야 한다. 그리고 그곳을 지나는 사람들의 옷차림새, 주변식당들의 직원 수, 출근시간대, 점심과 저녁상권 등을 파악하고 타 점포들과의 경쟁우위에 있는 점포들도 체크하도록 한다. 더욱 효과적인 조사를 위해서는 평일, 토요일, 일요일 등으로 구분하여 조사를 해야 한다.

입지조건이 우수하고 임차료도 적고 계약기간이 안정적이며 권리금이 없는 곳이 가장 좋은 점포인데 사실 이러한 점포는 찾기가 쉽지 않다. 최적의 점포를 찾기위해서는 지역의 부동산, 인테리어 업체, 주방업체, 주류나 식자재납품업체, 프랜차이즈 본사(가맹본부) 점포개발팀들을 잘 활용하면 되는데 그러기 위해서는 먼저 신뢰가 구축되어 있어야 하고 장기적 가치에 대한 대가도 지불하여야 할 것이다.

그리고 입지를 선정할 때에는 가시력, 상권력, 인구밀도, 성장성, 주차장 유무, 비교 우위성, 접근성, 영업성, 안정성 등이 반드시 고려되어야 한다. 또한 지역적인 특성도 파악해야 하는데 생활수준, 동별 인구수, 주동선, 고객성향, 연령별, 성별, 외부유출 및 유입 여부, 학교분포와 학생 수 고객의 가격거부감, 금융권, 고객 유입요소, 지역 내 우수점 포, 임차료와 권리금시세, 잘 되는 메뉴와 안 되는 메뉴, 빈 점포나 임대점포 현황, 상권 의 성장기와 쇠퇴기 여부 등을 확인해야 한다.

표 3-9_ 상권·입지 분석시 확인요소

구분	내용
상권분석	• 지형지세와 지리적인 조건 • 교통망과 도로조건(노폭, 신호등, 건널목, U턴 등) • 상권 내 유동인구와 거주인구조건(연령층, 남녀, 소득수준, 세대 및 인구수) • 편의시설 및 장애물 시설 • 종합평가(상권특성에 대해)
입지상권 조사	①입지의 지리적 특성 조사/가시성(사계성), 접근성, 홍보성 ② 입지의 기능성 조사/통행 인구 유발 기능 • 지역적 주요기능 파악 - 부속기능(광역, 협의) • 야간인구 유발가능 - 대형 집객 기능 • 공공시설, 상업시설 ③ 통행인구 분석/현장에서 직접 통행자를 체크하여 조사 • 통행량 및 통행인의 질 조사 • 통행자의 도로 이용 목적(통행목적) • 통행인구 조사/성별, 연령별, 시간대별, 직업별 • 통행자의 이용 경로 및 거리(구간) ④ 상권조사 및 분석 • 상권 내 오피스 근무자 수 분석 • 상권 내 주거형태, 세대 및 인구 현황조사 • 실질상권 규모추정, 상권의 소비지출 추정 • 고정상권과 유동상권의 파악, 주간상권과 야간상권의 파악 • 상권의 확대 전망
상권 내 상업시설 및 예상 경쟁점 조사	① 상권 내 업종·업태 분석 ② 상권 내의 상품구성과 판매가격 실태조사 ③ 상권 내의 유명점포 이용자 분석 ④ 상권 내의 유명점포 영업현황 조사 분석
상권 내 클라이언트 소비실태 조사	이 단계에서는 타깃그룹을 설정하여 설문조사를 실시한다. ① 상권 이용자의 소비지출 조사 ② 소비자의 이동수단 조사 ③ 외식 기호도(식음료)조사/단위별, 형태별, 시간대별 파악

구분	내용
상권의 성장성 조사	① 상권 내의 대규모 구획 및 시설계획 ② 상권, 상가의 흐름 분석
예정점포의 권리분석	• 건물, 토지 등기부등본, 도시계획확인원, 건축물관리대장, 건축허가서(신축 건물일 경우)

3) 입지 조사 시 매출액에 영향을 미치는 요인들

아래의 사항들이 입지 선정하기 전 점포 영업 활성화에 많은 영향을 끼치고 있으므로 꼭 확인해야할 요인들이다.

① 강남, 압구정, 대구 들안길 등과 같이 점포 예정지 주변의 시장 규모(식당들이 밀집된 대단지 도는 특화거리)가 크면 클수록 영업에 좋은 요인으로 작용한다.

② 시계성이 좋고 퇴근길이나 U턴이 가까운 곳 등 클라이언트의 동선으로 클라이언트가 찾아오기 쉬운 곳이나 차량의 출입이 자유로운 곳이 좋다.

③ 관공서 주변이나 대형빌딩, 학교 주변에 점포가 위치한 경우 '○○옆', '○○건물 내' 등 인지성이 뛰어난 곳도 좋다.

④ 예정지 주변이 백화점, 극장가, 대형 패션몰, 쇼핑몰 등의 상업시설로 소매시설이 우수하면 클라이언트의 흐름이 많으므로 좋은 영향을 미친다.

⑤ 대규모의 상업성 유도시설(대구의 동성로)이 있는 곳, 즉 백화점, 할인점, 지하철역 등이 주변에 있으면 좋은 영향을 미친다.

⑥ 건물구조나 기능, 외형, 토지 구조까지도 매출액에 영향을 미친다. 건물의 외관도 영업에 기여하며, 건물구조는 가능하면 직사각형이나 정사각형이 좋다.

⑦ 프랜차이즈 가맹점이나 동일업종의 경쟁점간의 경쟁(추가 서비스 제공, 경품제공, 가격할인, 가격파괴 등)이 치열 할수록 많은 영향을 끼친다.

⑧ 일반적인 건물의 층별 가치 평가는 1층을 100%기준으로 삼을 시 2층은 75%, 3층 이상은 50%, 주변의 시계성이 아주 양호한 이월드(83타워)의 라비스타 레스토랑이나 호텔의 고층 식당들의 최상층은 120%로 볼 수 있는데 그다지 많지 않다.

⑨ 기타 패션몰이나 쇼핑몰 등 대형 건물 내 푸드코트 형태로 운영을 할 경우, 업종·

업태의 중복에 제한을 두는 곳이 많다. 제한하지 않을시 동일업종의 중복, 다점포화 등으로 고객의 선택 폭이 좁아져 이용기피현상과 경쟁과열 현상이 나타날 수 있으므로 주의를 해야 한다. 또한 이러한 건물은 식사보다는 구매를 목적으로 하는 10대~20대 주 고객층을 타깃으로 저가 상품 위주로 판매를 하고 있으므로 식사에 대한 구매력이 크지 않다는 점 또한 신중하게 검토해야 할 것이다.

이 외에 일반 음식점으로 영업을 하고자 할 경우 학교 보건법 규정의 정화구역 내에 금지행위는 아니지만, 가무, 유흥행위 등은 제한을 받게 된다. 절대정화구역인 학교 출입문에서 직선거리 50m이내는 휴게음식이나 일반음식점 외에는 영업허가가 어렵고, 학교 경계선으로 직선거리 200m 지역 중 절대정화구역을 제외한 곳은 상대정화구역으로 이곳에 유흥이나 간이주점 등을 창업할 경우는 학교 환경 위생정화위원회의 심의를 통과해야만 허가가 가능하다. 참고로 심의를 받으려면 관할 교육청에 신청서 1부, 건축물관리대장(구청 민원실 발행) 1부, 도시계획확인원(구청 민원실 발행) 1부, 주변 약도 1부를 구비하여 신청하고, 그 처리과정은 다음과 같다. 접수 → 서류검토 → 인근학교 의견조회 및 현장답사 → 심의의뢰 → 심의 → 결재 → 민원인에게 통보 순으로 이뤄지며, 기간은 접수 후 15일정도 걸린다.

❷ 상권정보시스템 활용

상권정보시스템이란 지역·업종별 창·폐업, 인구, 집객시설 등 53종의 상권현황과 경쟁정도, 입지 등급, 수익성 등의 분석정보 제공을 통해 준비된 창업을 유도하고 경쟁안정을 도모할 수 있는 시스템이라 할 수 있다. 소상공인시장진흥공단 홈페이지에 회원가입 후 '상권정보시스템'(www.semas.or.kr)을 활용하면 기본적인 상권분석과 경쟁분석, 입지분석, 수익분석, 점포이력 데이터를 알 수 있다. 100% 신뢰도를 나타내는 시스템은 아니지만 사용가치는 충분하다. 특정 시점의 인구 분포나 업종별 매출액, 거주지역 거주자들의 소득분포 등 다양한 정보를 한눈에 알아볼 수 있다. 현재 시점을 반영하지는 못하고, 통계청과 카드사 등의 데이터를 공유하기 때문에 참고할 수 있는 시스템으로 여기면 된다.

우선, 상권정보시스템에 회원가입하여 제공되는 시스템을 눈에 익히고, 가상의 주소 또는 상권을 입력하여 숙달하도록 한다. 향후 클라이언트를 현장에서 만날 경우 혹은 컨설팅 착수시점에서 반드시 필요한 것이기 대문에 사용법을 사전에 숙지하는 것이 좋다.

① 상권정보시스템 회원가입 프로세스

📷 **그림 3-3_** 상권정보시스템 회원가입 프로세스

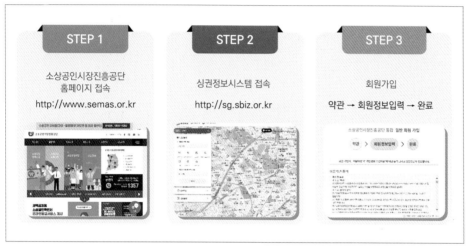

② 상권분석 카테고리를 활용한 기본설정

📷 **그림 3-4_** 상권분석 카테고리를 활용한 기본설정

③ 상권분석 보고서를 통한 데이터 분석

그림 3-5_ 상권분석 보고서를 통한 데이터 분석

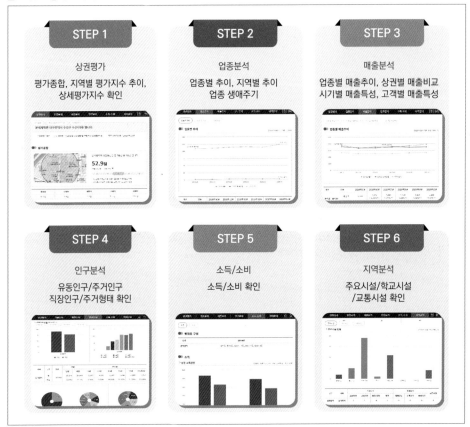

④ 경쟁분석하기

그림 3-6_ 경쟁분석하기

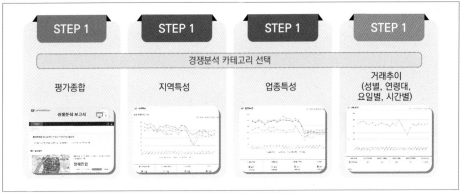

⑤ 입지분석하기

그림 3-7_ 입지분석하기

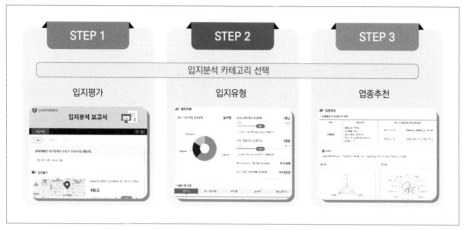

소상공인 상권정보시스템은 회원만 가입하면 누구나 볼 수 있는 서비스 시스템으로 활용이 가능하다. 하지만 누구나 볼 수 있지만 컨설턴트는 데이터를 정확히 분석하고, 해석하고, 사업의 타당성을 예리하게 보는 능력으로 상권정보시스템을 활용하도록 해야 한다. 같은 데이터 값이라도 전문가가 보는 눈은 다르기 때문이다. 클라이언트에게 상권분석에 대한 내용을 브리핑 할 때는 사전에 해당 상권의 중요한 내용이라 판단되는 중점내용을 표기하여 진행하는 것이 좋다.

❸ 입지 선정을 위한 현장 방문

신규 사업장의 경우 좋은 이미지가 사업성패의 주요한 요인으로 점포의 규모 및 모양, 시계성, 접근성, 전면길이 확보 등은 점포의 존폐가 직결된 상당히 중요한 조건인 것이다. 먼저 점포규모는 아이템당 적정규모의 매장이 필요한데 이는 경쟁점포의 입점을 방어하는 목적도 있겠으며 시계성은 코너 점포가 절대적으로 유리하고, 차량의 경우 약 '100m전'에 점포를 인지해야 입점준비가 가능하며 옆 점포보다 '건축선(도로와 접한 부분에 건축물을 건축할 수 있는 선으로 대지와 도로의 경계선을 말함)' 후퇴 시 불리하고, 주 고객과 마주보는 곳에 주출입문이 배치되면 좋다. 다음은 접근성으로 사람의 경우 점포 전면 계단 유무와 고지대 점포(저지대상권 발달)는 불리하며, 인도의 방해물이나 통행의 유속과 양이 과다한 곳 등은 불리하다고 하겠으며, 차량은 차량정차가 가능한 도로구조, 차량

진입이 용이한 주차장 유무, 곡선주로의 바깥쪽이 유리하며 차량유속이 빠른 대도로는 불리하다. 또 전면크기에 있어 전면은 점포의 얼굴이며, 고객에게 첫인상을 좌우하고 전면이 길수록 유리하며 아이템에 적합한 색상과 개성이 중요하다.

표 3-10_ 신규점포 체크리스트

구분	체크항목	YES	NO
1	• 설계도면과 건축물과의 차이점은 없는가? (설계도 변경, 리모델링 등 파악)		
2	• 점포의 출입구 높낮이가 없는 등 클라이언트 지향적인가? (입구 문턱, 출입구 높이 2m이상)		
3	• 점포의 전면 길이가 충분하여 시계성은 양호한가? (가로 8미터 이상, 세로 6미터 이상)		
4	• 점포의 형태나 모양은 정사각형이나 직사각형인가? (인테리어 비용 절감)		
5	• 특히 화장실 용량과 크기, 위치는 양호한가? (테이블 수 대비 화장실 크기 확인)		
6	• 건물의 노후상태와 환기시설은 제대로 되어 있는가? (시설투자비용 절감, 담배연기, 실내기 등 환기시설 확인)		
7	• 식자재 반입은 괜찮은가? (물류차량 입출고 장소 여부)		
8	• 건물 등기부등본 등의 공부서류와 제반조건이 일치하는가? (1종 근린생활시설)		
9	• 전기, 가스, 수도, 하수구 등의 용량은 적당한가? (전기 15kW, 가스 10만 칼로리, 수도 수압, 하수구 배관크기 등)		
10	• 주방과 홀의 거리, 주방과 홀의 동선은 양호한가? (아이템 운영 시스템상 영업동선 확인)		
11	• 전용면적과 실 평수의 크기는 적당한가? (인테리어 비용 절감, 상권형태에 따른 서빙, 배달 결정)		
12	• 건물 내 입주해있는 업종과 호환성이 있으며, 동일건물 내 상충되는 업종이 있어서 허가상의 문제점은 없는가? (건물주, 영업주 상의)		
13	• 소방, 방화 시설이 잘 되어 있는가? (비상구, 소화기 배치, 스프링 쿨러 등)		
14	• 점포 주변에 고물상, 폐차장, 하수종말처리장 등의 혐오시설은 없는가? (클라이언트 유입 경로 확인, 상권 재 설정)		

표 3-11_ 기존점포 체크리스트

구분	체크항목	YES	NO
1	• 주변상권이 외식사업을 하기에 적합하며 점포의 장래성은 있는가? (점포의 향후 발전 가능성 여부)		
2	• 권리금이 너무 많거나 주변 점포들과 비교할 때 임대료는 너무 높지 않은가? (부동산과 주변업소 탐문)		
3	• 주변점포와 경쟁이 치열하거나 대형점포가 들어설 가능성은 없는가? (철저한 입지분석 후 인수해야 하는 장소일 경우)		
4	• 기존 점포의 매출액과 영업이익은 어느 정도인가? (분석에 따른 가능성 타진이 가능)		
5	• 주방상태나 기기 및 시설에는 하자가 없는가? (노후화나 작동불량으로 추가투자비가 발생하여 손해 입을 경우)		
6	• 인수할 점포의 현재 투자규모와 수익성의 관계는 적당한가? (자기자본현황을 고려한 인수 / 자기자본율 50%, 외부자금율 50% 초과 여부)		
7	• 점포나 토지에 법률적 하자나 외형상 문제는 없는지 확인은 반드시 했는가? (소방, 방화, 정화조 용량, 도시계획지구, 식품위생법 위반에 따른 행정조치)		

④ 상가건물임대차보호법 내용

1) 상가건물임대차보호법의 목적

대한민국의 상가임대차보호법은 수년간 개정하면서 임차인을 보호하려 했다. 그러나 현장에서는 건물주와 임차인 간의 다양한 문제들이 발생하고 있다. 젠트리피케이션(낙후된 구도심 지역이 활성화되어 중산층 이상의 계층이 유입됨으로써 기존의 저소득층 원주민을 대체하는 현상을 말함)의 발생이나 임대료의 상승을 통해 소상공인들이 쫓겨나는 일도 나타나기 마련이다.

우선 2019년 4월 17일에 시행되고 있는 상가건물임대차보호법의 내용은 임대료 인상율 상한액을 5%로 낮추는 것과 *환산보증금을 50% 이상 인상하여 상가임차인 90% 이상이 보호법 적용을 받게 한다. 상가건물임대차보호법은 환산보증금을 기준으로 세입자에 대한 보호 범위를 구분하고 있다. 환산보증금이 법 개정후 기준금액을 넘게 되면 건물주가 월세(임대료)를 올리는 데 제한이 없어진다. 여기서 환산보증금 계산방식으로는 (보증금+월세)*100이다. 예를 들어 보증금 4000만원. 월세 300만원이라면 (4,000만+300만)*100=4억 3천만 원이다. 이 금액은 기존 광역시에 해당되었지만 지금은 적용받지 않는다.

표 3-12_ 환산보증금표 기준

지역	개정 전	개정 후
서울	6억 1,000만원	9억 원
과밀억제권역, 부산	5억 원	6억 9,000만 원
광역시 등	3억 9,000만 원	5억 4,000만 원
그 밖의 지역	2억 7,000만 원	3억 7,000만 원

*환산보증금: 임차인이 임대인에게 지급한 보증금과 매달 지급하는 월세 이외에 실제로 얼마나 자금 부담능력이 있는지를 추정하는 것

또한 임차인의 계약 갱신청구권은 그 기간이 5년에서 10년으로 연장되었으며, 권리금 회수 보호기간을 3개월에서 6개월로 상향조정 하였다. 정부는 상가건물 임대차분쟁조정위원회를 새로이 신설하였으며 권리금 적용 대상에 전통시장을 포함하게 되었다. 임대 사업자의 소득세와 법인세를 5% 감면하는 조세특례제한법도 개정이 되었고, 부동산 임대업의 수입금액이 7,500만 원 이하인 임대 사업자가 동일 임차인에게 5년을 초과하여 상가를 임대하고 그 임대료를 상하 요율 5%보다 낮게 인상하는 경우에는 소득세 및 법인세 5%를 감면해주는 것으로 개정되었다. 법 시행은 2019년 1월 1일 기준이고 소득세와 법인세 감면은 2019년 과세연도부터 적용된다. 그리고 철거·재건축과 같이 임차인이 어쩔 수 없이 영업권에 영향을 받는 상황에 대한 보호대책을 마련하였고, 건물 소유주 변경으로 인해 기존 계약기간이 남았음에도 해지되는 등의 불이익이 없도록 대항력을 유지하도록 개정이 되었다.

표 3-13_ 상가건물임대차보호법상 적용 범위 및 최우선변제 금액 기준

구분	서울	수도권 과밀억제권역	광역시	기타 지역
보호대상	6억 1,000만 원	5억 원	3억 9,000만 원	2억 7,000만 원
소액보증금	6,500만 원	5,500만 원	3,800만 원	3,000만 원
최우선 변제금액	2,200만 원	1,900만 원	1,300만 원	1,000만 원

계약 갱신 규정은 환산보증금과 상관없이 모든 상가 임대차에 적용되며, 2018년 10월 16일 이후 새로 체결되었거나 상가 임대차계약의 경우 임차인이 최초 계약 개시 시점부터 10년간 계약 갱신을 요청할 수 있으며, 임대인은 정당한 사유 없이 거절이 불가능하다. 갱신 계약서를 작성하지 않아도 임차인의 갱신 요청만으로도 임대차 계약이 갱신이 된다.

표 3-14_ 주택임대차보호법과 상가건물임대차보호법 비교

구분	주택임대차보호법	상가건물임대차 보호법
적용범위	• 주거용 건물	• 상가 건물 (사업자등록의 대상 건물)
적용배제	• 일시사용이 명백한 임대차	
*대항력 요건	• 주택의 인도(점유) • 주민등록(전입신고)	• 건물의 인도(점유) • 사업자등록신청
대항력 발생시점	• 인도와 주민등록(전입신고 상가의 경우 사업자등록신청) • 제3자에 대하여 임대차계약의 유효를 주장(보증금, 기간 등 주장) • 경매의 경우는 말소 기준권리보다 먼저 대항 요건을 갖추어야 함	
우선 변제권 요건	• 대항력 요건+확정일자인 (동사무소, 공증인, 등기소)	• 대항력 요건+확정일자인 (관할 세무서장)
우선 변제권 내용	• 경매 시 후순위 권리자 기타 채권자보다 우선하여 배당 받을 권리 • 반드시 배당요구 종기까지 배당요구를 해야 함	
최우선 변제권 내용	• 일정액: 순위와 무관하게 최우선 변제. 낙찰주택가액(대지 가액 포함)1/2의 범위 내에서 대통령령으로 정한 금액	• 일정액: 순위와 무관하게 최우선 변제. 낙찰임대건물가액(대지 가액 포함)1/2의 범위 내에서 대통령령으로 정한 금액
임대차 기간	• 최소기간 2년 (단, 임차인은 2년 미만 기간 유효 주장 가능)	• 최소기간 1년 (단, 임차인은 1년 미만 기간 유효 주장 가능)
계약의 갱신요구	• 임차인의 계약 갱신요구권 없음	• 계약기간 만료 전 6개월 전부터 1개월 전까지 계약요구 가능 (전체 기간은 5년을 초과하지 않는 범위 내에서)
묵시적 갱신과 계약의 해지	• 계약기간 만료 전 6개월 전부터 1개월 전까지 갱신거절 또는 계약조건의 변경 통지 아니한 경우 자동으로 갱신. 묵시적 갱신의 경우 임대차 기간 (주택2년/상가건물 1년) • 임차인은 언제든지 계약해지 동의 가능(임대인은 불가) • 임대인에게 계약해지 통지 도달 후 3개월이 경과하면 해지의 효력이 발생	

구분	주택임대차보호법	상가건물임대차 보호법
*차임 등의 증액 청구	• 약정 당시 차임이나 보증금의 1/20초과 제한(5%) • 임대차 계약 또는 증액 후 1년 이내 증액 불가 • 월차임 전환 시 산정률의 제한 (연10%와 한국은행 공시 기준 금리 4배수 중 낮은 비율)	• 약정당시 차임 또는 보증금은 5/100초과제한(5%)
임차권등기 명령신청	• 임대차 종료 후 보증금을 반환받지 못한 임차인이 단독으로 신청가능 • 필요서류: 주택의 경우 → 임대차 계약서, 주민등록초본, 등기부등본 　　　　　 상가의 경우 → 임대차 계약서, 사업자등록증명, 등기부등본 • 등기후 효력: 대항력, 우선변제권취득(기존효력 유지) • 임차권등기 후 새로운 세입자는 최우선변제권 없음	
경매신청	• 확정판결 후 물건 인도를 하지 않아도 경매신청 가능 (배당금 수령시는 물건을 인도하여야 함)	

*대항력: 건물이 매매되었을 때나 경매나 공매 시에도 임대차기간 만큼 보호받을 수 있는 권리

*차임: 임대차에 있어서 임차물 사용의 대가로 지급되는 금전 그 밖의 물건

　　위와 같이 임차인이 안심하고 점포 영업에만 충실할 수 있도록 임차인을 보호하기 위한 목적으로 개정되었다고 하겠으며, 상담이나 피해신고는 소상공인시장진흥공단의 '소상공인 무료법률구조사업'을 신청하여 도움을 받을 수 있다. 소상공인을 대상으로 물품대금, 상가보증금 등 기타 상거래 관련 법률상담 및 소송비용을 지원하는 사업을 활용할 수 있다. 대한법률구조공단에 신청·접수를 하면 변호사비용, 인지대, 송달료 등 제반비용을 지원받을 수 있게 해주고 있다. 최근에는 대구와 부산, 광주 등 6개 지역이 사무소를 둔 대한법률구조공단의 '상가건물 임대차 분쟁조정위원회(www.cbldcc.or.kr)'를 활용하도록 한다.

2) 상가임차인이 권리금을 보호받는 방법

　　영업을 계속하는 임차인에 대한 과도한 보증금과 임대료 인상이 아닌 임차인이 영업을 중지하고 이를 타인에게 넘기는 과정에서 발생하는 권리금 회수 문제도 발생할 수 있다. 임차인이 권리금을 보호받는 방법은 무엇이 있는지 살펴보도록 한다.

① 권리금이란?

권리금이란 임대차 목적물인 상가건물에서 영업을 하는 자 또는 영업을 하려는 자가

영업시설, 비품, 거래처, 신용, 영업상의 노하우, 상가건물의 위치에 따른 영업상의 이점 등 유무형의 재산적 가치의 양도 또는 이용대가로 임대인, 임차인에게 보증금과 차임 이외에 지급하는 금전 등의 대가를 말한다. 권리금 계약이란 신규임차인이 되려는 자가 임차인에게 권리금을 지급하기로 하는 계약을 말한다. 한국에서는 광복 후 권리금 갈등 문제가 신문에 보도된 사례가 있고, 국내 뿐 아니라 미국에서는 '키 머니(key money)', 중국은 '주안랑페이(轉讓費)'라는 비슷한 개념이 존재하기도 한다.

표 3-15_ 권리금의 종류

종류	의미
바닥권리금	상권 입지에 대한 프리미엄을 의미
영업권리금	기존에 영업하던 임차인이 확보한 클라이언트를 인수받는 금액을 의미
시설권리금	투자한 시설의 감가상각 후 남은 시설의 가치에 대한 금액을 의미

권리금은 기존 임차인이 신규 임차인에게 받을 수도 있고, 임대인이 신규 임차인에게 받을 수도 있는 등 거래되는 방식은 여러 가지로 존재한다.(출처: 2019.8.21. Newstof) 대법원 2002다25013 판결은 권리금 성격에 관하여 "영업용 건물의 임대차에 수반되어 행하여지는 권리금의 지급은 임대차계약의 내용을 이루는 것은 아니고 권리금 자체는 거기의 영업시설·비품 등 유형물이나 거래처, 신용, 영업상의 노하우(know-how) 혹은 점포 위치에 따른 영업상의 이점 등 무형의 재산적 가치의 양도 또는 일정 기간 동안의 이용대가라고 볼 것인바."라고 판시하였다. 실제 권리금 손해배상소송에서는 법원이 선임한 감정인이 산정한 적정권리금을 손해로 인정한다. 상가건물임대차보호법은 국토교통부장관 권리금 계약을 체결하기 위한 표준권리금계약서, 국토교통부장관이 고시하는 권리금에 대한 감정평가의 절차와 방법 등에 관한 기준 등을 아울러 규정하고 있다.(동네변호사 전범진의 법률이야기.2019.8)

② 임차인-임대인간의 갈등 해법은?

2017년에 발생한 '서촌 세종문화음식거리 궁중족발사건'을 기억할 것이다. 이 사건은 임대료 인상 문제로 갈등을 빚다 건물주를 둔기 공격하였고 살인미수 혐의로 기소된 내용이다. 임차인은 2009년부터 가게를 운영했고, 계약갱신이 지났기 때문에 법원은 건물주의 손을 들어 주었고, 이후 2017년 10월 이후 12차례나 강제집행이 이뤄졌고 이

과정에서 저항하던 임차인의 손가락이 절단되었다. 강제집행 이후 건물주의 집 앞에서 1인 시위를 벌이던 임차인이 건물주와 마주치자 망치를 휘둘러 폭행을 가한 것이다. 임차인은 징역 2년을 선고받았고 이를 계기로 상가건물임대차보호법이 개정된 것이다. 하지만 법이 개정되었다 하여도 지나친 권리금 보호는 건물주의 재산권 침해뿐만 아니라, 세입자끼리 권리금이라는 부담을 가중시키는 악순환을 만들어 낼 수 있다. 권리금은 해가 거듭되고 임차인이 바뀔수록 눈덩이처럼 불어나는 구조이기 때문에 결국 이 부담은 세입자가 짊어지게 되는 악순환의 반복이 될 수도 있다.

권리금 산정기준으로는 통상 '1년 동안의 영업수익과 입지조건이 기준이고 시설비와 점포크기를 감안하여 산정한다'는 애매모호한 기준으로 알려져 왔다.

세입자간의 문제로 건물주에게 권리금 보호의 책임을 묻되 건물주가 세입자에게 권리금을 보상해야 할 시 임대기간에 비례하게 감가상각 할 수 있는 방법이 될 수 있다. 외국의 일부 적용사례로 일본은 '퇴거료'라 해서 상당부분 보전해 주고 있기도 하며, 영국 또는 이탈리아는 인테리어 비용을 상당부분 보전해 주고 있기도 하다. 권리금 보상에 따른 분쟁은 앞으로도 계속 이어질 전망이다.

5 진단결과 브리핑

1) 입지 및 상권분석 보고서 작성

컨설턴트는 클라이언트의 상권과 입지 분석의 목적을 명확히 인지하고 상권정보시스템 또는 현장방문을 통한 객관적 데이터를 활용하고 이에 맞는 상권분석 보고서를 이용해 클라이언트에게 최종 브리핑을 수행하는 것이 좋다. 명쾌한 데이터 수치와 컨설턴트의 전문적인 의견 제시, 클라이언트와의 공감대 형성 등이 뒷받침 되어야 컨설팅을 완료할 수 있기 때문이다.

일단, 클라이언트와의 상담 진행과정에서 '상권'에 대한 분석이 필요한 것인지, '점포'의 정보와 상권에 대한 분석이 필요한 것인지가 중요하다. 상권에 대한 분석을 요청했다면 '1상권', '2상권'이란 형태로 상권분석 보고서를 작성해야 하며, '점포'에 대한 분석을 요청했다면 상권과 점포에 대한 분석이 함께 들어간 보고서를 작성해야 한다. 상권분석 보고서와 점포분석 보고서를 필요에 맞게 사용토록 한다.

① 상권분석 보고서 작성과정

클라이언트가 원하는 업종·업태에 맞게 해당 상권을 설정하고, 소상공인시장진흥공단의 상권정보시스템을 먼저 활용해보자. 약 50여 페이지의 보고서가 자동 생성되어 인쇄 및 출력할 수 있으며, 해당 상권분석 보고서에는 상권평가, 업종분석, 매출분석, 인구분석, 소득소비분석, 지역분석과 같은 항목으로 분석되어진다.

표 3-16_ 상권정보시스템 활용

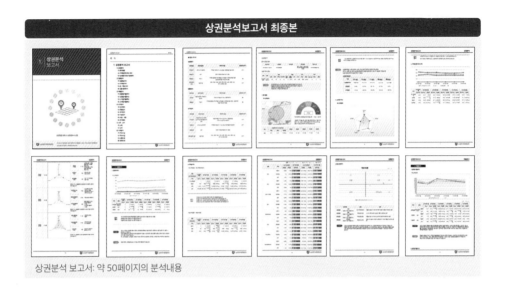

상권분석 보고서: 약 50페이지의 분석내용

② 점포분석 보고서 작성과정

점포분석 보고서를 작성하기 위해서는 우선 출점 예정지의 정보 수집이 중요한데 그 입지에서 하려는 업종·업태가 맞는지 관련 자료를 수집해서 분석을 해야 한다. 그러나 생각처럼 쉽지가 않으므로 사전에 기초자료(생활정보지, 신문, 인터넷 검색 등)를 준비한 다음 반드시 현장을 찾아다녀야 한다. 먼저 예정지 앞 통행량 체크에 있어서는 지나가는 속도가 중요하다. 통행량이 많아도 유동속도가 빠른 곳은 장사가 안되는 곳(일명 스쳐 지나가는 곳)으로 분류된다. 즉 이렇게 특수목적 때문에 가야하는 길보다는 이것저것 보면서 여유있게 지나다니는 쇼핑객들이 많이 지나다니는 곳이 좋다. 따라서 시간대별로 점포 앞 통행객의 유동목적, 예를 들면 정류장 이용을 위해서 혹은 쇼핑목적을 위해서 등 무엇이 주목적인지 어느 정도 파악할 필요가 있다. 또 점포주변의 큰 건물 외에 상주하고 있는 회사, 단체 등과 상주 인구 수 등을 체크해야 한다.

다음은 예정건물의 건물현황조사로 건물의 준공연월, 출입구 상태, 입주업종·업태의 수준, 외형 등과 함께 내부 조사시에는 용도, 증·개축 시 불법 여부, 냉난방구조, 소방설비, 건물관리비, 간판설치 여부, 평면도 등을 확인 검토 후 사진촬영을 진행하도록 한다. 또 건물 소유주의 신용조사가 필수적인데 신용상태와 지금까지의 임대관행 등을 파악해야 추후에 생길 수 있는 문제들을 미연에 방지할 수 있다.

따라서 건물의 등기부등본과 건물주의 주소지 건물 등기부등본의 확인이 반드시 필요하고 별 문제 없음을 확인한 후 임대차 계약서를 작성토록 해야 한다.

표 3-17_ 상권등급 및 예정점포조사 체크리스트

주 동선의 수준	
A급	• 확실한 주민생활의 주된 동선지이며 집결지
B급	• 주된 동선이나 집결도가 분산된 통과성 입지
C급	• 코너점포의 경우 도로 건너편 쪽으로 통행의 50% 분산
D급	• 주변에 동일상권상 비슷한 주동선이 2~3개 존재

예정점포조사 체크리스트			
점포조사	항목	내용	체크사항
기본정보	거래형태(임대 / 매매)		
	점포 주소		
	가격	보증금 : 월임대료 : 권리금 : 권리비 : 기타비용 :	
	현재 업종		
	추천 업종		
점포	(창업자)창업 자금		
	전용면적		
현장조사	점포의 길이		
	점포의 모양		
	내부 구조		
	점포 방향		
	천정의 높이		
	층의 위치		
	환기 시설		
	장비 반입구		
	창문의 위치와 크기		
	주차시설 유무		몇 대
	전기 용량		
	출입구 위치		
	출입계단의 상태		
	건물 및 영업시설 노후상태		
	건물 전체의 업종구성		
	건물의 전체 규모		
	배송차량의 진입여부		
	유턴지역 점포와 몇 m지점		

점포조사	항목		내용	체크사항
		예정점포조사 체크리스트		
공공 서류조사	(토지/건물)등기부등본	소유권	대지소유권자와 계약자가 동일여부	
			건축물 소유권자와 계약자가 동일여부	
		채무관계	근저당 설정유무	금액
			전세권 설정유무	금액
			가압류 설정유무	
	건축물 관리대장 (신축건물인 경우 건축물 허가서 확인유무)	점포용도		
		건물용도	근린생활시설, 판매시설	
		건물노후도	A,B,C,D급	
		건물규모	지하(층) 지상(층) 면적(㎡)	
	토지계획확인원	도시계획	무허가 사용분 유무	
			용도의 적합성 유무	
			도로정비(주차)등의 문제여부	
			미관(간판설치)등의 문제여부	
			소방관련 이상유무	
			재개발, 재건축 등의 진행사항	
			기타	

6 권리 양도·양수계약

권리 양도·양수계약은 기존 사업주와 하는 계약의 형태이다. 기존 점포를 인수할 클라이언트의 의뢰가 있을 경우 컨설턴트는 권리금과 기존 시설물에 대한 양도·양수 계약까지 수행하게 되는데 대부분 부동산 중개사의 이야기를 듣고 판단하게 되는 경우가 많다. 이럴 경우 계약 체결 전에 클라이언트와 컨설턴트가 숙지해야할 사항에 대한 내용을 알고 대처하면 시행착오를 줄일 수 있다.

1) 계약 전 검토하기

새로 건축된 사업장에 입주할 경우가 아닌 기존 사업자의 점포를 인수하여 영업하는 경우 권리금을 지불하고 점포를 계약하게 된다. 기존 사업자는 권리금과 시설물에 대해 새로운 사업자에게 양도·양수 계약을 체결하려면 클라이언트는 통상적으로 권리금의 10%정도 금액을 계약금 명목으로 지불하고 양도·양수 계약을 체결하게 된다. 계약은 건물주와 사업장 임대차계약과는 별개의 계약임을 인지해야 한다. 클라이언트가 계약 시에 반드시 확인해야 할 사항으로는 현재 사업장을 운영하고 있는 기존 사업자의 사업자등록증과 신분증을 확인하여 임차인을 확정한다.

권리금과 기존 시설물에 대해 양도·양수 계약 시에는 대부분 '집기 및 시설물 일체양도'라는 양도범위를 정하게 된다. 정확하게 수량·시설물 내용을 명시하지 않고 기록할 경우 계약 후 전임차인이 몰래 집기를 가져가 처분하는 경우가 있어 세부적으로 리스트를 작성한 후 사진을 찍어 계약서에 첨부하는 것이 좋다. 예를 들어 수저 몇 개, 그릇 몇 개, 음료수 몇 병 등 한 개씩 명기할 수 없으나 수저세트 일체, 그릇세트 일체, 의 탁자 일체, 주방기기 일체, TV, 냉장고 등의 단어로 명기하는 것이다.

2) 점포 권리 양도·양수 계약 체결

집기는 사소한 것이라도 점포 영업에 필요한 것이라면 기존 사업자가 회수 할 경우 클라이언트가 다시 구입해야하기 때문에 경비 지출을 최대한 줄이기 위해 계약서를 꼼꼼히 작성해야 한다. 또 권리금과 기존 시설물에 대한 양도·양수 관계가 건물주와의 관계로 부득이하게 계약이 파기될 경우가 있다. 이런 경우를 대비해 '계약금은 환불한다'라는 문구를 삽입해 분쟁의 소지를 없애는 것이 중요하다. 권리 양도·양수 계약 후에는 건물주와 보증금, 임대료, 계약기간에 대한 임대차계약서를 작성한다. 이때 건물주와 사업장 임대차계약을 하기 전에는 권리금과 시설물에 대한 잔금을 지불해서는 안된다. 그 이유는 건물주와 의견대립으로 본 계약이 실패할 수 있기 때문이다.

현재 외식업을 운영하는 사업자가 동일업종을 희망하는 클라이언트에게 점포 권리를 양도·양수 계약 체결 시 사례를 보면 다음과 같다.

- 클라이언트는 기존 외식업 사업자와 권리금과 시설물에 대한 의견 조율이 필요하며, 시설물, 집기, 비품 등 양도·양수 물품을 세부적으로 조사해 리스트를 작성한다.

건물주에게는 보증금과 월 임차료의 변동이 없는지 확인한다.

- 확인 후 해당 점포에서 영업을 하고자 할 경우, 건물주와 클라이언트는 상가 임대차계약서를 작성하고 기존 외식업 사업자와 클라이언트는 권리와 시설물에 대한 양도·양수 계약서를 작성한다. 클라이언트는 보증금에 대한 계약금 10%를 건물주에게 지불하고 권리금과 시설물에 대한 계약금 10%를 기존 외식업 사업자에게 지불한다.

- 잔금 시가에는 부동산 사무소에서 건물주, 기존 외식업 사업자와 클라이언트가 만나 인터넷과 CCTV 명의, 정수기, 렌탈 품목에 대한 명의 이전여부를 확인하고 임차료와 가스, 전기, 수도세 등을 정산한다.

- 점포에 대한 모든 정산이 끝난 후 클라이언트는 건물주에게 보증금에 대한 잔금을 지급하고 기존 외식업 사업자에게도 권리금과 시설물에 대한 잔금을 지불한다. 기존 외식업 사업자는 당일까지 지불되지 않은 임대료와 정산금액을 마무리하여 건물주로부터 보증금을 돌려받는다.

기존 외식업 사업자가 양도·양수를 원하는 경우 그 이유를 확인해 볼 필요가 있다. 권리금만 받고 양도·양수를 한 후 멀지 않은 곳에서 클라이언트와 동일한 업종으로 확장해 다시 개업하는 경우가 있을 수 있다. 이런 한 경우 단골고객마저 빠져나가는 현상이 생길 수 있으므로 현장을 면밀히 확인하는 절차가 필요하며, 신중하게 계약을 이끌어가는 컨설팅이 필요하다.

표 3-18_ 권리 양도·양수 계약서 작성 및 인수절차 요약

NO	절차	세부설명
1	양도인의 건물주 통보	• 현재의 임대료와 임대기간은 새로운 임차인과는 별개의 계약으로 권리 계약 건물주에게 임대료의 인상여부를 확인해야 함
	권리 양도·양수 계약 전	• 점포계약은 점포주와 권리 양도·양수 계약을 먼저 체결하게 되는데 기존 점포를 파는 사업자 입장에서는 권리금 합의가 먼저 결정되어야 건물주와 점포 양수인간의 임대차 계약서를 작성할 수 있음 • 권리 양도·양수 계약은 양도인의 책임에 양수인과 건물주간의 임대차 계약을 체결하게 하는 조건부 예약이라 할 수 있음

NO	절차	세부설명
	권리 양도·양수 계약 전 확인사항	• 등기부등본 열람: 건물에 대한 과다한 채무가 있는지 확인 • 건축물관리대장: 해당 점포의 현재 구조상 가건물이 의심되는 부분이 있으면 관할 구청에서 건물관리대장을 발급받아 확인하는 것이 좋음 • 토지대장과 도시계획확인원: 필요시 발급 후 확인 • 명의 확인: 사업자등록증, 영업신고증, 신분증 확인 • 대리인일 경우: 대리권 유무의 서류확인 또는 본인 전화통화 후 주민번호 확인. 계약승인여부의 대화내용 녹음으로 대리권을 인정할 수 있음 • 비품 확인: 양도할 집기비품목록 작성 및 사진 촬영 • 중도금 합의: 계약의 내용 중 필요에 라 중도금 지불 방법을 쌍방 합의할 수 있음
2	권리 양도·양수 계약 체결	• 계약서를 작성하고 권리금의 10% 지불
	잔금 준비	• 허가관청의 양도·양수 신청을 위해 반드시 임대차 계약서가 첨부되어야 하므로 건물주와 임대차계약서를 먼저 체결함 • 잔금은 임대 보증금과 권리금 잔금을 위해 일부 현금을 준비하는 것이 좋음
3	임대차 계약서 작성	• 등기부등본의 명의인과 건물주의 신분증 직접 확인하고, 대리인일 경우 인감증명서를 첨부한 위임장까지 확인. 계약서에 대리인의 인적사항 기재 • 양도인은 보유하던 임대차 계약서를 건물주에게 반납
4	허가명의 변경신청	• 건물주와의 임대차 계약을 체결한 후 허가관청에서 업태위반 영업유무 확인 후 허가명의 변경서류 접수
	허가명의변경 신청 구비서류	• 건물주 임대차계약서, 양도·양수인 신분증
5	제세공과금 정산	• 전기요금, 관리비, 가스요금 등 납부확인 정산
6	점포인수와 잔금지급	• 점포 내 기계시설 작동방법 숙지와 집기 리스트 최종확인 후 잔금 지급하여 열쇠 인수
	양도·양수 후의 사항	• 양도자 폐업관할 세무서에 사업자등록증 지참 후 폐업신청 • 양수인의 사업자 등록증 발급받기 위해 영업신고증, 신분증 등을 지참하여 방문 신청(업태/업종코드 확인) • 사업자 등록증 발급 후 매출통장과 주류통장, 체크카드 각각 준비하여 POS공급업체에게 신용카드 가맹점으로 신청

04 컨설팅 프로세스

1 착수 단계

컨설팅을 수행할 때 첫 번째 단계인 착수 단계에서는 클라이언트와의 첫 접촉, 최초의 만남, 문제 진단, 제안서 작성을 위한 수행범위 등 다양한 활동이 이뤄지게 된다. 컨설턴트와 클라이언트는 서로에 대해 많은 것을 알려고 노력하기도 하고 클라이언트는 컨설턴트가 믿을 수 있는 전문가인지, 컨설턴트는 클라이언트의 성향과 문제점 등을 보고, 듣고, 느끼고 컨설팅 프로젝트의 범위와 접근방법 등에 합의하기도 한다. 예비조사 분석 내용과 이에 맞는 계획 수립과 컨설팅 과정을 브리핑하게 되면서 착수 단계의 결론인 '컨설팅 계약'에 반영되도록 서로 노력하게 된다.

클라이언트는 컨설턴트가 속해있는 기업의 신뢰를 얻기 위해 노력할 것이고, 컨설턴트는 클라이언트가 직면하고 있는 문제점을 객관적이고 투명하게 바라보려고 노력할 것이다. 클라이언트에게 올바른 해결안을 제시해 줄 수 있고, 해결하지 못하는 일이라면 컨설팅을 정중히 거절할 수도 있을 것이다. 컨설팅 프로세스의 첫 번째 단계인 착수단계에서는 클라이언트와의 접촉을 통한 수주활동 뿐만 아니라 계약조건을 정하고 계약서에 서명하는 것 그 이상을 성취하도록 컨설턴트의 노력이 필요한 단계라 할 수 있다.

① 착수단계는 컨설턴트를 신뢰할 수 있도록 행동한다.
- 클라이언트가 어떠한 질문을 하더라도 당황하지 않고 대화를 이어간다
- 본인의 수행범위를 초과하는 컨설팅 의뢰가 들어왔다면 정중히 거절한다
- 사전준비가 부족하면 클라이언트의 신뢰를 잃을 수 있으니 사전 준비자료를 최대한 활용한다
- 컨설턴트는 클라이언트가 직면하고 있는 문제점을 차근차근 진단해 나간다면 전문가로서의 이미지를 각인시킬 수 있다
- 컨설팅 비용을 제시할 때는 머뭇거리지 않고 정확한 금액을 제시하고 이를 제시한 목적과 타당성을 명확히 설명할 수 있어야 한다
- 첫 통화를 할 때는 간단한 체크리스트를 갖고 기본적인 질문과 대화를 이어나가도록 하고, 첫 미팅 전 사전 준비자료로 활용하도록 한다

② 첫 미팅에서는 단정한 외모와 옷차림, 쉬운 용어로 설명한다.
- 옷은 가능한 깔끔한 정장차림이나 냄새가 나지 않는 옷을 선택하도록 한다
- 전문용어나 어려운 단어를 가능한 한 쉽게 가공해서 사용하도록 노력한다
- 컨설팅을 진행하는 기간 동안 시간과 장소, 방법 등 진행방법을 간단히 설명하는 것이 좋다
- 클라이언트 외 직원 또는 구성원을 참여시키고 같이 대화를 하는 것이 좋다. 컨설팅의 목적과 이유를 이해하고 공유할 때 컨설팅 효과는 배가 될 수 있다

③ 클라이언트가 원하는 것을 파악한다.
- 클라이언트가 컨설턴트를 선정하는 것은 어떤 서비스를 구매하는 것도 있지만 어떤 인간적인 관계를 맺는 것이라 생각한다
- 강한 인상을 심어주기 위해 지나친 열정을 표현하는 것은 컨설턴트의 호감이 떨어질 수 있다
- 컨설턴트는 클라이언트가 알지 못하는 것을 알려주기를 원한다
- 거만하거나 잘난 체하는 컨설턴트를 클라이언트는 원하지 않는다

- 제안서를 필요로 하는 클라이언트라면 장시간 투입되어야 하는 제안서 작성 비용을 청구하는 것이 좋다. 왜냐하면 무료 예비진단을 마케팅 도구로 활용하는 컨설턴트의 관행을 방지해야 하고, 여러 컨설턴트 또는 컨설팅사로부터 많은 양의 정보와 아이디어를 얻고 이에 대한 비용을 지불하지 않는 일부 클라이언트의 횡포를 사전 방지하기 위함이다

❷ 진단 단계

컨설팅 진단 단계에서는 경영자(사업주)의 특성, 사업운영 현황, 재무상태, 추정손익계산서, 평가 진단 등 다양한 항목으로 진단을 수행하게 된다. 간단한 상권분석은 미리 분석하여 파악하고 있고, 좀 더 자세한 내용을 진단할 때는 현장과 인터뷰, 실태파악이 이뤄 진 후 진단 단계를 마무리 하면 된다.

① 경영자(사업주)특성

외식산업에 종사하는 경영자의 자질을 파악하는 단계인데, 예를 들어 경영자의 성실성, 경영자의 친절성, 경영자의 정직성, 합리적 사고, 컨설팅을 통해 배우려는 자세 등 다양한 분야로 질문을 유도하여 파악하게 된다. 또한 사업수행능력도 진단하게 되는데 이는 외식업체의 경험과 기술력, 자격증 유무도 확인하고, 창업준비정도에서는 가족 협력유도, 종업원 교육, 자금조달적정성, 매출증가율 등을 파악하여 진단 체크리스트로 활용하면 된다. 진단과정 중 만약 클라이언트가 생각하는 클라이언트의 이미지에 대해 질문하게 되면 대부분 좋은 이미지, 맛도 좋고 괜찮은데 홍보나 입지, 규모, 인력수급 등 장사가 안되는 다양한 문제점을 나열하게 된다. 이는 경영주가 클라이언트가 원하는 가치를 얼마나 알고 있느냐에 따라 매출에 판가름이 나며, 사업의 성패를 결정하게 되므로 경영자의 특성을 잘 파악해야 한다.

② 사업운영 현황

외식사업체의 사업운영 현황진단은 크게 SWOT분석이나 4P·6P를 활용하기도 한다. 상권 내 업종분포 특성이나 상권 활성화 요소 분석, 경쟁점포현황 및 경쟁력 분석, 목표시장 내 잠재클라이언트 분석 등 입지상권에 맞는 진단이 수행되며, 홍보마케팅에 대한

외부광고, 내부광고, 판매촉진분석의 항목으로 진행하는 것이 좋다.

③ 재무상태 진단

외식업체의 재무상태는 손익계산서 또는 표준대차대조표 등의 회계자료가 발급되는 외식업체면 좋으나 발급을 안하는 외식업체도 다수 존재한다. 따라서 컨설턴트의 체크리스트가 선행되어야 이에 맞는 시설자금, 운전자금, 고정비 등을 산출하여 경영상태를 확인할 수 있다.

재무상태 진단 중 시설자금 항목으로는,

- 임차보증금(점포 혹은 사무실 보증금)
- 집기비품(주방·홀 설비, 사무기기, 냉난방기기 등)
- 가맹비(가맹본부에 제공한 가맹비 및 보증금 등)
- 인테리어 공사비(내외부 모두 포함)
- 권리금(영업 혹은 바닥 권리금, 중고집기시설 제외)
- 기타자금(상기에 포함 안 된 자금)

재무상태 진단 중 운전자금 항목으로는,

- 인건비(1개월 분)
- 재료비(상품 및 원부재료 구입비 등 1회전 비용)
- 경비(임차료, 관리비, 광고 홍보비, 세금공과금, 기타경비 등 1개월 분)

상기와 같은 항목으로 체크리스트를 작성하고 이에 맞는 금액을 기입한 뒤 자기자금 및 타인자금(대출, 지인)의 금액을 포함하여 종합적인 재무상태를 진단하면 된다.

④ 추정손익계산

추정손익계산은 재무상태를 진단한 이후 매출액, 매출원가, 매출이익, 판매관리비, 영업이익, 영업외 비용, 경상이익 등을 산출하여 지금 현재의 추정손익을 계산하게 된다.

추정손익계산은 다음과 같이 계산하면 된다. 이는 컨설팅 수행 전 단계에서 진행하는 것이기 때문에 정확하지는 않더라도 반드시 수행해야 한다.

표 3-19_ 추정손익계산 체크리스트

항목	현재지출 비용(원) (컨설팅 전)	향후목표 계획(원) (컨설팅 후)	비고
I. 매출액			월 평균 매출
II. 매출원가			월 상품구입비 (또는 원재료비)
III. 매출이익	0	0	I-II
IV. 판매관리비	0	0	아래 1.급료부터~7.기타경비의 합계
1. 급료			직원 인건비 (월평균 아르바이트비용 포함)총액
2. 임차료			월세 및 건물관리비
3. 통신비			통신비 (인터넷전용회선 비용 및 휴대요금 포함)
4. 수도광열비			전기, 가스, 수도료 합계
5. 복리후생비			차량유지비, 식비, 휴가비, 회식비, 4대보험료 등
6. 감가상각비			집기, 시설비용 등을 사용연한 (보통 60개월)으로 나눈 금액
7. 기타경비			접대비 및 홍보비 등 상기항목 미포함금액
V. 영업이익			III-IV
VI. 영업 외 비용			월 발생 지금이자 등 영업과 관련없이 지출한 비용
VII. 경상이익			V-VI

❸ 컨설팅 계획수립단계

컨설팅 계획 수립단계에서는 컨설팅 수행계획서를 반드시 작성하게 되어 있는데 이는 컨설팅을 수행하는 과정을 설명하는 가이드북이라 할 수 있다. 따라서 클라이언트가 보기 쉽고, 이해하기 편하게 작성해야 하고, 컨설팅의 목적과 기간, 금액, 컨설턴트명, 컨설팅 내용, 기대효과 등의 내용이 기재되어야 한다.

컨설팅 수행계획서 내용 요약

- 현황 및 문제점 분석: 컨설팅 니즈에 해당되는 중소기업 또는 외식업체 현황 및 문제점기술, SWOT분석 및 기업환경분석, 디자인 분야는 컨설팅 전 브랜드 및 제품 디자인 설명
- 컨설팅 목표: 사업추진배경 및 필요성 기술
- 컨설팅 추진방향: 환경분석, 개선과제도출, 개선계획수립, 실행
- 주요 컨설팅 내용: 컨설팅 준비 및 경영진단, 시사점 도출 및 과제 선정, 개선계획 수립 및 실행, 평가 및 피드백, 사후관리
- 단계별 세부 추진계획: 단계별 목적, 업무 영역, 수행업무, 수행기간 등 세부추진계획을 구체적으로 기술
- 핵심성과지표KPI설정: 정성적 및 정량적 지표 생산성, 매출액, 인력, 영업이익률 등
- 컨설팅 수행예산: 인건비는 컨설턴트별 투입인원 및 단가에 따라 작성하고, 그 이외에 기업이윤 10% 이내, 일반관리비 10% 이내, 부가세 10% 항목으로 구성 후 산출내역서를 작성
- 기대효과: 컨설팅 완료 후 기대효과와 사후관리 방안제시

현황 및 문제점 분석에서는 클라이언트와의 인터뷰와 사전조사 및 분석내용을 기초로 하여 작성하도록 하며, SWOT(강점, 약점, 기회, 위협)분석을 통한 전략을 수립하는 내용으로 작성하게 된다. 컨설팅 목표는 추진 배경과 전략에 맞게 목표를 설정하게 되는데 예를 들어 상품개발에 대한 목표, 매출상승에 대한 목표, 마케팅에 대한 목표 등이 이에 해당한다. SWOT분석의 자세한 내용은 경영진단컨설팅에서 자세히 다루도록 한다.

컨설팅 추진방향은 내·외부 환경분석과 컨설팅을 통한 과제도출 및 개선계획을 수립하게 되고 실행을 위한 구체적인 과정을 설명하게 된다.

주요 컨설팅 내용과 단계별 세부 추진계획은 단계별 목적, 업무영역, 수행업무, 기간 등을 명시하여 추진방법 및 성공전략, 차별화 전략, 기간, 사후관리 등의 가이드북의 내용이 될 수 있도록 작성하면 된다.

핵심성과지표(KPI: Key Performance Index)는 업무의 목표를 정하고 측정하기 위해서 사용되는 지표로써 외식산업 컨설팅 수행시 컨설팅 후의 정성적 지표와 정량적 지표로 구성된다. 일반적으로 KPI는 지속적으로 변경하는 것이 현실적이다. 컨설팅 전에 세운 목표를 컨설팅 완료 후 지켜서 추진하되 시장의 상황과 현실은 계속 변하기 마련이고 목표 역시 현실을 반영해야 의미가 있다. 달성율을 분석해서 차기 컨설팅 계획에 반영할

수도 있고 목표 자체의 달성만을 위해서 노력하는 것도 옳지 않기 때문이다. 그러나, 이 목표를 설정해 두지 않으면 컨설팅 방향과 목표에 도달하기 전 클라이언트와 컨설턴트의 사업 방향이 달라질 수 있기 때문에 컨설팅 비용과 투입인력, 컨설턴트의 능력에 맞춰 설정하는 것이 바람직하다.

KPI설정 방법으로 예를 들면, 정량적 지표 중 환경분석 목표는 체크리스트 및 컨설팅 보고서 몇 부를, 메뉴개발에 대한 목표는 상차림 몇 종, 교육 몇 회, 단품메뉴 몇 종, 홍보 및 디자인물 개발은 몇 종, 매출상승은 몇 %이내 이렇게 작성하게 되고, 정성적 지표는 시장조사에 대한 분석자료를, 디자인 개발은 브랜드 개발 후 디자인 산출물(매뉴얼)을, HACCP인증은 인증신청 후 인증서를, 상품개발 후 표준레시피를 제공하고 비법전수를 완료하겠다는 목표의 형태로 기입하면 되는 것이다. 목표는 컨설턴트가 일부 제시를 하고 클라이언트와 최종 협의 후 KPI를 설정하는 것도 좋다.

컨설팅 수행예산은 착수단계 전 첫 미팅과정에서 이미 비용을 확정시켜 두었지만 이를 세분화하여 컨설팅 비용이 타당한지, 어떻게 사용되는지에 대한 내용을 클라이언트에게 상세히 전달이 되어야 컨설팅 계약 시 잡음이 발생하지 않는다. 따라서 컨설팅 착수단계 전 비용을 확정 한 1차 견적서를 만들고, 수행계획 시 세부 산출내역서를 작성하여 투명한 컨설팅을 수행하는 과정을 안내하도록 한다.

컨설팅 기대효과와 사후관리는 컨설턴트의 컨설팅 완료 후 기대효과와 사후관리 방법에 대한 내용으로 기술하여 작성하면 된다.

❹ 실행 단계

컨설팅 실행단계에서는 컨설팅을 수행하기위한 실무적인 실행과 모니터링, 변화 관리와 성과에 대한 유지, 통제, 피드백이 이뤄지며 최종적인 컨설팅 평가가 이뤄지게 된다. 컨설턴트가 실행 단계에 있어 클라이언트의 입장에서 새로운 방법론이 다수 포함되어 있다면 추진하고 있는 과정을 주기적으로 보고하고 피드백을 받고, 안정적으로 컨설팅을 수행하고 있다는 안정감을 심어 주어야 한다. 안정감이 수반되지 않을 경우 컨설턴트의 수행에 있어 불신과 의심, 걱정 등이 발생할 수 있기 때문에 커뮤니케이션은 기본 중의 기본이라 할 수 있다.

① 실행과정 참여

컨설턴트는 컨설팅이 가동된 지 얼마 안된 시점에서 제기되는 어떠한 질문에도 대답할 수 있어야 하며, 문제 발생시 문제를 즉시 해결할 수 있는 준비가 되어 있어야 하고 이를 해결해야 한다. 클라이언트의 잘못된 생각과 이해, 컨설팅 방향이 다르다면 이를 사전에 바로 잡아주어야 하며, 바로잡지 못하면 시간이 흐를수록 문제가 점점 커지는 경우가 발생한다. 컨설팅 해결책에 관한 실행은 커뮤니케이션으로 실시하되 다음과 같은 경우에 따라 구분하여 진행토록 한다.

- 컨설턴트가 개입하지 않을 경우
  ◦ 실행과정이 단순하고 어려움이 예견되지 않는 경우
  ◦ 진단과 문제해결단계에서 공동 노력으로 컨설턴트 조언 없이 실행이 가능한 경우

- 컨설턴트가 반드시 참여해야 하는 경우
  ◦ 프로젝트 성격이 복잡하고 실행단계의 난이도가 높은 경우
  ◦ 컨설턴트가 아니면 추진할 수 없는 분야인 경우(행정, 시설, 디자인, 전략 등)

② 실행과정 모니터링

컨설팅 실행과정에서의 모니터링은 수시 또는 정기적으로 모니터링을 실시하여야만 하고, 실행계획 추진이 클라이언트의 조직에 미치는 영향이나 위험을 자체적으로 평가하도록 한다. 만약 비법전수나 새로운 브랜드의 런칭, HACCP인증, 종사자 교육 등은 기존의 기업 문화에서 신규로 접하는 컨텐츠가 많기 때문에 컨설턴트에게 전문지식을 안내 받거나 교육이 수반되어야 한다면 조직 오리엔테이션을 진행하여 경영주와 종업원들에게 교육을 진행한 후 실행과정을 모니터링 해야만 문제점을 인지할 수 있다. 컨설팅과 훈련의 연계는 궁극적으로 조직의 성과향상이라는 동일한 목적과 목표를 가지고 있기 때문에 경영주를 포함한 종업원들에게도 훈련과 개발을 위한 교육이 반영되어야 한다.

- 클라이언트 조직을 활용한 교육 예시
  ◦ 실행과정에서 새로운 기술과 방법을 적용할 경우 조직 교육 실시

- 소수인원을 교육시킨 후 전사적으로 확대하는 방법
- 조직 내 공식적인 교육과정을 활용
- 컨설턴트에 의한 조직구성원 강의 교육
- 외부 전문인력을 초청한 교육

③ 변화 관리

컨설턴트가 컨설팅을 수행하는 과정에서 필연적으로 수반되는 '저항'이라는 것이 있다. 이는 새로운 환경에 노출이 되어야 하거나 새로운 기술, 새로운 Paper working, 새로운 장소에서의 근무, 새로운 사람과의 협력 등에서 나오는 것인데 대부분 종업원들의 행동에서 나타나게 된다. 이 '저항'은 자연스러운 것이므로 컨설턴트는 사전 교육을 통해 경영주와 종업원들에게 인지 시켜야 하고 변화에 자연스럽게 적응해 나아가야한다는 것을 각인시켜 주는 것이 좋다. 컨설팅 실행과정에서 변화관리가 요구되어 변화에 대한 필요성과 결과에 대해 구체적으로 제시하여 변화 계획을 수립하고 변화되는 모습을 컨설턴트는 모니터링 단계에서 수행하도록 한다.

변화의 필요성과 변화에 적응한 후의 결과를 청사진으로 설명이 가능하다면 좋은 변화관리와 모니터링이 가능할 수 있다. 조직 구성원들은 변화에 대해 부정적인 반응과 불만을 언제든지 표출할 수 있는데 이는 인간의 생리가 변화에 대해 거부감이 있고 현재 상태를 고수하려는 방어본능이므로 조직 문제점과 취약점을 도출하여 충격을 주면서 바람직한 변화관리 단계로의 조직 비전을 제시하는 것이 무엇보다 중요한 단계이다. 다음은 존 코터(John Kotter)의 조직변화 8단계를 참조하여 변화 관리단계를 수행하도록 한다.

표 3-20_ 조직변화 8단계

NO	단계	진행방법
1	위기감을 고조시켜라	• 시장/경쟁 현실조사, 위기, 잠재적 위기, 주 기회의 확인/논의
2	변화선도팀을 구성하라	• 변화 노력을 충분히 이끌어갈 만한 힘을 가진 단체 또는 조직 구성
3	올바른 비전을 정립하라	• 변화 노력 감독, 비전을 달 성하기 위한 전략 개발
4	참여를 이끄는 의사소통을 전개하라	• 새로운 비전/전략을 전달하기 위한 모든 수단 사용, 행동규범 교육
5	권한을 부여하라	• 비전을 달성하도록 다른 사람들에게 권한을 부여 • 변화의 장애물 제거, 비전을 심각하게 손상시키는 구조나 시스템 변경

NO	단계	진행방법
6	단기간에 눈에 띄는 성공을 이끌어내라	• 명백한 성과 개선 계획 수립, 개선 창출, 개선에 관여한 종업원들 인정/보상
7	변화의 속도를 늦추지 마라	• 여러 개선점들을 통합 조정하고 더 필요한 변화를 창출. 비전에 맞지 않는 정책이나 구조, 시스템 등을 변경하기 위해 더 나아진 성공에 대한 확신을 사용. 비전 달성을 도울 수 있는 종업원을 고용, 승진, 독려, 활력을 불어 넣음
8	변화를 정착시켜라	• 새로운 행위와 기업 성공과의 연결관계를 확실하게 함. 리더십 개발 및 성공을 보장하는 방법 개발

④ 유지·통제·피드백

클라이언트의 조직에서 지속적인 컨설팅 실행이 진행되고, 변화관리가 확산되는 단계에서 이를 유지하고 통제하며 피드백 절차를 수행한다.

• 유지 활동 시 고려해야 할 사항
  ◦ 본격적인 실행에 따라 변화 대상은 여러 가지 형태의 저항을 하게 됨
  ◦ 변화에 대한 저항은 자연스럽고, 거부할 수 없는 필연적인 현상
  ◦ 컨설팅 실행계획을 지속적으로 유지하고 적극적으로 관리하는 노력 필요
  ◦ 컨설팅 실행계획에 대한 저항은 적극적인 관리 대상
  ◦ 변화 대상은 위협을 느끼고 변화 주도자와 갈등 야기
  ◦ 변화를 꺼리는 사람은 변화 후 모습의 불확실성으로 현실 안주하려는 경향
  ◦ 완벽주의, 변화에 대한 늦은 의사결정, 강한 위험회피 현상, 흠집내기 야기
  ◦ 컨설턴트는 실행계획 실천의 당위성을 지속적 홍보, 변화의 지속 유지

• 통제와 피드백 활동 시 고려해야 할 사항
  ◦ 클라이언트 조직구성원들의 변화에 대한 저항을 최소화 할 수 있는 역량을 가진 이해관계자들을 선정하고 변화를 후원하고 이끌어 가도록 함
  ◦ 변화팀(Change Team)네트워크를 구성하여 성공적인 변화와 프로젝트 수행을 위해 프로젝트 관리 활동 지원
  ◦ 변화에 필요한 역할 담당자가 제역할을 수행할 수 있도록 교육, 지도할 것
  ◦ 변화의 이해관계자를 세분화, 적정한 정보를 적시에 적절한 경로로 전달할 것
  ◦ 변화에 필요한 조직구조 설계와 변화가 조직/직무에 미치는 영향 고려

- 새로운 프로세스에 부합하도록 개인의 역할/직무를 재정의하고 담당자를 선정
- 이에 따른 인력관리체계를 구축하고 조직원들의 행동양식 변화를 추구함
- 선순환 형태로 지속 유지, 개선사항을 제공함

❺ 완료 단계

완료단계는 컨설팅 프로세스의 마지막에 해당한다. 앞서 보았던, 착수단계, 실행단계 등 모든 단계가 중요 하지만 완료단계 또한 매우 중요하다. 왜냐하면, 완료단계 역시 컨설팅 수행단계에서 빠질 수 없는 것이기 때문이다. 컨설턴트는 종료의 시기와 형태를 적절하게 선택해야 하고, 위탁받은 컨설팅에 대해 클라이언트와 컨설턴트 모두가 만족해야 한다. 만약 컨설턴트가 조직의 경영이나 성과 개선에 공헌을 많이 했거나 정보를 제공받는 것이 익숙해졌다면 컨설팅이 끝난 후 불안감을 갖게 될 수 있다. 컨설팅 완료를 하기 전 철수를 결정하게 되는 상황은 다음과 같은 경우이다.

표 3-21_ 컨설팅 철수(완료)결정시기 예시

구분	컨설팅 철수(완료)결정시기 예시
컨설턴트 자체 결정 (공통)	• 작업이 완결된 경우 • 작업이 지속되지 않는 경우 • 컨설턴트의 도움 없이도 작업을 추진할 수 있는 경우
창업 컨설팅	• 가오픈 또는 그랜드 오픈이 이뤄진 경우
경영진단 컨설팅	• 컨설팅 보고서와 함께 교육이 완료된 경우
디자인 컨설팅	• 디자인 매뉴얼북과 원본 전달이 완료된 경우 • 상표출원이 필요하여 특허청 출원이 완료된 경우 • 시제품 생산 완료 및 납품이 완료된 경우
프랜차이즈 시스템 컨설팅	• 공정거래위원회 등록 완료(정보공개서, 가맹계약서) • 가맹본부 & 가맹점 운영매뉴얼 개발이 완료된 경우
상권분석 컨설팅	• 상권분석 보고서 작성 완료 및 최종 브리핑 완료시
컨설팅 비용 입금	• 컨설팅 비용(잔금)이 입금 완료된 경우
공공기관 컨설팅	• 컨설팅 계약 명시된 기한과 투입일수가 완료된 경우 • 과업지시에 의한 컨설팅 과업을 모두 수행한 경우 • 컨설팅 보고서 제출이 완료된 경우
비법전수 컨설팅	• 시식평가 후 표준레시피에 의한 현장 조리교육과 레시피북 전달이 완료된 경우

구분	컨설팅 철수(완료)결정시기 예시
기관에 의한 결정	• 과업지시 항목에 맞는 내용을 모두 수행한 경우 • 컨설팅 프로세스 평가(계약, 투입의 질과 양, 컨설팅 형태, 결과물)를 모두 만족한 경우

컨설팅을 완료하겠다고 한다면 컨설팅 종료를 동의함에 있어 컨설팅 프로젝트의 평가와 보고서 등 다양한 생각과 함께 컨설팅을 완료할 것이다. 만약 컨설팅 평가를 실시하지 않더라도 스스로를 위해 자신이 수행한 모든 컨설팅 프로세스가 잘 이뤄졌고, 수행되었는지, 조직의 변화에 기여하였는지, 최종 산출물과 매뉴얼 등의 Paper working이 잘 작성되었는지 평가해야 한다. 평가의 초점은 다양하지만 컨설팅 철수시기를 확정할 때 클라이언트와 컨설턴트의 커뮤니케이션으로 상호 협의하에 양측이 동일한 생각으로 컨설팅을 종료할 수 있어야 사후관리 단계에서 추가적인 요청 또는 불만이 발생하지 않는다. 클라이언트는 본인이 원하는 것을 모두 얻었는지, 컨설턴트는 계약서에 명시한 내용을 성실하게 수행하였는지 솔직한 대화가 필요하며 이를 통해 결과에 대한 견해 차이를 살펴보는 것이 좋다.

마지막으로 컨설팅 보고서 작성이 필요하다면 다음과 같은 내용이 포함 된(전부가 아니어도 좋음)보고서를 전달한 뒤 최종 브리핑을 수행하며 완료하도록 한다.

컨설팅 보고서 삽입 내용 참조

- 컨설팅 개요, 컨설팅 내용 및 성과
- 컨설팅 결과 당면과제 및 문제점 요지
- 개선방안 수립결과 및 현장 실행방안/과정 요약
- 실행결과에 대한 컨설팅 전과 후 비교
- 수행계획서 및 계약서 상의 추진 목표와 실시 결과의 비교분석 요약
- 향후 클라이언트 회사 가 추진해야 할 사항 요약 및 기대효과

05

경영(진단) 컨설팅

경영컨설팅이라 함은 '조직의 목적을 달성하는데 있어서 경영·업무상의 문제점을 해결하고, 새로운 기회를 발견·포착하고, 학습을 촉진하며, 변화를 실현하는 관리자와 조직을 지원하는 독립적인 전문 자문 서비스'라고 국제노동기구(ILO)에서 정의하고 있다. 외식산업분야에서 컨설턴트로 활동하다 보면 '경영진단컨설팅'이라는 분야로 컨설팅을 진행할 기회가 찾아온다. 외식사업체의 경영을 보는 관점에서는 과정 측면과 업무 측면, 의사결정 측면으로 바라볼 수 있는데 여기서 경영을 보는 관점을 잘 활용한다면 경영진단컨설팅을 성실히 수행할 수 있는 노하우를 발견할 수 있다.

우선 경영을 보는 관점에서 과정측면으로 바라본다면 4가지를 명심하면 된다. 계획(Planning), 통제(Controlling), 조직화(Organizing), 지휘(Leading)로 나뉠 수 있는데 계획은 목표를 설정하고 그 목표를 달성하기 위한 방법을 결정하는 활동이고, 통제는 달성된 성과를 점검하고 문제가 있을 때 수정하는 활동을 말한다. 조직화는 계획을 달성하기 위해 인적·물적 자원을 배열하는 활동이고 지휘는 사람들이 열심히 노력해서 높은 성과를 달성할 수 있도록 이끄는 활동이라 할 수 있다. 컨설턴트는 과정 측면에서 바라보는 눈을 가져서 계획과 통제, 조직화, 지휘의 4가지 과정에 몰두하여 컨설팅을 수행할 수 있다. 업무 측면에서 컨설팅을 수행한다면 우선 경영전략과 생산관리, 재무관리, 인사관리, 마케팅 관리, 정보시스템 관리, 조직구조 관리 등의 업무 측면에서 바라보게 된다. 의사결정 측면에서 경영컨설팅 활동을 한다면 전략적 의사결정과 관리적 의사결정, 운영적 의사결정을 통한 대표자, 중간 관리자, 직원들의 경영을 진단하여 컨설팅을 수행할 수 있다.

1 SWOT분석 활용

SWOT분석이 등장한 배경으로는 1950년대 미국으로부터 미국의 다각화 기업들은 '거대해진 기업을 어떻게 효율적으로 운영할 것인가?' 하는 현실적인 문제에 직면하면서 근본적인 해결방안을 찾으려고 노력을 하게 된다. 어떻게 기업 내에 있는 사업단위를 최고경영자가 효과적으로 통제할 수 있는가 하는 부분에 대한 경영이론이 필요한 시기와 맞물린다. 또한 기능별로 보면 생산관리, 마케팅관리, 인사관리, 재무관리와 같이 구체적인 기능별 부서로 분화되었기 때문에 이러한 세분화된 기능별 분야를 통제할 수 있는 방법이 필요했던 것이다. 우선 1960년대 미국기업들에게는 다각화가 가장 손쉽게 성장하는 방법이었고, 기업 내부의 경영자원보다는 시장의 성장성과 매력도와 같은 기업외부환경에 초점을 맞추어 전략을 결정했는데 그 배경하에 1970년대 전략적 분석 도구로 떠오른 것이 SWOT분석이었다. 1960년~70년대 미국 스탠포드 대학에서 연구 프로젝트를 이끌었던 '알버트 험프리(Albert Humphrey)'에 의해 고안된 전략 개발 도구이다. SWOT분석은 다음의 4가지 질문으로부터 출발할 수 있다.

표 3-22_ 전략방향도출[1]

구분	내용
• 우리는 무엇을 할 수 있는가?	기업 역량에 대한 질문, 즉 강점과 약점
• 우리는 무엇을 하고자 하는가?	조직 및 사업의 가치
• 우리가 무엇을 하게 될 것인가?	외부의 기회와 위협
• 다른 사람은 우리가 무엇을 하기를 기대하는가?	이해관계자의 기대

1) 전략방향 도출을 위한 Tool-SWOT분석(https://mbanote2.tistory.com/25) 발췌

이러한 전략적 선택에 대한 답변을 통해 경영전략을 위한 주요 이슈를 파악하게 된다. SWOT분석의 가장 핵심적인 부분이 바로 '핵심 이슈도출'이라 할 수 있다.

SWOT분석은 내/외부 환경분석으로부터 도출된 핵심이슈를 기회요소와 위협요소 그리고 강점과 약점으로 분류한 다음 Grouping된 4가지 이슈의 조합으로 SO전략, ST전략, WO전략, WT전략의 대안 틀에서 탐색하는 것이다.[2]

표 3-23_ SWOT 환경요인 도출 사례

내부환경요인		외부환경요인	
강점(Strength)	약점(Weakness)	기회(Opportunity)	위협(Threat)
• 차별화된 핵심역량 • 자금조달 및 운영 • 구성원의 스킬 • 구매자/공급자 관계 • 인정된 마켓 리더 • CEO경영능력 • 규모의 경제 • 독점적 기술 • 원가우위 • 경쟁우위	• 전략 및 관리부재 • 경쟁 지위 약화 • 설비의 낙후 • 수익성 저하 • 관리능력부족 • 핵심 스킬부족 • 연구개발 부족 • 협소한 제품군 • 마켓 이미지 취약 • 경쟁우위 약화	• 신 시장/클라이언트 　집단 등장 • 새로운 기술 등장 • 시장의 빠른 성장 • 산업의 세계화 • 소득수준 증대 • 정치, 경제, 법규, 정책 • 사회, 문화, 기술, 환경 • IT, 금융, 환율, 기타	• 신규 경쟁자 진입 • 대체재의 판매량 증가 • 시장 성장률의 둔화 • 불리한 정책 및 법규 • 경기 침체 • 구매자/공급자 협상력 　증대 • 구매자의 니즈 변화 • 인구패턴의 불리한 　변화 • 환율변화 • 외국의 무역규제

위에서 나타낸 SWOT 환경요인을 분석하여 전략과제를 도출함에 있어 다음과 같이 전략과제를 도출할 수 있다.

표 3-24_ SWOT을 통한 전략과제 도출

내부환경＼외부환경	강점(Strength)	약점(Weakness)
기회(Opportunity)	• SO전략 • 공격적 전략	• WO전략 • 국면전환 전략
위협(Threat)	• ST전략 • 다각화 전략	• WT전략 • 방어적 전략

---

2) 전략방향 도출을 위한 Tool-SWOT분석(https://mbanote2.tistory.com/25) 발췌

전략수립 세부 설명	
SO전략	• 기회를 활용하면서 강점을 더욱 강화하는 전략 • 공격적 전략의 내용으로는 사업구조, 사업영역, 사업 포트폴리오, 시장확대 등이 있음
ST전략	• 외부환경의 위협요소를 회피하면서, 자사의 강점을 활용하는 전략 • 신사업 진출, 신제품 및 신기술 개발 등이 있음
WO전략	• 외부환경의 기회를 활용하면서 자사의 약점을 보완하면서 추구하는 전략 • 운영의 효과성을 추구하는 각종의 혁신운동과 구조조정 등이 있음
WT전략	• 외부환경의 위협요인을 회피하고, 자사의 약점을 보완하는 전략 • 원가절감, 사업 축소, 철수 전략 등의 현상유지

경영주 인터뷰와 상권분석을 통해 1차 분석된 내용을 기초로 하여 SWOT분석이 이 뤄진 후 컨설턴트는 기업(점포)이 가진 내외부 분석이 모두 이뤄지게 되며 핵심 해결 과 제를 도출할 수 있는 단계로 접어들게 된다.

❷ 미스터리쇼핑 활용

외식점포 현장에서의 경영진단은 정량분석과 정성분석이 있다. 우선 정량·정성분석 을 하기 전 미스터리쇼핑을 활용하는 것이 좋다. 미스터리쇼핑은 훈련받은 익명의 고객 (Mystery Shopper)들이 그 회사 또는 점포가 더 알아보고 개선하고자 선택한 대상들을 대 상으로 실제로 직접 현장에서 접촉하여 평가하는 것이다. 미스터리 쇼퍼는 주의 깊게 관찰하고, 진단에 필요한 체크리스트를 중심으로 고객 접점에서의 고객 경험을 실제 고객의 입장에서 경험한 내용을 보고서로 작성하여 제출하게 된다.

미스터리쇼핑의 목적은 고객 서비스 현황 및 상품에 대한 지식, 판매 접점, 서비스 환 경에 대한 평가와 진단이며, 현재의 서비스 제공 실태를 파악함으로써 개선, 보완점을 발견하고 표준화된 서비스 기준을 마련하는 것이다. 현재 한국에서는 주요 거점지역에 서 전문 교육이 실시되고 있는데, 수도권, 대구경북, 부산경남, 전남광주 등의 지역에서 교육생을 모집하여 교육을 실시하고 있으며, 교육내용으로는 판매업 특성에 맞는 차별 화과정, 이론과 실습을 통해 미스터리쇼퍼 검증 등의 이수기준이 있으며, 미스터리쇼핑의 이해와 목적, 실습 전 역할연기, 팀 플레이, 체크리스트 및 보고서 작성, 업종별 현장 실습 발표 등의 내용으로 교육을 받게 된다. 지역별 또는 기간별로 모집하여 교육이 진행되고 있으며, 주부·학생·일반인 등 다양한 인원들이 활동하고 있다.

표 3-25_ 미스터리쇼퍼 활동기준

진행단계	입점 → 접객 → 대기 → 주문 → 제공 → 배려 → 계산 → 배웅 → 퇴점
활동책임	• 클라이언트기업(업체)에게 들키지 말아야 한다. • 공정하고 정확한 평가를 해야한다. • 보고서 작성시 자세한 상황을 묘사한다. • 쇼핑 후 그날 보고서를 작성한다(기한 엄수) • 비밀유지에 힘쓴다.

흐름도	MS시스템 모델링 → MS시스템 상세설계 → 미스터리쇼핑 → 데이터 처리 → 보고서 작성
대기	• 입점 시 현관은 청결하였는가?(휴지등 이물질) • 바른 자세로 대기 중인가?(모두바쁘게 업무중인 경우 만족 표시) • 직원끼리 모여서 업무에 필요없는 잡담을 하는가? • 자리가 없을 경우 대기시간을 정확하게 알려주는가?(대기시 체크)
맞이/안내	• 고객이 매장으로 들어오는걸 즉시 인지하고 태도는 어떠했는가? • 밝은표정과 아투로 인사하는가?(인사멘트 적기) • 인사자세는 정중하고 공손한가? • 인원수를 확인하며 테이블을 안내 하는가?
주문/메뉴제공	• 고객이 앉자마자 기다리지 않고 직원이 즉시 맞이하였는가?(시간체크) • 메뉴 주문 시 직원의 자연스런 추천이 있었는가?(이벤트,행사메뉴 등) • 상냥하고 성의있는 태도로 메뉴 설명을 하는가? • 주문한 후 내용을 재확인하고 감사의 인사를 하는가? • 주문한 제품이 정확히 제공되었는가?(주메뉴, 기본안주, 소스 등) • 주문한 메뉴가 제공되는 시간이 얼마나 걸렸는가?(시간체크) • 추가 주문 요청 시 얼마나 정성껏 서비스를 하는가? • 그릇을 정중히 내려 놓는가? • 바른자세(낮은자세)로 음식을 제공하는가? • 유도판매를 시행하고 있는가?(자발적 메뉴추천)
배려/서비스	• 업장 내 소음이 심각하지 않은가? • 테이블 정리시 인근의 고객을 배려하며 정리하는가? • 메뉴를 들고 나올때 '잠시만 실례합니다'라고 말하고 제공하는가? • 빈 그릇을 치울 때 '치워도 되겠습니까?'라고 하는가? • 테이블에 빈그릇과 휴지 등은 계속 치워주는가? • 별도 요청이 없어도 기본반찬, 안주 등 중간서비스를 정성껏 하는가?

(위 흐름도 행 좌측 레이블: 외식점포 진단 체크리스트 유형)

흐름도	MS시스템 모델링 → MS시스템 상세설계 → 미스터리쇼핑 → 데이터 처리 → 보고서 작성
계산	• 계산 시 "맛있게 드셨습니까?"라고 식후 만족도를 확인하였는가? • 두 손으로 영수증을 공손히 드렸는가? • 현금 사용 시 현금영수증은 필요한지 확인하는가? • 계산은 안정감 있게 착오없이 처리하였는가? • 계산은 빠르게 이루어 졌는가?. 기다리게 했는가?
음식수준	• 뜨거운 음식은 뜨겁게 차가운 음식은 차갑게 제공되었는가? • 메뉴의 종류는 다양한가? • 가격대비 양은 적당한가? • 음식의 모양은 먹음직스러웠는가? (메뉴코디네이션) • 메뉴판의 이미지와 실제 음식의 차이가 많이 나는가? • 반찬의 전체적인 구성, 색채, 신선도의 상태는 어떠한가? • 메뉴의 가격과 대비해 만족도는 어떠한가?
배웅	• 밝은어투와 표정으로 인사하는가?(주위 직원도 함께 인사하였는가?) • 인사시 클라이언트와 눈을 마주치는가? • 돌아갈때 업소에 "잘먹고 갑니다"라는 감사의 마음을느꼈는가? • (인사멘트: "감사합니다")
관리	• 접착이 떨어지거나 이물질은 있는가?(매장내부,화장실,계단 및 현관입구) • 바닥청소 상태는깨끗한가? • 식기나 컵 등은 청결히 나오는가? • 실내환기 상태는 적절한가? • 화장실 청소상태는 양호한가?(공용화장실은 평가 불가) • 주방에서 조리하는 냄새가 홀에서 많이 나지 않는가? • 자리에 앉기 전 청소가 잘 되어 있는가? • 실내의 온도는 적절한가?(냉난방 상태) • 커피자판기는 설치되어 있으며 상태는 양호한가? • 외부간판의 상태는 어떠한가?(점등, 청결등 관리수준) • 화장실의 위치를 유도하는 안내표지는 적절하게 비치되어있는가? • 메뉴판의 청결 및 관리상태는 어떠한가?
복장용모	• 종사원들의 용모는 단정한가? • 주방직원은 머리두건 및 위생모를 착용하였는가? • 직원의 복장은 청결히 관리 되는가?

③ 체크리스트 활용

외식업소 경영진단은 정량·정성분석을 진단하는 것이 좋은데 컨설턴트의 현장 투입 시 클라이언트에게 '자가진단'을 먼저 수행해보라고 권유하는 것도 한 방법이다. 정량 분석과 정성분석의 체크리스트 유형은 다음과 같다.

① 자가진단 체크리스트

표 3-26_ 자가진단 체크리스트

정량분석	정성분석
• 현재의 매출액 • 전년도 대비 매출액 증가율 • (대표 포함)점포 종사자 수 • (대표포함)종사자 국가기술자격증 보유 여부 • 기관 발급된 인증보유 • (프랜차이즈일 경우)점포수	• 경영능력: 동종업 종사경력 • 경영관리: 근로계약서, 4대보험, 휴일제도 등 • 홍보/마케팅 관리: 홍보채널 보유, 마케팅 의지, 홍보활동 등 • 상권입지: 점포의 가시성, 점포의 접근성 • 서비스 관리: 접객서비스, 종업원 프로그램보유 등 • 메뉴관리: 메뉴관리자의 경력 • 위생관리: 주방·홀 등의 위생, 개인위생, 건강진단서, 위생점검표 등

② 현장진단 체크리스트(사진촬영 필수)

표 3-27_ 현장진단 체크리스트

구분	체크리스트 항목
점포 프로필	• 점포명, 대표자, 주소, 연락처, 업종/업태, 평균매출, 수익률, 면적, 주차장 여부, 소유구분, 상근인력, 업소특징
경영주 세부현황	• 경영주 마인드, 외식업 종사기간, 경영주 교육현황, 향후 사업계획
내/외부 환경점검	• 입구, 홀, 주방, 화장실, 디자인현황, 의무 부착물품 등
마케팅 현황점검	• 마케팅 실시방법, 온/오프라인 노출정도, 온라인 컨텐츠 유형 등
메뉴관리 현황점검	• 상차림, 음식제공시간, 용기(그릇)사용, 원산지 정보, 원산지 표기품목
위생관리점검	• 시설청결, 주방 시설, 위생관리, 화장실 청결
컨설팅 보고서 작성내용	• 개선필수사항, 개선권유사항, 사업제안사항 구분 작성

④ 컨설팅 보고서 작성

컨설팅 기간이 짧은 경우에는(보통 5일 미만) 최종 보고서만 작성하여 제출하면 되지만, 컨설팅 기간이 3개월을 초과할 경우 착수보고서, 중간보고서, 완료보고서도 함께 제출하기도 한다. 컨설팅이 실행되기 이전과 컨설팅이 진행되는 동안 작성해야 되는 보고서는 다음과 같다.

- 예비진단에 기초하여 작성된 컨설팅 제안서
- 프로젝트 초기에 사업을 착수하기위한 착수보고서
- 프로젝트 중간지점에 도달했을 경우 경과보고를 위한 중간보고서
- (필요 시) 실행에 앞서 클라이언트의 의사결정을 위해 제출된 제안서 또는 이와 관련된 보고서
- 프로젝트 완료 전 수정보완을 위해 최종점검을 위한 최종보고서

중간보고서가 클라이언트에게 어떻게 전달이 되었든 컨설턴트는 컨설팅 완료 후 철수할 때 최종 컨설팅 보고서를 제출해야하는 의무가 있으며, 컨설팅 회사도 향후 유사한 컨설팅을 요청받을 수 있기 때문에 내부 컨설턴트를 위한 보고서의 제출을 요구해야 한다. 어떠한 경우이든 프로젝트를 마무리할 경우 보고서를 작성함에 있어 흐트러져 있던 목적들을 다시 정리정돈하고, 컨설팅이 끝날 무렵에 발견되는 중요한 사실 또는 미처 챙기지 못한 부분들도 함께 다뤄야 한다. 만약 사후관리 서비스가 필요한 프로젝트라면 최종 보고서에는 사후관리 계획도 함께 포함되어야 할 것이다. 컨설팅 보고서는 수행된 작업에 대하여 간결하면서도 폭 넓게 내용을 삽입하도록 하며, 컨설팅을 함에 있어 클라이언트가 앞으로 진행해야할 필수과제, 컨설턴트가 권유하는 제안과제, 향후 필요하다고 판단되는 사업제안 등의 내용도 솔직하게 작성되어야 한다.

일부 컨설턴트는 컨설팅 후 컨설팅 보고서가 필요 없다고 생각하는 경우가 종종 있다. 컨설팅 보고서는 공공기관이 발주처가 아닌 이상 작성의 의무는 없다. 하지만 보고서를 제출함으로써 자기규율의 필요성과 엄격성을 다시 새길 수 있으며, 이전의 프로젝트보다 더 나은 방식의 컨설팅으로 스스로 자극이 될 수 있기 때문에 클라이언트를 위함이 아니라 컨설턴트를 위해서라도 반드시 작성하는 것이 좋다.

읽기 쉬운 컨설팅 보고서 작성

컨설턴트 입장에서는 컨설팅 보고서가 단계별, 목차별로 알기 쉽고 하나도 버릴 것 없이 모두 중요한 내용일지라도 조직구성원들이 컨설팅 보고서를 이해하지 못하고 알기 어려운 단어와 도표 등으로 가득하다면 보고서를 읽기 전 피로감을 느낄 수 있다. 따라서 컨설팅 보고서는 철저히 클라이언트 중심의, 클라이언트에 의한, 클라이언트를 위한 보고서로 작성한다는 사명감으로 문장을 완성해 나아가도록 한다. 컨설팅 보고서는 컨설팅을 의뢰한 사람에게는 가장 필요한 것이기 때문이다.

외식분야 컨설팅 보고서를 작성할 때에는 단계별로 수행한 내용을 기초로 하여 작성하게 된다. 추진 단계별로 작성하는 것이 좋은 데, 우선 미스터리쇼핑 결과, 사전 자가진단 체크리스트, 컨설턴트가 현장 투입하여 진단한 체크리스트를 포함하여 컨설팅 보고서를 작성하게 된다. 물론 상권분석 보고서도 함께 첨부하여도 좋다. 앞선 단계에서 미스터리쇼핑과 자가진단 체크를 진행하지 않았을 경우에는 컨설턴트가 투입하여 작성한 보고서를 제공하면 된다.

5 현장방문 교육

컨설팅 보고서 작성이 완료되었다면 마지막 단계인 현장방문교육을 통해 컨설팅 프로세스의 평가와 결과에 대한 평가도 함께 이뤄져야 할 것이다. 클라이언트에게는 컨설팅이 진행되는 동안 보여준 컨설턴트의 행동이 탁월했다거나, 배울것이 있었다면 컨설팅 보고서를 기대할 수 있겠지만, 진행과정에 있어 표준 이하의 행동과 기대 이하의 결과를 초래했다면 컨설팅 보고서는 의미가 없을 것이다. 따라서 컨설팅 보고서와 함께 조직구성원들에게 최종 브리핑을 통한 교육이 진행되어야 한다. 컨설턴트와 클라이언트는 이러한 보고서에 대한 내용을 이해하거나 함께 공유하거나 앞으로의 과제를 어떻게 해결해야 하는지에 대한 것을 인지해야만 한다.

진행방법으로는 현장방문을 통한 '경영컨설팅 교육'으로 진행하면 되는데 미스터리쇼퍼 평가결과, 상권분석 결과, 운영실태점검 결과, 문제점 및 개선내용, 향후 진행해야 할 필수과제, 권유과제, 사업제안과제 등의 내용을 포함하여 브리핑을 진행한다. 향후의 가능한 개선과 기회, 위험, 지연되어서는 안 되는 활동 등을 지적함으로써 클라이언트와 조직구성원이 균형적인 시각에서 바라볼 수 있도록 컨설턴트가 한번 더 도와주는 것이다. 어떠한 경우에서든 컨설턴트는 자신의 도움을 통해 도입된 새로운 시스템이 조직구성원들에게 어떻게 유지가 될지, 통제가 될지, 발전이 될지 해야 하는지를 제안해야 한다. 컨설팅 보고서를 통해 그 가치를 인정받고 향후의 학습과 가이드라인 또는 매뉴얼 형태로 생각할 수 있을 만큼 뛰어난 품질을 갖춘 보고서로 브리핑을 진행하도록 한다. 컨설팅 보고서는 향후에 프로젝트를 진행했던 컨설턴트의 능력과 가치를 보여주는 평가 잣대이자 거울이 될 수 있다는 것을 명심해야 한다.

06 사업타당성분석 컨설팅

1 사업타당성분석 컨설팅 절차

　사업타당성 검토와 사업계획서 작성을 동일시 하는 경우가 있을 수 있다. 하지만 이두가지는 엄연히 다르다. 사업타당성분석은 하고자 하는 사업의 요소와 요건을 갖추고, 점포 또는 기업의 경영활동을 수행할 경우 수익창출과 성공여부를 사전에 검토하는 것이고, 사업계획서는 사업타당성이 인정된다고 판단된 이후 세부계획을 수립하고 진행하기위해 작성되는 '계획서' 이다. 사업타당성분석 컨설팅 분야는 말 그대로 하고자 하는 사업에 대한 수익이 날것인지, 성공할 수 있을 것인지에 대해 확실한 답을 얻고자 하는 클라이언트가 의뢰하는 컨설팅 유형이다. 클라이언트의 입장에선 하고자하는 사업또는 업종에 대한 성공 가능성을 검증받고자 할 것이고, 컨설턴트 입장에서는 클라이언트에 대한 객관적인 평가를 제시해야만 한다. 컨설턴트는 1차 예비검토단계를 우선거친 후 객관적으로 사업진행이 타당하다고 판단될 경우 2차 심층컨설팅으로 세부계획을 수립하게 된다. 2차 심층컨설팅이 끝난 마지막에 클라이언트와 조직구성원들의 최종

의사결정이 '착수/진행'하자는 의견으로 모아진다면 해당 사업을 진행하는 것으로 컨설팅을 수행하게 되는 것이다.

📖 **그림 3-8_** 사업타당성 분석 컨설팅 절차

2 외식산업 활용분야

① 컨설팅 범위

컨설턴트는 주관적인 사업구상이 아니라 객관적이고 체계적인 사업타당성분석을 통해 추진하고자 하는 사업의 성공률을 높일 수 있고, 클라이언트가 생각하고 있는 아이템이 성공 가능한 아이템인지를 알아낼 수 있고, 실패확률이 높다면 다른 아이템을 찾거나 성공할 수 있는 전략을 수립하여 사업방향을 올바르게 인도할 수 있다. 아이템의 균형 있는 지식 습득과 보완해야할 사항을 확인할 수도 있으며, 아이템이 좋다고 할지라도 업무수행능력이 받쳐주지 못하거나 별도의 문제가 발생할 가능성이 있다면 사업은 성공할 수 없으므로 사업타당성분석 컨설팅은 반드시 필요한 컨설팅 분야이다.

사업타당성 분석 컨설팅은 광범위하게 적용되고 있지만 외식산업분야에서의 사업타당성 분석 컨설팅은 아래와 같은 분야에 적용되기도 한다.

- 현재 운영하고 있는 (외식)점포에서의 업종전환에 대한 사업타당성 및 전략 컨설팅
- 현재 운영하고 있는 (외식)점포가 프랜차이즈로 사업 확장을 위한 사업 타당성 및 전략 컨설팅
- 현 지역을 벗어나 타 지역에 (외식)직영점 입점을 위한 사업타당성 및 전략 컨설팅
- 가맹본부의 2nd브랜드 개발에 대한 사업타당성 및 전략 컨설팅
- 가공공장에서 외식브랜드 런칭을 위한 사업타당성 및 전략 컨설팅
- (외식)로드숍 매장에서 전통시장 입점을 위한 사업타당성 및 전략 컨설팅
- 전통시장에서 (외식)로드숍 매장형으로 진출을 위한 사업타당성 및 전략 컨설팅
- 외식업 운영 가업승계를 통한 장기적인 사업타당성 및 전략 컨설팅
- 청년마을일자리 외식창업자에 대한 사업타당성 분석 및 전략 컨설팅
- 전통시장 내 (외식)청년몰 입점을 위한 사업타당성 분석 및 전략 컨설팅
- 상가 푸드몰 입점을 위한 사업타당성 분석 및 전략 컨설팅
- 현재 운영하고 있는 (외식)점포에 대한 사업타당성 및 개선전략 컨설팅

이 외에도 다양한 사업에 대한 타당성 분석이 필요하다.

② 사업타당성분석 평가요소

평가를 위한 요소는 5개로 요약된다. △경영주 및 기업의 사업수행능력 분석 △진출하고자하는 시장성 분석 △실현가능한 기술적 분석 △사업의 수익성 및 경제성 분석 △소요되는 자금수지 및 성장성이다.

△사업수행능력분석 평가는 기업가로서의 적성과 자질, 경영자의 계획사업 수행능력, 업종선택의 적합성, 기타 경영주의 경영능력을 평가하며, △시장성 분석평가는 국내외 수급동향 및 중장기 수급전망, 시장특성 및 구조, 동업자 또는 유사제품과의 경쟁상태 및 향후 경쟁제품의 출현가능성, 국내외 가격 구조 및 가격동향, 판매처·판매조직의 유통경로, 기타 시장성 요소가 이에 해당된다.

△기술적 분석평가로는 기성제품에 대한 비교우위성, 시설계획 및 생산시설 유도, 원재료 조달능력, 기술 및 인력확보, 기타 기술 및 표준화에 대한 타당성이 해당되며,

△수익성 및 경제성 분석평가로는 수익전망, 손익분기 분석, 계획하고 있는 사업의 경제성 평가, 재무적 타당성이 있다. 마지막으로 △자금수지 및 성장성 평가로는 소요자금의 규모 및 조달 가능성,차입금 상환능력 검토, 위험요소 분석, 성공가능성 등이 이에 해당된다.

③ Consulting Tool

우선 추진하고자 하는 사업을 위해 컨설턴트는 자료검토와 기초분석 단계가 필요하다. 사업타당성 분석을 위해 컨설팅툴(Consulting Tool)을 사용하기도 하는데 해당 사업의 아이템 분석과 수행하기위한 행동 분석 두가지로 나눠 툴을 사용하면 편리하다.

표 3-28_ 아이템 분석 예시

ITEM	What is? 이게 무엇인가?	상품(메뉴)에 대한 설명 등			Benefit 이득
	Who use? 누가 쓰는가?	타겟, 필요성 등	Who buy? 누가 사는가?	타겟, 주요 고객 등 핵심고객	Need 필요
	Why use? 왜 쓰는가?	편리함, 맛, 분위기 등	Why buy? 왜 사는가?	특별함, 차별성	

표 3-29_ 행동 분석 예시

ACTION	Why now? 왜 지금 해야 하는가?				Market 시장성
	PEST 정치, 경제, 사회, 기술	시장성 분석	Market &etc 시장 또는 기타	사업수행능력분석	
	How delevery? 어떻게 실행하는가?				Approach 고객 접근
	Manufacture 생산	경제성 분석	MKT&Sale 판매	수익성 분석	
	Why me?(How survive?)왜 내가 해야만 하는가? (내가 성공할 수 밖에 없는 이유 / Big One)				Compete 경쟁력
	Tech 기술	기술적 분석	Function &etc 특별한 요소	성장성 분석	

4 사업타당성분석 보고서 작성요소

전체 사업에 대한 사업타당성 평가에 대한 결과와 대안을 제시할 때에는 보고서로 대처하는 경우가 많은데 외식산업 사업타당성 분석 컨설팅 보고서에는 총 6개의 분야로 정리하여 작성한 후 브리핑하면 된다.

표 3-30_ 컨설팅 보고서 삽입유형

내용 구분		세부내용(사업분야에 맞게 활용)
개발입지환경	입지분석 교통현황 법규분석 관광활동 경제활동	• 핵심고객 / 연령대 제안 • 건축/토지용도 확인 • 근린생활시설 확인 • 업종 증감수 확인 • 메뉴구성 / 매장 컨셉 제안 • 경쟁업소 확인
사회시장환경	사회적환경 사회지명도 수요예측 경쟁분석	• 외부·익스테리어 제안 • 브랜드/네이밍/컬러 제안 • 평일/주말/단체 고객 확보 • 세트상품/판매상품 제안 • 인적자원 제안 • 마케팅 전략/브랜드 운영전략 제안
개발계획환경	건축기본계획 건축계획 계획특성 사업기간	• 점포규모/주차시설/복층구조 등 제안 • 인테리어 컨셉 제안 • 재개발 등 공공기관 주도 사업 확인 • 점포 레이아웃/영업 시스템 제안 • 공사일정/투입인력 계획/업종 확정
사업구도	금융구도 사업리스크 역할 협의	• 전체 투자비용 확인 • 외부차입금 / 운전자금 확보 • 금융기관 활용 계획 수립 • 개인/법인/업종/업태 사업자 영업계획 확인
사업지출비용	창업비용 운전자금 금융기관 제세공과비	• 초기투자비용 계획 • 고정지출비 조율 • 손익분기점 확인 • 객단가 조정에 따른 원가율 포지셔닝 • 금융수수료율, 감가상각비 확인
사업성 판단	수지분석 추진/변경	• 투자금 대비 수익성 확인 • 사업추진여부 확정 • 업종 및 아이템 변경 확정 • 사업계획서 작성 착수여부 확정 • 향후 컨설팅 방향 수립

외식산업 컨설팅
실무와 사례

07
아이템 기획 컨설팅

앞서 사업타당성분석 컨설팅을 살펴보았는데, 사업타당성분석 컨설팅을 통해 사업이 타당하다고 클라이언트가 판단했다면 해당 컨설턴트에게 해당 사업 아이템을 기획하는 컨설팅을 의뢰하는 경우가 있다. 외식 아이템을 기획하기 전 사업타당성분석을 통해 내외부적으로 분석한 데이터가 충분하기에 아이템을 기획하기는 훨씬 수월해 질 수 있다.

그림 3-9_ 아이템 기획 컨설팅 흐름

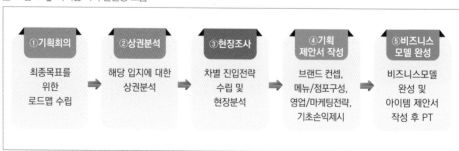

①기획회의	②상권분석	③현장조사	④기획 제안서 작성	⑤비즈니스 모델 완성
최종목표를 위한 로드맵 수립	해당 입지에 대한 상권분석	차별 진입전략 수립 및 현장분석	브랜드 컨셉, 메뉴/점포구성, 영업/마케팅전략, 기초손익제시	비즈니스모델 완성 및 아이템 제안서 작성 후 PT

1 기획 설계

우선 기획 설계 단계에서는 브랜드 네이밍 설정, 브랜드의 방향성(브랜드 창의성, 컨셉), 사업전략(영업 차별성, 음식문화 등), 포지셔닝(메뉴/제품 구성, 고객층 및 타겟 확정), 차별성과 프로모션 예시 등의 전략을 기획하여 최종 비즈니스모델을 완성하는 단계의 첫 번째 미션에 해당한다 할 수 있다. 기획회의가 끝 난 후 상권분석 및 현장조사 단계를 거쳐 아이템 제안서 작성 단계로 거치게 된다.

2 제안서 작성 및 브리핑

클라이언트에게 아이템 제안을 하기위한 제안서를 작성을 한다는 것은 컨설턴트가 본 아이템으로 사업을 추진한다는 생각으로 작성해야 한다. 컨설턴트가 성공할 수 없다는 판단이 생길 경우 사업을 만류하겠지만, 성공할 수 있다고 판단이 되면 과감하게 아이템 제안서를 작성하면 된다. 보통 파워포인트 프로그램을 사용하여 제안하는 방식이 좋다. 글자가 많은 한글보다 그림, 사진, 도표 등을 활용하면 클라이언트를 설득하거나 설명하기가 편하다.

최종적으로 비즈니스모델을 완성하여 전체적 사업 흐름도를 보여주는 것이 아이템 제안 컨설팅의 마지막이다.

 그림 3-10_ 프로세스

08
창업
컨설팅

1 단계별 프로세스

외식산업 컨설팅 중 '창업 컨설팅'은 앞서 나열한 아이템 제안부터 컨셉 확정, 상권분석 및 점포입지선정, 브랜드 디자인개발, 메뉴사진촬영, 판매가 확정, 스토리텔링 기획, 인테리어 감리, 주방시스템 설계, 간판 등 홍보물 제작부착, 행정지원(영업신고, 사업자등록, 통장개설), 정보통신기기 설치, 식자재 입고, 가오픈 지원, 정식오픈, 사후관리, 직원교육 등 포괄적인 형태의 범위로 불리우고 있다. 규모가 큰 컨설팅 회사는 디자인팀, 홍보팀, 교육팀, 메뉴팀, 컨설팅팀 등 다양한 분야의 전문가들이 투입되어 일사천리로 진행이 가능한 곳도 있지만 소규모 또는 1인 컨설턴트가 창업컨설팅을 진행하는 경우는 있지만 혼자 감당하기에는 무리가 있다. 이를 보완하기 위해 소규모 컨설팅 회사 또는 컨설턴트는 점포를 오픈하기 위한 특수 거래처를 활용하기도 한다. 예를 들어 포스(POS)기기·CCTV 설치를 위한 정보통신회사, 책임보험을 들기 위한 보험사, 건축 및 인테리어를 위한 건축회사, 주방집기 및 기물을 위한 주방전문업소, 간판 및 홍보물 제작을 위한 옥외광고사, 테이블 및 의자, 소품을 위한 가구전문회사, 디자인 기획을 위한 디자인기업, 상표출원 및 등록을 위한 변리사, 식자재 공급을 위한 식재료 전문기업, 유니폼 제작을 위한 의류회사 등 다양한 네트워크를 활용하여 외식창업에 필요한 요소와 전문기업을 투입하는 PM(프로젝트 매니저,Project Manager)역할을 수행하는 사례도 있다.

외식창업을 컨설팅을 수행하기 위한 단계별 프로세스는 다음과 같다.

그림 3-11_ 외식창업컨설팅 프로세스

② 현장 감리 및 지도

컨설턴트는 외식창업을 위한 컨설팅을 하는 중간에는 항상 현장을 방문해야 한다. 오픈 예정 현장에서는 항상 변수가 생기기 마련이다. 주변의 민원, 소음, 피해 등의 문제도 있지만 예상치 못한 일이 다수 발생하기 때문이다. 또한 예비 창업자의 행정지원도 모니터링을 해줘야 하며, 식재료, 가구, POS, 보험, 그릇, 냉난방, 환풍기구, CCTV등의 위치와 품질도 함께 고민해야 한다. 장사꾼이 되기 위한 초석을 다질 수 있도록 마인드 컨트롤, 부가세 신고방법, 근로계약서 작성방법, 고객 서비스 및 클레임 대처방법, 점포 홍보마케팅 방향, 위생교육 등의 다양한 것을 가르쳐 주고 지도 편달해야 한다. 컨설턴트의 일당백 역할이 가장 필요한 단계이다. 개점 전 체크리스트를 활용하여 일정, 시간, 순서 등을 계속해서 체크해야 놓치는 부분이 최소화 된다.

표 3-31_ 체크리스트 요소

행정지원	현장지원	영업지원
• 건강확인증	• 공사현장 감리	• 음식물 위생필증
• 위생교육	• 간판 외 홍보물 비치	• 음식물 쓰레기통 및 재활용 그물
• 영업신고증	• 홀·주방 기기/기물입고	• 매출장부 작성
• 사업자등록증	• 유니폼 입고	• 개점·마감 요령
• 음식물배상책임보험	• 전기/가스/환풍/수도	• 근로계약서 작성
• 매출통장/주류통장	• 주요 서류 매장 비치	• 위생·서비스 관리
• 신용카드 가맹점 신청	• 전자세금계산서 발행	• 부가세 신고 방법
• 임대차 계약서 확인	• 거래처 목록	• 기타 현장 지원
• 원산지/가격표시	• 유무선 전화 및 인터넷 설치	

점포 설계는 점포의 분위기가 중요한 영역에 속한다. 컨설턴트는 건축가, 인테리어 전문가가 아니기 때문에 설계자에게 설계를 의뢰하는 것이 맞다. 이때 창업할 아이템이나 메뉴, 점포규모, 입지, 예산, 예상 매출액, 희망하는 점포설계, 구체적인 점포의 상호 등 세세한 부분까지 알려주어 설계자가 기본적인 사항이나 컨셉을 충분히 고려하여 최적의 설계안을 만들 수 있도록 해야한다. 컨설턴트가 모든 프로젝트를 이끌고 가야하는 책임자이지만 설계자라는 파트너도 잘 활용할 수 있어야 한다.

여기서 주의할 점은 다음과 같다.

① 창업 결정 → 아이템 및 브랜드 결정 → 판매할 메뉴결정 → 입지에 따른 시장규모 및 예상 매출액 설정 → 적정규모의 점포를 계약 → 메뉴에 따른 주방기기 설정 및 종류와 규격 결정 → 주방기기의 레이아웃 설정 → 설계업자 선정 → 설계계약 → 기본 설계 평면도 작성 → 도면 합의 및 기본도면 결정 → 인테리어 도면 설계 → 종합도면 완성 → 공사착수 → 시공 → 수정 및 보완작업 → 인허가 사항 완결 → 완공(40일~60일 소요)순서가 일반적이며, 이때 별도로 전기, 수도, 가스 설비의 도면도 작성해야 한다. 창업자는 초보이기 때문에 이러한 순서를 무시하고 주방기능과 주방기기 설정도 하지 않은 채 홀 중심으로 인테리어 공사를 하는 오류를 사전에 방지하기 위함이다.

② 점포 인테리어 공사 시 예정 준공일을 맞추기 위해서라도 반드시 시공일정을 체크할 수 있도록 공사 일정표를 확인하여 필요시마다 클라이언트에게 공사진행 사항을 공유해야 한다.

③ 설계기관에게 너무 맡겨 두지 말고 창업자는 자기점포인 만큼 책임감을 갖고 의·
탁자, 색상, 천장, 모양, 형태, 전등 등을 유사업체에게 사전 자료수집과 준비를 함
께 해서 설계자와 협의하여 진행을 하도록 하며, 이때 어떤 자재와 어떤 제품을
사용하는지 인지하고 있어야 한다.

④ 클라이언트는 점포 설계 전에 판매할 메뉴와 차후 개발메뉴, 탈의장이나 휴식공
간, 창고는 식재료 3일분을 보관할 공간 확보, 주방의 레이아웃, 객석도면, 룸 구
성 및 배치에 대해 설계자, 시공업자, 컨설턴트와 사전 협의가 필요하다.

⑤ 점포 운영에 필요한 기능으로 설계되고 건축되어야 하며, 특수한 경우를 제외하
고 비용을 추가시켜서는 안된다.

⑥ 시공사는 설계를 위해 반드시 현장실측을 해야 하는데 그 순서는 다음과 같다.

- 현장을 실측해서 현 상태의 평면도면을 작성하는데 클라이언트는 이것을 반드
시 확인
- 철근 콘크리트나 목조 등 어떤 소재로 건물이 구조되었는지 건물의 구조나 규
모 조사
- 공유 면적(주방, 계단, 화장실 등)은 직접관계가 없는 영역이므로 전용 면적을 정확
히 실측하고 지하가 있을 경우 방수에도 유의해야 함
- 공사장 내·외에 방화지역이 있는지 확인해야 하며 확인시 방화지역이 있다면
주방시설을 설치할 경우 영업허가가 나지 않음
- 상업지역, 근린생활지역 등 건축 법규상 허가 제한 업종이 있으므로 용도지정
지역을 반드시 확인
- 기존 시설 철거시 작업량 확인
- 수도, 전기, 정화조시설, 소방 및 방화시설, 환기시설, 조명, 가스, 급·배수시설
등도 함께 체크하여 시공사와 협의

점포 설계관련 비용은 외국의 경우 인테리어 공사비의 10%로 보통 책정되나 한국
의 경우 설계비가 공사 계약 시 무시되는 경우가 많으며 평당 7~10만원 정도로 형성되
고 있다.

서비스 형태에 따른 음식점의 1인당 객석면적(㎡ 기준)은 △카페테리아 1.21~1.67㎡
△런치룸과 커피숍 1.39~1.58㎡ △레스토랑 1.02~1.39㎡ △일반음식점 1.02~1.39㎡가

일반적이다. 예를 들어 99㎡의 전체 면적 중 주방 면적을 전체 면적의 30%로 산정했다면, 주방 면적은 33㎡정도이며 홀 면적은 66㎡가 된다. 홀 면적의 객석수 산정을 한다면 66㎡/1.2㎡=약 55인석 설치가 가능하고 55인석/4인 테이블로 계산하면 13.75개로 계산되어 약 13개~14개의 4인석 테이블 설치가 가능할 것이다.

1) 인테리어 공사 계약 시 체크사항

인테리어 공사 계약서는 대부분 인쇄된 계약서를 사용하고 있는데 총 공사 금액, 공사 기간, 계약금, 중도금, 잔금 지급일자 및 조건 등의 간단한 내용만 있어 문제가 발생할 경우 책임의 한계로 분쟁의 소지가 있다. 따라서 별도 용지에 특약 란을 만들어 중요한 추가공사와 같은 특이사항에 대해서는 계약서에 명시하고 공사 완료 후 하자보증기간과 긴급사항에 대한 대처방법 등을 명시해두는 것이 바람직하다. 클라이언트는 인생에 있어 인테리어 공사를 다수 진행하지 않기 때문에 컨설턴트가 계약전 시공사와 클라이언트와의 협의를 이끌어 내는 중재역할을 대신해야 한다. 공사보증, 인테리어 공사 기간 중 발생할 수 있는 사고 시의 책임소재와 화재보험, 4대보험 등의 보험가입, 개점일자 지연 시 공사 지연의 책임 내용, 원자재 입고와 구축물 철거시 먼지·소음 등으로 이웃과 분쟁이 발생한다거나 공용도로 사용허가 등 민원 발생에 대한 내용을 기록하여 쌍방 날인해 두도록 한다. 필요시 공증까지 할 수 있다.

견적서를 의뢰할 때 시공사에 전체공사 중 각 항목별 '갑지'와 '을지'를 구분하여 작성하도록 요구한다. 갑지는 표지 개념이고, 을지는 치수가 들어있는 세부항목으로 구성되어 있다. 을지에는 철거공사, 칸막이 공사, 조적 공사, 전기 공사, 미장과 타일 공사, 설비 공사, 금속 공사, 후드덕트 공사, 내장 공사, 가스 공사, 가구 공사, 냉난방 공조 공사 등으로 구별되어 있고 이 항목을 보기 쉽게 표현한 부분이 갑지에 표기된다. 이때 비교견적을 해야 하는데 무조건 견적이 낮은 시공사가 좋은 것이 아니라, 각 공사 항목별로 여러 시공사가 제시한 금액 중 비슷한 금액을 체크하고 항목별로 금액을 합산하여 전체 금액을 잠정 결정하면 된다. 각 항목마다 평균 금액 또는 견적서 항목의 형성 금액이 비슷한 금액을 제시한 시공사가 우수한 곳이라 할 수 있다. 다른 방법으로는 먼저 유능한 시공사를 선정, 각 항목별 적정 금액 수준으로 공사를 진행할 수 있는가에 대한 협의를 결정하여 진행한다면 클라이언트가 올바른 결정을 하는데 기여할 수 있다.

한편, 2014년부터 2016년까지 조사한 한국소비자원의 피해 구제신청 335건을 살펴보면 '부실공사로 인한 하자발생'이 50%이상으로 가장 많았고, 계약과는 다른 자재를 쓰거나 규격이 맞지 않는 피해도 10%이상 발생하였다. 이에 따라 2018년 3월에 공정거래위원회에서 '실내건축·창호공사' 표준계약서를 제정하게 되었다. 시공업자가 공사일정, 총 공사금액을 계약서에 기입하고, 공사의 범위와 물량, 시공 자재의 제품(제조사)·규격 등을 구체적으로 기재한 별도 내역서를 제출하도록 규정하고 있다. 공사 대금 지급 시 부실공사로 인한 하자가 발견된 경우 소비자는 시공업자에게 하자 보수가 이행될 때까지 그에 상응하는 공사 금액의 지급을 거절할 수 있도록 제정 되었다.

그림 3-12_ 실내건축·창호 공사 표준계약서(공정거래위원회 2018.3.21.재정)

실내건축·창호 공사 표준계약서

표준약관 제10079호
(2018.3.21. 제정)

제1조(목적)
이 계약서는 실내건축·창호 공사를 의뢰한 소비자와 시공업자와 사이에 체결된 공사 계약상의 권리·의무 및 책임에 관한 사항을 규정함을 목적으로 한다.

제2조(계약서 제공·설명 의무)
"시공업자"는 계약체결 시 소비자에게 상호 및 대표자 성명, 영업소재지 주소("소비자"의 불만을 처리할 수 있는 곳의 주소 포함)를 기재한 본 계약서, 공사면허 등을 소비자에게 제공하고 다음 각 호의 규정을 "소비자"가 이해할 수 있도록 설명하여야 한다.

1. 시공장소 및 공사일정
2. 공사비(계약금, 중도금, 잔금) 및 지급방법
3. 공사의 범위 및 공사의 내역
4. 연체료 및 지체보상금
5. 계약보증 및 해제, 위약금
6. 공사의 변경, 양도양수, 하자보수

제3조(계약내용)
① 시공장소 :

② 공사일정 : 착공일 . . 부터 공사완료일 . . (일간)
*단, 아파트 입주예정일 지연 등 부득이한 사정이 발생한 경우 "소비자"와 "시공업자"는 합의하여 공사 완공일자를 조정 할 수 있다.

③ 총 공사금액 :

(부가가치세 포함)

구분	계약금	중도금			잔금
금액					
지급일					

*납부계좌번호 :

④ "시공업자"는 제3조제3항의 공사금액을 원자재 가격 상승 등을 이유로 인상할 수 없다.

⑤ 공사의 범위 및 공사의 내역: "시공업자"는 "소비자"가 쉽게 이해할 수 있도록 소비자에게 공사의 범위와 물량, 시공자재의 제품, 규격 등을 기재한 별도의 내역서를 제출하여야 한다.

⑥ 창호 공사의 경우에는 시공자재의 제품명(제조사), 제품색상, 유리두께, 유리색상 등을 구체적으로 기재한다.

제4조("시공업자"의 의무)
① "시공업자"는 제3조의 계약내용을 준수하여 공사를 완료하여야 한다.

② "시공업자"는 공사완료 후 당초 설계서에 의한 공사내용이 계약내용과 이상이 없음을 "소비자"에게 확인시켜야 한다.

③ "시공업자"는 제10조 규정에 따라 하자보수의 책임을 진다.

제5조("소비자"의 의무)
① "소비자"는 제3조 제3항의 공사금액을 정해진 기일에 "시공업자"에게 지급하여야 한다.

② "소비자"는 공사금액을 지급함에 있어 하자가 발견되었을 경우 "소비자"는 하자의 보수나 하자보수에 갈음하는 금액을 "시공업자"에게 청구할 수 있으며, 이를 청구한 경우 "소비자"는 "시공업자"가 하자를 보수하거나 하자보수에 갈음하는 금액을 지급 할 때까지 그에 상응하는 공사금액의 지급을 거절할 수 있다.

제6조(지연배상)
① "소비자"가 공사금액의 지급을 지연한 경우 "소비자"는 연체일로부터 실제 지급일까지 (   )%의 연체이율을 적용한 지연손해금을 "시공업자"에게 지급하여야 한다. 다만, 연체이율은 시중은행 일반자금 대출의 연체이율 범위내에서 정하도록 한다.

② "시공업자"가 계약서에서 정한 공사완료 일자를 준수하지 않을 경우 "시공업자"는 "소비자"가 공사완료 이전까지 지급한 금액에 대하여 공사지연일로부터 최종 공사완공일까지 기간에 전항의 연체이율을 적용한 지연손해금을 "소비자"에게 지급하여야 한다.

제7조(계약해제 및 위약금)

① "소비자" 또는 "시공업자"는 다음 각 호의 어느 하나에 해당하는 경우 상대방에게 서면으로 즉시 계약을 해제할 수 있다.

1. "시공업자"의 책임 있는 사유로 공사완료일 내에 공사를 완성할 가능성이 없음이 명백한 경우
2. "소비자" 또는 "시공업자"가 계약조건을 위반하여 그 위반으로 계약의 목적을 달성할 수 없을 경우

② "소비자"는 "시공업자"가 정당한 사유 없이 착공을 지연한 경우 상당한 기간을 정하여 서면으로 계약의 이행을 최고한 후 동 기간 내에 계약이 이행되지 아니한 때 계약을 해제할 수 있다.

③ "소비자" 또는 "시공업자"의 귀책사유로 계약이 해제된 경우 "소비자" 또는 "시공업자"는 다음 각 호의 규정에 의한 위약금을 상대방에게 지급하여야 한다.

1. 계약 또는 계약 후 실측만 한 경우 : 총 공사금액의 ( )%(단 총 공사금액의 10%를 초과할 수 없음)
2. 제작 또는 공사에 착수한 경우 : 실 손해액 배상

제8조(공사변경)

① "시공업자"는 공사의 설계 및 자재변경 등으로 인하여 계약한 제품의 공급이 불가능할 경우 변경 시공할 내역을 "소비자"에게 통보하고, "소비자"와 협의한 후 동질·동가의 제품으로 시공할 수 있다. 다만, 이를 이유로 제3조 3항의 공사금액을 인상할 수 없다

② "소비자"의 사정에 의하여 공사내용이 변경되는 경우 "소비자"와 "시공업자"는 협의하여 변경할 수 있고, 공사내용의 변경으로 발생하는 추가비용은 "소비자"가 지급한다.

제9조(양도양수)

① "소비자"는 매매 등 계약의 이행에 영향을 미치는 사유가 발생하였을 때에는 "시공업자"에게 서면으로 통지하여야 한다.

② "소비자"의 건축물에 대한 매매 등 소유권 이전이 발생한 경우 "소비자"와 "시공업자"는 본 계약이 소유권을 이전받는 자에게 승계되도록 노력하여야 한다. 다만, 본 계약이 승계되지 아니한 경우 "소비자" 또는 "시공업자"는 계약을 해제할 수 있고 "소비자"는 제7조 제2항에 따른 위약금을 "시공업자"에게 지급 하여야 한다.

제10조(하자보수)

① "시공업자"는 공사완료 후, 균열, 누수, 파손 등의 하자가 발생하였을 때 다음 각 호에 해당하는 기간(이하 '무상 수리기간')에는 무상 수리를 해주어야 한다. 다만 무상 수리기간 중 "소비자"의 사용상 부주의로 하자가 발생하여 "소비자"가 "시공업자"에게 수리를 청구한 경우, "시공업자"는 수리에 응하되 그 비용은 "소비자"가 부담한다.

1. 실내건축 공사 공사 종료 후 1년 이내
2. 창호 공사 공사 종료 후 2년 이내(유리는 1년)

② "시공업자"는 무상 수리기간이 지난 후 발생한 하자에 대하여 "소비자"가 수리를 요청하는 경우 "소비자"의 비용 부담으로 유상수리 할 수 있다.

③ "시공업자"가 공사에 사용한 제품이 계약서상의 규격에 미달할 경우 "소비자"는 "시공업자"에게 교체시공이나 공사금액 차액 환급 등의 손해배상을 "시공업자"에게 청구할 수 있다.

제11조(분쟁의 해결)
  이 계약서에서 규정하지 않은 사항과 해석에 관하여는 건설산업기본법, 약관의 규제 등에 관한 법률, 공정거래위원회가 정하는 소비자 보호지침 및 관계법령 또는 상관례에 따른다.

제12조(관할법원)
  이 계약과 관련된 분쟁에 관한 소송은 민사소송법상의 관할법원에 제기하여야 한다.

소비자 유의사항

공사예정금액이 1,500만원 이상인 경우에는 사업자가 「건설산업기본법」에 따라 전문건설업에 등록한 업체인지 확인(건설업등록증 및 건설업수첩)하는 것이 좋습니다.

  위 계약의 내용을 증명하기 위하여 계약서 2통을 작성하여 "소비자"와 "시공업자"는 각 1통씩 보관한다.

20 년 월 일

"소비자"
주소 :
연락처 :
성명 :   (인)

"시공업자"
상호 :
주소 :
연락처 :
대표자 :   (인)

2) 주방설계 컨설팅

주방설계 계획의 핵심은 고객의 대부분이 식당에 들어오면 주방부터 살펴보는 습관이 있으므로 위생적으로 작업할 수 있도록 위생적인 부분을 반드시 확보하는 것과 주방 작업상 능률의 경제성을 유지하는 것, 또 주방과 관련된 작업 시에도 안전성에 중점을 두고 설계를 하는 것이 좋다.

위생은 개인적인 위생과 점포의 청결을 유지함으로써 맛을 더해 주어야 하는 것이므로 누가 보아도 만족하고 신뢰할 수 있어야 한다. 또, 작업 시 능률적인 조리가 될 수 있도록 배치하여 경제성을 유지해야 하며, 동시에 근무자의 안전도 고려해야 한다.

주방의 위치를 대략적으로 선정하고 건물전체의 구조를 체크하여 가스, 급·배수 라인과 출입구 상황 등을 고려하여 현장 실측·확인 시 그 결정을 할 수 있다. 이때 주방규모도 결정해야 하는데 보통 메뉴의 종류와 품질수준, 메뉴의 개수와 향후 개발메뉴 등에 따라 주방의 기기와 보조설비가 결정되어지며, 이를 바탕으로 주방규모가 결정되어 진다. 클라이언트는 비싼 임대료와 개인적인 욕심 때문에 조금이라도 홀 공간을 확보한 후 주방 면적을 결정하려고 할 수 있다. 시간이 흐를수록 주방의 중요성이 높아지고 있으므로 일정공간의 확보는 물론 냉·난방 시설에 관한 충분한 사전 검토가 필요하다.

3) 주방설계의 순서

① 판매할 메뉴의 개수와 종류를 먼저 결정하고 나서 그 메뉴를 어떻게 조리할 것인가 조리방법을 결정해야 한다.

② 조리를 메인 주방에서 전부 할 것인지 또는 일부는 객석에서 할 것인지 등의 검토와 최대 예상 판매량을 설정한 다음 주방 기기의 종류와 규격, 수량을 결정한다.

③ 냉장고, 냉동고, 가스렌지, 씽크대, 세척기, 반찬냉장고, 조리대, 선반 등 기본 주방기기의 배치가 가능한지 스페이스를 정하고, 이때 열기구와 냉장·냉동고는 반드시 일정거리를 두어야 한다.

④ 1시간 내 최대 판매 개수 등 생산량을 설정하고 주방기기별 생산능력을 체크해야 한다.

⑤ 작업동선(1.2m~1.8m)인 기기와 기기 사이를 확보해야 한다.

⑥ 식재료 가공도에 의해 전처리 스페이스도 확보하고 조리속도도 높일 수 있는 주방기기를 선택하도록 한다.

⑦ 지금까지의 모든 조건을 고려하여 주방 레이아웃을 만들어 본다.

⑧ 주방의 위치는 객석에서 제품을 서빙하기 편리한 동선을 전제로 설정한다.

⑨ 좌석 회전율이 높은 식당은 주방면적이 넓어야 하는데 일반적으로 다음과 같은 양상을 띈다.

표 3-32_ 업태별 평균적인 주방면적

업태	주방면적	비고
패밀리 레스토랑	40~80%	
요리주점, 선술집	18~30%	
커피숍	15~20%	창고 스페이스 포함
패스트푸드점	20~25%	

⑩ 주방은 점포의 평면형태에 따라 합리적으로 결정을 하며, 방수공사, 배수, 트렌치 공사 설정 후 시멘트 마감을 하며, 주의할 점은 바닥재는 미끄럽지 않게 처리하므로 주방 바닥과 주방 벽체의 마감재는 반드시 샘플을 보고 결정하도록 한다.

⑪ 온수공급라인 및 배수시설을 고려할 때 화장실이 가까울수록 좋으며, 물이 완전하게 빠질 수 있도록 가능한 경사지게 시공한다.

⑫ 전기용량은 냉난방기와 간판, 조명, 기기의 전력사용량을 고려하여 최소 15kw 이상으로 유지하도록 한다. 과다 시 전기 승압비용과 전기 요금이 과다하게 청구될 수 있기 때문이다.

⑬ 도시가스 설치지역 확인과 환풍기 및 후드설치를 확인해야 하며, 가스납품 계약서를 작성하여 안정적인 공급이 될 수 있도록 한다.

❸ 디자인 컨설팅

아이템을 대표하는 브랜드 네이밍부터 슬로건, BI(Basic System)기본 시스템 개발, BI응용시스템(Application System)을 다양하게 개발해야 한다. 특허확보가 가능한지 등을 검토해야 한다.

디자인 컨설팅은 반드시 디자인 전문가와 함께 컨설팅을 수행해야 한다. 컨설턴트가 직접 디자인이 가능하다면 문제가 없지만 해당분야의 디자인 전문가가 아니면 이를 해결해 줄 수 있는 디자이너와 함께 진행하도록 한다. 브랜드 디자인을 진행할 때는 슬로건이나 캐치프레이즈 등의 광고언어 개발과 브랜드, 음식에 대한 스토리텔링을 함께 개발하도록 컨설팅을 수행하는 것이 좋다. 클라이언트와 컨설턴트, 디자이너는 네이밍 개발부터 디자인이 완성될 때 까지 다양한 시도와 스토리를 구성하는 브레인 스토밍 과정을 함께 진행하면 모두가 만족하는 결과물을 성취할 수 있다.

표 3-33_ 브랜드 디자인 개발 사례

구성		개발 사례	
네이밍(Naming)개발		21세기 부엌데기	
광고 언어 개발		Slow food&Makgeolli Pub	맛있는 밥상 기분 좋은 술상 아점은 부엌데기와 함께~ 수고한 당신, 달릴 자격이 있다! 제대로 빚은 전통주, No 숙취
스토리텔링(Storytelling) 개발		하루가 즐거워지는 기분 좋은 한 끼의 밥상. 지친하루에도 힘이 솟아나는 맛있는 술상. 21세기 부엌데기가 맛있게 차려드리겠습니다.	특급호텔 주방장이 부엌데기라니! 이 집 부엌데기, 솜씨가 좋구나!
BI기본 시스템 일부	로고타입 (Logotype)		

구성	개발 사례
캐릭터 (character)	
간판	
외부 홍보물	
기타 부착물	

❹ 개점 전 인적자원관리 교육

외식창업 컨설팅에서 경영주의 교육과 개점 지원단계는 아주 중요하다. 컨설턴트의 컨설팅 과정에서는 경영주와 종사자들을 위한 인적자원관리에 대한 교육도 함께 병행하여야 한다. 인적자원관리란 개인과 조직의 목표를 성취하기 위한 인적자원의 계획과 확보, 활용과 유지, 그리고 보상과 개발 등의 행위를 말한다. 사람에 대한 의존성이 높은 외식산업의 특성상 우수한 인재를 확보하고 개발하여 유지하는 것이 중요하다.

1) 인적자원관리의 구성

인적자원관리는 크게 세가지로 구성된다. 첫째, 인적자원 확보는 직원의 모집·면접·선발 등의 채용활동을 말하며, 둘째, 인적자원 개발은 직원의 잠재 능력을 실현할 수 있도록 교육훈련과 능력개발 및 배치·전직·승진 등의 활동을 말한다. 셋째, 인적자원 유지는 직원의 보상과 복리후생 및 안전위생·의사소통·제안제도 등을 통해 좋은 직무환경과 분위기를 유지하는 활동이며, 인적자원 조정은 효율적인 조직규모를 구성할 수 있도록 구성원 수를 조정하는 활동을 말한다.

오늘날 외식산업과 같은 서비스업의 성패는 서비스의 질에 달려 있다고 할 정도로 고객만족, 고객감동이 성공을 위한 필수조건이 되고 있다. 먼저 음식의 맛이나 분위기에 의해 고객만족이 이루어진다면 종업원의 마음가짐, 인정, 배려 등에 의해 고객감동의 단계에 이르게 된다. 즉 외식산업의 인적관리는 행복한 고객을 창조하기 위한 매우 중요한 분야이며, 적절한 교육과 훈련이 수반되어야 한다.

외식산업의 인적자원관리는 외식산업이 필요로 하는 적합한 인력을 고용하여 유지하고 교육과 훈련으로 능력을 개발하여 외식산업 가맹본부 또는 가맹점을 포함한 소상공인들의 운영에 맞게 활용하는 동시에 종업원의 자발성과 자율성의 원리에 입각하여 계획·조직·통제하는 것으로 말할 수 있다. 식당의 인력구성은 시간의 흐름에 따라서 변화하는데 인적자원 수급에 의거하여 가장 적합한 지원자를 확보해야 한다.

2) 직무분석

인적자원관리는 직무를 통해서 직원의 자기만족을 충족시켜 주고 자기만족으로부터 유발되는 사기가 생산성 증대에 영향을 미친다.

직무분석은 인력관리의 기초적 정보의 하나로서 각 직무의 내용·특징·자격요건을 설정하고 직무를 수행하는데 요구되는 기술·지식·책임 등을 분명히 밝혀주는 절차를 말한다. 직무분석은 실질적으로 채용기준의 설정, 교육훈련과 배치 및 전환의 자료제공, 효율적인 노동력 이용, 적정임금수준의 결정, 직무의 상대적 가치를 결정하는 자료를 제공하는데 있다.

직무분석자료를 수집하는 방법에는 관찰, 실무자와 감독자의 면접, 직무분석 설문지 등이 있는데, 그 중에서 설문지법이 가장 널리 이용된다. 직무분석의 결과로 직무기술서와 직무명세서가 작성되며, 도한 조직의 전반적인 직무설계와 직무평가의 기초자료가 된다. 직무 기술서는 직무의 목적·업무 내용·책임·의무 등을 기술한 것으로 채용·급여 결정·승진·배치·훈련 등의 인사관리를 실행하는데 기초가 된다. 직무명세서는 직무를 수행하는데 필요한 교육 수준·기술·경험 등의 인적 특성, 즉 인적 요건을 기술한 것으로 직무의 특성에 중점을 두어 기술된 직무기술서를 기초로 하여 직무에 요구되는 상세한 개인적 요건을 정리한 문서이다. 직무명세서의 용도는 다음과 같다.

- 신규인력 채용공고를 위한 정보출처
- 직무를 수행하기 위해 요구되는 교육수준의 규정
- 직무를 수행하기 위해 요구되는 경력이나 특별교육의 규정
- 직무에 특별히 필요한 육체적인 조건이나 규정
- 직무기술서와 직무명세서 사례

표 3-34_ 직무기술서와 직무명세서 사례

직무기술서의 예
• 근무 장소: 주방 • 직책: 제1조리사 • 보고자: 조리장 • 직무 내용: 조리장의 지시에 따라 안전하고 위생적인 조리작업을 수행한다. 　1. 식재료의 보관 및 수량관리를 책임진다. 특히 식재료의 질과 신선도를 점검할 수 있는 능력을 배양한다. 　2. 필요량의 식재료를 충분히 확보하고 관리한다. 　3. 보조 조리사를 관리·감독한다. 　4. 항상 주방 내 청소와 위생관리를 수행한다. 　5. 조리장의 부재시 조리장을 대신하여 조리작업을 한다. 　6. 항시 피크타임에 대한 사전준비를 한다. 　7. 육류·생선·야채 등의 식재료를 신선하게 준비한다. 　8. 조리장의 조리를 도와주고 다른 조리사를 도와준다. 　9. 냉동·냉장고의 온도 및 상태를 점검한다. 　10. 틈나는 대로 보조 조리사를 육성한다.

직무명세서의 예

- 직명: 웨이터/웨이트리스
- 근무 시간: 아침 9시 ~ 오후 6시, 주 5일 근무
- 일주일 총 근무시간: 40시간
- 휴일: 1주일에 2회
- 휴가 기간: 1년에 2주(14일)
- 교육 수준: 고졸, 전문대졸 , 대졸
- 성격: 고객들에게 친절히 대해야 함
- 보고자: 지배인
- 연령: 18~60세
- 경력요구사항: 2년
- 신체 조건: 건강상태 양호
- 특별 기술 요구사항 없음
- 직무에 대한 특기사항: 본 직무는 웨이터나 웨이트리스가 현금을 다루며, 알코올 음료를 취급하는 것을 요구한다. 그리고 매달 지배인으로의 승진도 가능하다.

인적자원의 확보는 모집과 선발과정을 통해 확보된다. 모집단계에서는 효과적인 충원을 하기위해 직무명세서에서 요구하는 능력과 기술을 가진 사람들을 모집해야 한다. 선발단계에서는 인사규정에 의해 지원자를 평가하여 선택되는데 사업규모가 크고 작고에 염두를 두지 말고 최소한의 채용기준 가이드라인은 사전에 준비가 되어 있어야 한다.

직무에 적합한 사람을 선발하였다고 해서 채용의 모든 절차가 끝난 것은 아니다. 해당 직무에 맞게 인력배치를 해야 하는데 배치방법에는 적성배치와 적정배치가 있다. 적성배치에는 적성에 맞는 일을 할 수 있도록 배치하는 것이고, 적정배치는 업무량의 예측에 기초를 둔 인원배치의 적정을 목적으로 한다. 이를 잘 활용함으로써 인력배치를 완료한다.

인적자원의 유지관리는 채용되어 합격된 직원이 이탈하지 않고 좋은 인재로 성장하기위한 환경을 만들어주고 성과에 따른 보상·평가·승진 등이 이뤄지도록 관리한다. 직원이 입사하여 자신의 역량을 개발하고 이를 직무에 활용함으로써 성과를 달성하고 다시 피드백을 통해 새로운 업무성과를 거두는 계속적인 활동이 퇴사하기 전까지 꾸준하게 이뤄져야 한다.

경영주는 충분한 급여와 복리후생, 시기적절한 인력충원을 지원하고 고용에 대한 안정성도 보장해 주어야 한다.

컨설턴트의 인적자원관리는 개점 후 점포와 종업원, 경영주에 대해 다음과 같은 교육과 지원을 위해 진행 되어야 한다.

- 점포의 연출, 메뉴, 서비스, 청결 등을 체크할 수 있는 관리자 역량교육
- 점포의 관리 업무 등의 관리 교육
- 점포설비 및 시스템의 보수 및 유지관리 교육
- 점포의 인사(모집, 교육, 근무 일정, 매출관리 등)관리의 교육
- 경영주의 영업방침과 지시에 대한 종업원 관리요령
- 점포의 판매촉진 및 계획수립에 대한 프로세스
- POS운영 요령과 카운터 고객 예절 교육
- 전화응대, 클레임 응대, 고객과의 커뮤니케이션 요령 교육

5 사후관리

창업컨설팅의 사후관리는 정기적으로 해당 창업점포에 방문하여 월 매출, 상품 판매 현황, 종업원 관리, 행정서류 관리, 거래처 관리, 마케팅 관리 등 다양한 관점을 통해 클라이언트와 대화를 진행해야 한다. 상권이 변화하고 있다고 판단이 되면 변화하는 본 상권에 대한 대응방법, 입지에 대한 변화 시도를 유도하고 제안할 수 있어야 한다. 컨설팅을 진행하면서 다양한 교육과 관리방법에 대한 노하우를 클라이언트에게 전달하였지만 영업활동에 매진하다보면 이를 망각할 때가 많다. 따라서 컨설턴트는 정기적인 방문을 통한 자극을 유도해야 한다.

사후관리에 대한 활동으로는 다음과 같은 지원을 수행하여야 한다.

- 점포 환경(경쟁상황)의 조사분석과 대책 제안
- 점포 연출, 메뉴, 서비스, 청결 등을 체크하고 지도
- 점포설비 및 시스템의 보수 및 유지관리 교육
- 경영지표의 데이터 작성 지도와 꾸준한 관리 지도
- 클라이언트의 초심을 잃지 않도록 자극제 역할 수행

외식산업 컨설팅
실무와 사례

09
가맹본부
(프랜차이즈 본부)
컨설팅

컨설턴트가 컨설팅한 점포가 외식창업컨설팅 이후 영업이 활성화 되거나, 타지역에서 해당 점포와 동일한 상호, 메뉴, 인테리어, 영업노하우를 가지고 사업을 하고 싶다는 클라이언트가 많을 경우 프랜차이즈 사업으로 전환하고자 하는 요청을 받을 수 있다. 컨설턴트는 이러한 의뢰가 들어왔을 경우 프랜차이즈 시스템으로 사업이 가능한지에 대한 분석을 먼저 해야 한다. 프랜차이즈 사업이 가능한가에 대한 사업타당성분석이 선행되어야 한다는 얘기이다. 이 말은 3S, 즉 '단순화(Simplification), 전문화(Specialization), 표준화(Standardization)'를 먼저 살펴봐야 한다. 먼저 해당 외식아이템이 비전문가도 정확한 분업화와 표준화된 매뉴얼을 더해 점포가 완벽하게 독립된 유기체가 될 수 있어야 한다. 조리과정이 어렵고, 초보자도 손쉽게 따라 하기 힘든 과정이 있는지, 벤치마킹이 쉬운 요리 외에 전문화된 조리방법과 영업노하우를 보유하고 있는지, 표준레시피 또는 핵심이 되는 식재료·양념·소스·육가공 제조가 가능하여 상품 또는 메뉴의 일정한 품질을 유지할 수 있는지를 살펴봐야 한다.

① 프랜차이즈 시스템 개발범위

프랜차이즈 사업이 가능하도록 컨설팅을 수행해야 한다면 다음과 같은 범위 내에서 컨설팅을 수행하는데, 법률분야, 매뉴얼분야, 시스템 분야로 나눠 단계별로 진행하는 것이 좋다. 점포에서만 경영을 하다 본격적으로 사무실을 조성하여 사업을 추진하는데 있어 경영주의 마인드도 중요하다.

표 3-35_ 프랜차이즈 시스템 개발 컨설팅 범위

컨설팅 구분	컨설팅 범위	산출물
법률 컨설팅	• 가맹계약서, 정보공개서 등록 • 상표·서비스표 출원 및 등록	• 가맹계약서 • 정보공개서 • 특허 출원/등록증 • 가맹금 예치
상품 컨설팅	• 중고가형 상품구성, 중저가형 상품구성, 미끼 상품구성 등 다양한 메뉴로 마케팅 전략화/원가구성/표준레시피 실현	• 표준레시피 • 공급 식자재 리스트
디자인 컨설팅	• 새로운 네이밍 개발과 브랜드 디자인 개발 • 프랜차이즈 디자인 패키지 개발 • 인테리어 컨셉 개발 및 2D/3D 디자인 구성 • 홈페이지/모바일 페이지 기획 개발	• 브랜드 매뉴얼 • 상품 사진 • 인테리어 디자인 • 브랜드 스토리 • 홈페이지 • 모바일 페이지 • 포장 패키지 • 홍보물 디자인
물류시스템 컨설팅	• 브랜드 컨셉에 맞는 상품재구성 • 가맹점 공급물품(전용상품)확정 및 유통전략 수립 • 온라인 수발주 관리 프로그램 개발	• 수발주 프로그램 • 전용상품 품목제조보고서, 시험성적서 등
매뉴얼 개발 컨설팅	• 가맹본부, 가맹점 수익구조 수립 • 기업 전략(영업, 마케팅, 판매 등)개발 • 가맹본부 운영 매뉴얼 개발 • 가맹점 운영매뉴얼 개발	• 가맹본부 매뉴얼 • 가맹점 매뉴얼

여기서 중요한 것은 '표준화'인데, 표준화라는 것은 각종의 매뉴얼, 레시피, 프로세스 등을 통일화·단순화 하여 그 기준에 따르도록 하는 일종의 시스템이라고도 할 수 있다.

표준화를 하는 이유는 가맹점의 품질을 일치시키고 더 나아가 서비스와 생산성을 높여 사업의 고도화를 추구하는 근간이 된다. 하지만 이제는 지역별 도는 상권별로 로컬화시키는 사례가 발생하고 있다. 지역색에 따라 특화된 메뉴를, 입점 클라이언트의 패턴에 따라 다른 인테리어를 한다거나, 현지의 좋은 품질의 식재료를 사용한다거나, 지역 소득수준에 따라 가격이 다른 메뉴를 만들어 낸다던지 하는 것이다. 가맹점주가 원하면 표준화를 굳이 고집할 필요가 없을 수 있다. 비표준화를 통해서도 얼마든지 브랜드 아이덴티티와 품질을 훼손하지 않으면서도 현지화 전략 덕분에 스타 가맹점이 될수도 있다. 가맹본부는 이러한 사례를 활용하여 더 나은 가맹점을 발굴할 수도 있으며, 새로운 메뉴도 가맹점주와 함께 개발할 수 있는 기회도 제공할 수 있다.

가맹사업거래는 가맹본부가 가맹점사업자에게 일정한 지원·교육을 수행하고 가맹금을 받는 거래관계를 의미한다. 프랜차이즈 사업을 희망하는 클라이언트는 상표(상화)에 대한 법적문제, 가맹계약의 절차와 내용의 문제, 일반 민사적인 법률문제가 종합적으로 발생한다. 따라서 프랜차이즈 사업을 준비하고자 한다면 가맹사업의 주요 용어와 상표 및 디자인 등에 관한 법적 이해, 가맹거래에 대한 이해, 일반 법률문제에 대한 이해도가 높은 컨설틴트와 상담하는 것이 좋다.

표 3-36_ 가맹 사업 주요용어

주요 용어	용어 설명
가맹 사업	• 자기의 동일한 이미지로 본부에서 개발한 상품이나 서비스를 독점 판매할 권리를 주고 그 영업을 위하여 각종 교육 및 경영지도, 통제를 하며 이에 대한 대가로 가입비,로열티등을 수령하여 판매시장을 개척해 나가는 사업방식을 말함.
가맹 본부	• 가맹사업자, franchisor이라고도 하며 자기의 상표, 서비스표, 휘장등을 사용하여 자기와 동일한 이미지로 상품판매의 영업활동을 하도록 허용하고 그 영업을 위하여 지원.교육.통제를 하며 이에 대한 대가로 가맹비를 수령하는 사업체를 말함.
가맹점 사업자	• 영업표지의 사용과 경영 및 영업활동등에 대한 지원.교육의 대가로 가맹본부에게 가맹금을 지급하고 가맹점 운영권을 부여받은 사업자를 말함.
가맹 희망자	• 가맹계약을 체결하기 위하여 가맹본부나 가맹지역본부와 상담하거나 협의하는 자를 말함.
가맹점 운영권	• 가맹본부가 가맹계약에 의하여 가맹점사업자에게 가맹사업을 영위하도록 부여하는 권리를 말함.

주요 용어	용어 설명
가맹금	• 가. 가입비·입회비·가맹비·교육비 또는 계약금 등 가맹점사업자가 영업표지의 사용 허락 등 가맹점운영권이나 영업활동에 대한 지원·교육 등을 받기 위하여 가맹본 부에 지급하는 대가. • 나. 가맹점사업자가 가맹본부로부터 공급받는 상품의 대금 등에 관한 채무액이나 손해배상액의 지급을 담보하기 위하여 가맹본부에 지급하는 대가. • 다. 가맹점사업자가 가맹점운영권을 부여받을 당시에 가맹사업을 착수하기 위하 여 가맹본부로부터 공급받는 정착물·설비·상품의 가격 또는 부동산의 임차료 명목으로 가맹본부에 지급하는 대가. • 라. 가맹점사업자가 가맹본부와의 계약에 의하여 허락받은 영업표지의 사용과 영 업활동 등에 관한 지원·교육, 그 밖의 사항에 대하여 가맹본부에 정기적으로 또 는 비정기적으로 지급하는 대가. • 마. 그 밖에 가맹희망자나 가맹점사업자가 가맹점운영권을 취득하거나 유지하기 위하여 가맹본부에 지급하는 모든 대가.
정보공개서	• 가맹본부의 사업현황, 임원경력, 가맹점사업자의 부담, 영업활동의 조건, 가맹점사 업자에 대한 교육.지도, 가맹계약의 해제.갱신 기타 해당 가맹사업에 관하여 책자 로 편철한 문서를 말함.
가맹계약서	• 가맹사업의 구체적 내용과 조건 등에 있어 가맹본부 또는 가맹점사업자의 권리와 의무에 관한 사항을 기재한 문서를 말함.
거래거절	• 공정거래법상 불공정거래행위의 한 유형으로 사업자가 단독 또는 경쟁사업자와 공동으로 특정사업자에 대하여 거래의 개시를 거절하거나, 계속적인 거래관계에 있는 특정사업자에 대하여 거래를 중단하거나, 거래하는 상품 또는 용역의 수량 및 내용을 현저히 제한하는 행위 등을 말함. 거래거절행위는 행위 자체만으로 위 법성이 인정되는 것은 아니며, 거래처 선택의 제한, 특정사업자의 신규진입방해 또 는 경쟁사업자 배제 등 부당성이 있어야 함.

가맹사업 추진이 가능하다고 판단되는 시점은 다음과 같다.

• 가맹본부에서 브랜드에 대한 상표출원 및 등록이 완료되었을 경우
• 정보공개서가 공정거래위원회에 등록이 되었을 경우
• 직영점을 일정기간 이상 운영 했을 경우

컨설턴트는 클라이언트의 성공적인 가맹사업을 위해 법률, 상품, 디자인, 물류, 시스 템 개발 컨설팅을 단계적으로 추진해 나가도록 활동하고, 필요하다면 일정기간동안 가 맹본부를 꾸려나갈 수 있게 상주하는 경우도 있다.

② 법률 컨설팅

1) 정보공개서

가맹사업법 제2조에서는 정보공개서에 대하여 가맹본부의 일반현황, 가맹본부의 가맹사업 현황, 가맹본부와 그 임원에 대한 현황, 가맹점사업자의 부담, 영업활동에 관한 조건과 제한, 가맹사업의 영업개시에 대한 상세한 절차와 소요시간, 가맹본부의 경영 및 영업활동 등에 대한 지원과 교육 훈련에 대한 설명 등을 수록한 문서로 정의하고 있다. 가맹본부의 정보공개서 등록 여부는 가맹사업정보제공시스템(http://franchise.ftc.go.kr)에서 검색할 수 있다. 정보공개서를 등록하기 위해서는 '가맹거래사'제도를 활용하면 된다. 가맹거래사는 공정거래위원회가 실시하는 가맹거래사 자격 시험에 합격하여 공정거래위원회에 등록한 국가자격사로 가맹사업의 사업성에 관한 상담·자문, 정보공개서와 가맹계약서의 작성 및 등록대행을 수행하고 있다. 정보공개서의 내용은 가맹본부의 일반 현황, 가맹본부의 가맹사업 현황, 가맹본부와 그 임원의 법 위반 사실, 가맹점 사업자의 부담, 영업활동에 대한 조건 및 제한으로 구성되어 있고, 분량은 50페이지 이하로 작성된다.

가맹본부는 정보공개서를 예비창업자에게 사전 제공해야할 의무가 있기 때문에 정보공개서 제공 후 14일이 지난 15일 시점에 가맹계약을 체결하도록 되어 있다. 또한, 정보공개서를 등록하기 위해서는 가맹금 예치제도를 활용해야 하기 때문에 제1금융권에 신청을 하여 특정 계좌를 개설하도록 한다. 2008년 8월부터 시행된 이 제도는 가맹본부가 가맹점사업자에게 개시지급금 및 계약이행보증금 등의 가맹금을 법령에서 정한 제3의 기관(금융권)에 일정한 기간동안 예치를 의무화함으로써 직접 가맹금을 수형하는 것을 금하고 있다. 해당 가맹점이 오픈하기 전까지(최대 2개월) 가맹본부는 가맹금을 수령하지 못하게 규정되어 있고, 가맹점사업자의 승인하에 가맹본부는 가맹금을 수령할 수 있다. 이 과정을 위한 가맹금 예치를 사전에 신청하는 것이다. 그런데, 초기의 가맹본부는 운영자금이 부족하여 가맹금을 예치하지 않고 지급받기를 원하는 경우가 있다. 보증보험증권을 발행하면 가맹금을 예치하지 않고 가맹본부가 직접 가맹점사업자에게 수령 할 수 있는 방법도 있다.

표 3-37_ 정보공개서 주요구성

구성	세부 내용
가맹본부의 일반 현황	• 가맹본부의 일반 정보 • 특수관계인의 일반 정보 • 가맹본부의 인수·합병 내역 • 가맹희망자가 앞으로 경영할 가맹사업의 내용 • 바로 전 3개 사업연도의 대차대조표 및 손익계산서 • 가맹본부의 임원 명단 및 사업경력 • 바로 전 사업연도 말 임직원 수 • 가맹본부 및 가맹본부의 특수관계인의 가맹사업 경영 사실 • 사용을 허락하는 지식재산권
가맹본부의 가맹사업 현황	• 가맹사업을 시작한 날 • 연혁 • 가맹사업 업종 • 바로 전 3년간 사업연도 말 영업중인 가맹점 및 직영점의 총 수 • 바로 전 3년간 가맹점 수 • 본 가맹사업외에 가맹본부가 경영하거나 특수관계인이 경영하는 가맹사업 현황 • 바로 전 사업연도 가맹점사업자의 연간 평균 매출액과 산정기준 • 가맹지역본부의 일반 정보 • 광고·판촉 지출 내역 • 가맹금 예치 • 가맹점사업자피해보상보험 등의 체결 내역
가맹본부와 그 임원의 법 위반 사실	• 공정거래위원회의 시정조치 • 민사소송 및 민사상 화해 • 형의 선고

가맹점사업자의
부담
	• 영업개시 이전의 부담
	  1) 최초 가맹금
	  2) 보증금
	  3) 예치가맹금의 범위와 그 금액
	  4) 그 밖에 지급하여야 하는 비용
	  5) 가맹점 입지 선정 주체 및 선정 기준
	  6) 가맹점사업자와 그 종업원의 교육 및 계약·채용 기준
	  7) 가맹점 운영에 필요한 설비 등의 내역 및 공급방법·공급업체
	  8) 가맹금 분납 제도
	• 영업중의 부담
	  1) 비용부담
	  2) 가맹점사업자에 대한 감독
	• 계약종료 후의 부담
	  1) 계약 연장이나 재계약 과정의 추가 부담
	  2) 가맹본부의 사정에 의해 계약종료 시 조치사항
	  3) 가맹점 운영권 양도 과정의 부담
	  4) 계약 종료 후의 조치 사항

구성	세부 내용
영업활동에 대한 조건 및 제한	• 물품 구입 및 임차 • 거래 요구 또는 권장의 대가 내역 • 상품·용역, 거래상대방, 가격 결정 • 가맹점사업자의 영업지역 보호 • 계약기간, 계약의 갱신·연장·종료·해지·수정 • 가맹점운영권의 환매·양도·상속 및 대리행사 • 경업금지. 영업시간 제한, 가맹본부의 영업장 관리·감독 • 광고 및 판촉 활동 • 영업비밀 보호에 관한 사항 • 가맹계약 위반 시 손해배상에 관한 사항

2) 가맹계약서

가맹계약서는 가맹사업자와 가맹계약자간의 계약체결을 위해 그 계약 조건을 제시한 문서로 가맹사업에 관한 전반적인 내용을 토대로 하고 있다. 가맹점과 가맹본부가 함께 준수해야 하는 규칙과 통제, 규정, 광고, 비밀유지 등의 내용으로 구성되어 있고, 분량은 약 30페이지 이하로 작성된다.

표 3-38_ 가맹계약서 주요구성

구성	세부 내용
제1장 총칙과 권리의 부여	• 제 1조. 신의 성실의 원칙 • 제 2조. 가입의 승인 • 제 3조. 가맹점 운영을 위한 권리 부여 • 제 4조. 영업표지 • 제 5조. 지식재산권의 확보 • 제 6조. "을"의 표시와 영업지역 • 제 7조. 계약기간과 계약의 갱신 • 제 8조. 타인명의 및 권리·의무 이전 금지 • 제 9조. 영업의 양도 금지 등 • 제10조. 영업의 상속
제2장 가맹금과 설비 등	• 제11조. 가입비, 신규교육비 및 가입비 반환 • 제12조. 보증금 • 제13조. 가맹금 예치 • 제14조. 점포설비와 운영물품 등 • 제15조. POS

구성	세부 내용
제3장 영업활동 관련	· 제16조. 교육 · 제17조. 영업일수 등 · 제18조. 가맹사업 표준화 및 경영지도와 시정권 · 제19조. 상품·재료의 공급 및 공급의 중지 등 · 제20조. 상품 등의 합리적인 가격 설정 · 제21조. 정기지급금 · 제22조. 상품 등의 판매 제한과 판매 가격 · 제23조. 광고·판촉 · 제24조. 점포환경개선
제4장 사업자의 의무 관련	· 제25조. 가맹본부 영업상의 비밀과 비밀유지 의무 · 제26조. 경업금지 의무 · 제27조. 영업보고의 의무 · 제28조. 행정처분 관련 · 제29조. 보험가입 · 제30조. 종업원의 스카우트 금지 · 제31조. 제조물 책임
제5장 계약해지와 손해배상	· 제32조. 계약해지 사유 등 · 제33조. 합의해지 · 제34조. 본 계약 종료 후의 처리 · 제35조. 손해배상
제6장 계약일반사항과 기타	· 제36조. 계약일반사항 · 제37조. 관계 법령 등 · 제38조. 사업양도 시 가맹점의 계약승계 · 제39조. 지적재산권 유효기간 만료 시 조치사항 · 제40조. 분쟁의 조정 · 제41조. 지연이자 · 제42조. 합의관할 · 제43조. 정보공개서 자문 · 제44조. 가맹계약서 수령일 · 제45조. 통지 · 제46조. 특약사항
별첨자료	· 영업지역 표시도(지도) · 공급 원·부재료 명 · 가맹금 예치신청서

③ 상표&서비스표 등록과 보호

가맹점사업자는 적절한 가맹금을 지불하는 대신 가맹본부의 상호나 상표를 사용하게 되고, 사업방법 또한 받아들여 사업의 기회로 활용한다. 가맹본부는 자신의 지적재산권에 대한 사전 철저한 관리와 법적인 보장을 통해 무형의 재산을 독점적으로 보유하고 관리함으로써 가맹점사업자들이 안정적으로 경영을 할 수 있도록 해줘야 할 의무가 있다. 따라서 컨설턴트는 정보공개서가 등록되기 전 반드시 가맹본부의 브랜드에 대한 상표출원을 진행하도록 안내해야 하며, 특허청의 출원번호가 삽입된 정보공개서와 가맹계약서를 사용하도록 해야 한다.

'상표'는 상품을 판매함에 있어 자신의 상품과 타인의 상품특성을 구별하기 위한 식별표시 마크(Mark)이며, '서비스표'는 금융이나 통신, 운송, 외식업, 의료와 같은 서비스업의 특징을 대변하는 식별표지라 할 수 있다. 가맹본부가 변리사를 통해 상표와 서비스표를 출원 및 등록하고자 할 경우 2개를 동시에 출원하는 것이 바람직하다. 그러나 제품명과 상호가 동일하고 상표등록을 이미 진행했다면 서비스표까지 신청할 필요는 없다.

표 3-39_ 외식산업에서의 상표와 서비스표 구분

구분	상표	서비스표
의미	상품에 관한 식별표장	영업/서비스업의 식별표장
사용처	스티커, 유니폼, 포장지, 교재 등	간판, 상호

1) 상표등록의 필요성

타인의 무단 상표사용을 방지 할 수 있는 방법은 국가로부터 독점배타적인 상표권을 등록하여 독점적으로 사용하는 것인데, 법적 절차를 통해 특허청의 상표등록원부에 등록된 상표는 법률에 의한 보호를 받을 수 있게 된다. 만약 클라이언트의 상표를 타인이 먼저 상표 출원한 경우에 대처하는 방법으로는 '출원'중인 경우 타인의 상표 출원에 대해 내 상표가 일반 수요자들에게 널리 알려져 있다는 것을 입증하여 정보로 제공해야 한다. 사용사실이나 판매실적, 언론보도내용, 블로그 포스팅, 광고실적 등 객관적인 입증자료를 제시하여 이의신청을 통해 등록을 저지할 수 있다.

타인이 클라이언트의 상표를 먼저'등록'한 경우에는 등록 후 5년 이내 무효심판을 통해 그 등록을 실효시킬 수 있다. 상표등록심사는 상표사용 여부의 사실관계에 대한 판단을 하는 것이 아니라 상표등록출원서를 제출한 출원일 순서로 등록우선권을 부여하기 때문에 사용개시일이 앞선 경우에도 먼저 출원한 사업자에게 상표등록을 해주고 있다.

표 3-40_ 상표등록 불허사유

구분	예시
관용상표	• 과자류: 깡 • 청주: 정종 • 해열제: 아스피린 • 음료: 콜라, 사이다
보통명칭	• 스낵제품: Corn Chip • 과자: 호두과자 • 자동차: 카
현저한 지리적 명칭	• 시/군/구의 명칭: 뉴욕, 안동, 대구, 종로, 압구정동 등 • 산: 금강산, 백두산, 설악산 등
간단하고 흔한 표장	• 1,2,A1, AB, one • 원형, 삼각형, 사각형 등 • 공, 정육면체, 원기둥 등
설질표시적 상호	• 산지: 영광-굴비 • 품질: 上, 中, 下 • 원재료: 쌀-떡볶이 • 효능: 힘 좋은-밧데리 • 용도: 숙녀용-핸드백
흔한 성 또는 명칭	• 이씨, 김씨, 박씨, 사장, 회장 등 • 상사, 상점 등

2) 상표등록 절차

상표를 등록하기 이전에 먼저 중복되는 상표가 있는가는 특허청 홈페이지의 무료검색서비스를 통해 확인해야 한다. 상표권 등록절차는 특허청 홈페이지에서 온라인으로 직접 할 수 있도록 서비스되고 있다. 변리사를 통하지 않고 직접 개인이나 법인(이하 출원인)이 등록하고자 할때는 '출원인코드'를 사전에 부여받아야 한다. 특허청은 출원인코드를 기초 출원인의 기본 정보를 파악하고, 제출된 출원서 및 중간서류를 관리하게 된다.

출원인코드를 부여받은 후 온라인 출원이나 전자문서 교환을 위한 인증서를 등록 또는 발급받아야 하고, 그 후 문서작성에 필요한 소프트웨어를 다운로드하여 출원관련 문서인 △명세서 △보정서 △의견서 위임장 △증명서 등을 작성하게 된다. 출원 관련 문서와 첨부문서를 모두 작성하고 나면 출원서와 의견서를 작성하게 되고, 모든 서류가 준비되면 모두 첨부하여 직접 또는 온라인 제출한다.

그림 3-13_ 상표등록출원서식

■ 상표법 시행규칙 [별지 제4호서식] <개정 2014.1.29>　　　　特허로(www.patent.go.kr)에서 온라인으로 제출할 수 있습니다.

상표등록출원서

(앞쪽)

【출원 구분】　　□ 상표등록출원　□ 상표등록 분할이전출원　□ 상표등록 분할출원
　　　　　　　　□ 상표등록 변경출원　□ 지정상품 추가등록출원　□ 재출원출원

【권리 구분】　　□ 상표　□ 서비스표　□ 상표서비스표　□ 단체표장　□ 증명표장
　　　　　　　　□ 지리적 표시 단체표장　□ 지리적 표시 증명표장　□ 업무표장

【출원인】
　【성명(명칭)】홍 길 동
　【출원인코드】4-2007-000036-7

【대리인】
　【성명(명칭)】
　【대리인코드】
　(【포괄위임등록번호】)

(【참조번호】) → 해당없음

(【원출원의 출원번호(원권리의 등록번호, 국제등록번호)】) → 해당없음

【등록(분할, 분할이전, 추가등록) 대상】
    【상품(서비스업)류】43류
    【지정상품(서비스업, 업무)】간이식당업, 관광음식점, 식당체인업, 식품소개업
                            음식조리대행업, 음식준비조달업, 일반음식점업, 한식점업
(【우선권주장】
    【출원국명】
    【출원번호】
    【출원일자】
    【증명서류】)

(【출원 시의 특례주장】)

【상표 유형】   □ 일반상표 □ 입체상표 □ 색채가 결합된 상표 □ 색채만으로 된 상표
                    □ 홀로그램상표 □ 동작상표
                    □ 그 밖에 시각적으로 인식할 수 있는 것으로 된 상표
                    □ 소리상표 □ 냄새상표 □ 그 밖에 시각적으로 인식할 수 없는 상표

(【도면(사진)의 개수】)

(【상표의 설명】)

(【상표의 시각적 표현】)

                                        위와 같이 특허청장에게 제출합니다.
                        출원인(대리인)   홍 길 동   (서명 또는 인)

【수수료】(기재요령 제14호 참조)
    【출원료】   개류 72,000 원
    (【지정상품 가산금】   개 상품   원)
    (【우선권주장료】   개류   원
    【합계】   72,000   원)

【수수료 자동납부번호】

【첨부서류】법령에서 정한 서류 각 1통 (기재요령 제15호 참조)

                                                    210㎜×297㎜(백상지(2종) 80g/㎡)

*출원할 상표의 견본을 가로, 세로 8cm 이내의 크기로 만들어 사각형 안에 부착 또는 삽입해야 함

4 상품 컨설팅

프랜차이즈 사업을 추진하고자 희망하는 클라이언트는 일정기간동안 시행착오를 겪으면서 가맹사업을 준비해 온 경우가 있을 수 있고, 창업 후 단기간에 매출이 높아져 가맹문의가 빗발쳐 급히 준비하려는 경우가 있을 수 있다. 두 가지의 경우 모두 상품컨설팅이 수반되지 않으면 안 된다. 컨설턴트는 상품컨설팅을 진행할 때 클라이언트와의 협의점을 찾아야 한다. 미끼상품, 인기상품, 마진이 좋은 상품, 계절 상품의 분류, 중저가 상품, 비싼 상품 등을 구성하기 앞서 메뉴 포지셔닝을 나열한 후 최적의 상품으로 구성하도록 해야 한다. 또한 구매와 재고처리를 위한 목표원가율과 회전율 설정, 구매방식, 재고회전, 구매처 관리 등을 설정해야 한다.

표 3-41_ 메뉴(상품)포지셔닝 구성 예시

구분	A메뉴군	B메뉴군	C메뉴군	D메뉴군	미끼상품
상품재구성	1 메뉴 2 메뉴	가 메뉴 나 메뉴	① 메뉴 ② 메뉴	1 메뉴 2 메뉴	가 메뉴 나 메뉴
Max Price	~원 까지	~원 까지	~원 까지	~원 까지	~원 까지
상품 스토리텔링	식재료	조리방법	영양	먹는방법	가심비
표준레시피	유/무(재작성 필요)				
판매비율	%	%	%	%	%
공급물품	전용상품 / 범용상품 사용여부				
메뉴사진	유/무(재촬영 필요)				
경쟁사 대비	00% 타겟 가격 역설계 : A메뉴+B메뉴=18,000원(2인 테이블 기준)				

현재 클라이언트의 직영점에서 판매하고 있는 상품에 대한 구성을 재구성하는 방법이다. 메뉴군으로 구분하여 최대 가격과 최하 가격대를 설정한다. 판매하고 있는 메뉴에 대한 스토리텔링을 개발하여 음식에 대한 소개를 강조한다. 표준레시피가 있는 메뉴는 현재의 식재료 구매가를 검토하여 산출을 하고, 표준레시피가 없는 메뉴는 레시피를 개발하도록 한다. 그릇과 메뉴가 변형되었다면 메뉴사진을 재촬영하고, 최종 메뉴 구성 후 예상 판매비율 설정 후 객단가와 회전율을 반영하여 예상매출에 대한 목표를 설정한다.

구매와 재고처리에 대한 설정을 할 때는 목표 원가율과 목표 회전율, 종합 원가율을 설정하고 원가절감을 위한 종사자들의 구매방식, 재고회전, 구매처 관리가 동시에 진행될 수 있도록 미리 설정하여 행동으로 옮길 수 있게 컨설팅 한다.

표 3-42_ 구매와 재고처리 설정 예시

구분	총계	A메뉴군	B메뉴군	C메뉴군	D메뉴군	미끼상품
목표 원가율	29%	30%	15%	30%	30%	40%
목표 회전율 (식자재)	88%	80%	100%	80%	100%	80%
종합 원가율 (재고 처리 후)	32%	36%	15%	36%	30%	48%
구매방식 (원가절감)	판매 패턴정보 원가율 절감 (팔릴 것 알기)	항목별 구매패턴 시스템 → 일일 소진 극대화				
		Daily	2일	Weekly	판매비중	기상/계절 정보
재고회전 (회전율 상승)	재고 마케팅 회전율 상승 (남기전 팔기)	재고처리 시스템 화 → 재고 회전율을 높이기 위한 타임 셀링				
		마감시간	식자재 판매	덤핑 이벤트	행사영업	대량 판매
구매처 관리	구매처 신용 (품질관리)	식자재 시장 직구매 / 공동구매 → 월별 품징평가 구매처 선별 / 상권내 외식업체 동일품목 공동구매 등				
		품질평가	지역별	구매거점	동일상권	공동구매

⑤ 디자인 컨설팅

가맹본부의 디자인 컨설팅은 창업컨설팅 수행의 디자인 개발과는 성격이 다르다. 창업컨설팅에서의 디자인 개발요소는 클라이언트 1인의 사업체에서만 적용되기 때문에 개발 범위와 적용 범위가 좁지만 프랜차이즈 사업을 위한 디자인 컨설팅을 그 범위가 더 넓고 종류도 다양하다.

프랜차이즈시스템의 동일성을 만들고 유지시키기 위해서도 디자인 컨설팅은 빼놓을 수 없는 요인이라 할 수 있다. 즉, 가맹점 내·외부 디자인은 시각적으로 매장과 상품, 그리고 브랜드 이미지를 인지할 수 있도록 디자인 되어야 하고, 상품과 바닥·벽, 천장, 색상, 조명, 간판 등 각종 시설이나 여러 요소들은 서로 결합이 되어 가맹점의 전반적인 이미지를 창출하게 되는 것이다.

프랜차이즈 시스템의 디자인은 항상 실용적인 목적을 갖고 기능적인 측면을 고려해야 한다. 브랜드 디자인 요소도 있지만, 내외부 인테리어 디자인도 타입형(대형 또는 소형, 로드형 또는 샵인샵 등)으로 구분하여 인테리어 디자인의 기준을 제시하여 가맹점 개설시 빠르게 적용하고, 인테리어 시공사도 이해하기 쉽도록 설계해 놓는 것이 무엇보다 중요하다. 가맹사업은 1개의 점포만 운영되는 것이 아니라 전국적으로 다양한 건물에 입점될 가맹점을 생각한다면 응용 디자인 요소도 중요하지만, 정기적인 브랜드 리뉴얼 컨설팅을 통해 가맹본부의 브랜드 이미지를 전환하는 것도 매우 중요하다.

일반적으로 좋은 디자인의 조건은 다음과 같다.

- 심미성·독창성·경제성·목적성과 조화로움을 이루고 있어야 한다
- 아름다움을 느낄 수 있어야 하고, 유행성을 지니고 있어야 한다
- 감성적이고 주관적이기 때문에 쾌적함과 편리함을 내포하고 있어야 한다
- 한정된 비용으로 최상의 디자인을 만들어 최대의 효과를 발휘하도록 한다
- 슬로건과 캐치프레이즈, 앰블럼 등의 요소도 함께 고려하여 다양한 모양으로 개발 되어야 한다

2000년대 후반까지 가맹본부의 디자인은 인테리어 디자인이 전부였다. 브랜드 디자인은 로고(BI)만 만들면 된다는 생각이 다수였다. 프랜차이즈 사업을 전개하고자 하는 가맹본부는 인테리어 디자인이 가맹본부의 많은 수익을 창출하기 때문에 일단 화려함과 비싼 재질을 사용할 수 밖에 없었다. 특히 상품이나 서비스의 차별성 보다는 디자인의 차별성을 만들기 위해 많은 노력을 기울였던 것도 사실이다.

이처럼 가맹본부에 있어 디자인은 가맹본부의 수익창출 수단이거나 프랜차이즈 시스템의 차별화를 목적으로 하는 것이 아니라 컨셉 또는 상품을 돋보이게 하고 가맹점을 방문하는 고객들에게 편안한 분위기를 만들기 위한 수단이어야 하는 것이다.

6 물류 시스템 컨설팅

가맹본부를 컨설팅 하는 경우 프랜차이즈의 고정수익인 '물류시스템'에 변화를 주게 된다. 가맹본부가 가맹점을 대상으로 한 물류수익이 고정적 매출로 발생한다면 안정적인 프랜차이즈 사업이 가능하다. 가맹본부의 주요 수익분야는 가맹점 출점을 통한 신규수익분야와 지속적인 물류 공급을 통한 고정수익분야다. 두가지 모두 중요한 수익분야이지만 가맹점의 물류 공급을 통한 수익분야를 개척해 나가는 것이 더욱 중요하다.

가맹본부가 실패는 사례들을 보면 오랜 기간 좋은 거래 관계를 유지하다 거래처를 자주 변경하는 것에 따라 품질악화와 가맹점과의 분쟁등이 발생하게 되는 것을 볼수 있다. 가맹본부의 물류 수익률은 물류매출의 약 20~25%를 유지하는 것이 가장 이상적이라 할 수 있다. 일부 브랜드 경우 생육에서 가공돈육 또는 양념육으로 변경함으로써 물류 이익률을 높인 사례도 있다.

또한, 가맹본부에서 공급하는 식재료는 '전용상품'과 '범용상품'으로 크게 두 가지로 나뉜다. 전용상품이라 함은 가맹본부의 노하우나 독창성, 타브랜드에 대한 배타적 독립성을 확보한 상품이라 한다. 범용상품은 일반적인 식재료로서 흔히 시중에서 구매할 수 있는 야채, 공산품, 생육, 기성품 등을 말한다. 가맹본부는 전용상품의 공급을 통해 물류수익을 창출하는 것이 좋다. 전용상품은 일반적으로 시중에서 구매할 수 없고 상품의 품질이 양호하고, 가격도 합리적인 것으로 개발하여 공급하도록 해야 한다. 전용상품의 수익을 위해 가맹본부는 가맹점이 정확한 레시피를 준수했을 때 브랜드가 지향하는 맛과 품질이 구현되도록 지도·교육 할 수 있어야 한다. 일부 가맹점이 순수익 저하의 문제로 유사한 타 상품을 사용하거나 정해진 용량과 용법을 무시하고 조리하면 이는 표준화 저해라는 계약위반 사항에 해당할 수 있기 때문에 가맹본부의 슈퍼바이저는 매월 물류 공급의 데이터를 확인 분석하여 매출과 판매대비 전용상품이 가맹점에 평균적으로 공급이 잘 되고 있는 것을 파악해야 한다.

컨설턴트는 이러한 전용상품과 범용상품을 구분하여 정기적인 납품이 가능하도록 전용상품의 규격 표준화와 포장 패키지를 확보할 수 있도록 컨설팅을 수행하여야 하며, 가맹점에 전용상품을 공급할 수 있도록 제조허가를 득할 수 있도록 품목별 시험성적서, 유통기한 설정사유서, 품목제조 보고서, 제조방법설명서 작성을 지원할 수 있어야 한다.

업종별 공급물품을 보면 다음과 같다.

표 3-43_ 업종별 공급물품 사례

업종	공급물품 사례
치킨/바베큐 전문점	• 계육: 육계, 정육, 날개, 가슴살 등 • 소스: 치킨소스, 바비큐소스, 후라이드 파우더 등 • 염지: 염지제 개발 후 완제품
강정 전문점	• 치킨강정, 오리강정, 우(牛)강정, 참치강정, 연어강정 등 • 소스: 파우더 소스, 소스 패키지 등
피자 전문점	• 피자도우, 치즈, 토핑류, 소스 패키지 등
호프/퓨전요리 전문점	• 육류: 가공육, 족발보쌈, 폭립 등 • 냉장냉동육: 소시지, 탕수육, 돈가스, 모듬 수산물 등 • 기타: 탕류, 건어물류, 소스 패키지 등
삼겹살 돼지갈비 전문점	• 삼겹살, 돼지갈비, 등갈비, LA갈비, 갈비살 외 양념 육고기류 등
닭갈비 전문점	• 숯불닭갈비, 철판닭갈비, 불닭갈비, 제품별 염지 숙성된 육계와 소스 패키지 등
닭한식 요리 전문점	• 닭한마리, 닭칼국수, 닭도리탕, 안동찜닭, 삼계탕, 제품별 염지 숙성 또는 신선육, 소스 패키지 등
파스타 전문점	• 스파게티면, 메뉴별 소스, 오일, 시럽, 냉동수산물 등
커피 전문점	• 원두, 시럽, 소스, 냉동케익, 베이커리, 샌드위치 외 패스트푸드 등

가맹본부 물류의 규격화가 일정해야 이익률이 높아진다. 매입처와 매출처가 일관된 규격화가 되어 있어야 손실률을 줄일 수 있고 전용상품에 부착되는 스티커에는 가맹본부의 정보에 대해 제조원, 판매원 등을 삽입함으로써 가맹점들의 유사제품 사입을 미연에 방지할 수 있다. 또한 공급물품에 대한 미수금 회수문제, 공산품 의존도가 높은 경우에는 품질관리가 미비하고, 유사제품 사입율이 높을 경우에는 구매력 악화로 이어져 가맹본부의 재무구조가 나빠질 수 있다.

컨설턴트는 경영진이 구매력을 철저하게 관리할 수 있게 주변 정보력을 최대한 활용할 수 있도록 지도하고, 물류 계약관계인 가맹점주와 가맹점에서 구매하는 종사자가 만족하는지 상호 관계를 잘 유지할 수 있도록 교육한다. 가맹점이 무엇을 원하고 필요로 하는지를 알고 있어야 가맹본부는 사업의 만족을 통해 지속적인 신규 가맹점 모집과 물류 공급으로 수익을 창출하는 기반을 조성할 수 있다.

물류 시스템의 분류는 크게 세 가지로 나뉜다. 첫째는 자사물류(1PL, First party logistics)

시스템이고 두 번째는 계열회사간 물류(2PL, Second party logistics)시스템, 세 번째로는 3자물류(3PL, thirty party logistics)이다.

자사물류는 가맹본부에 물류조직을 두고 물류업무를 직접 수행하는 경우를 말하고 계열회사간 물류는 가맹본부에서 물류조직을 별도로 분리하여 자회사로 독립시켜 운영하는 경우를 말한다.

계열회사간 물류는 가맹본부에서 위임된 업무내용과 업무영역에 따라 운송 자회사, 창고 자회사 등으로도 구분할 수 있다. 가맹점이 30개 넘었을 경우 선택하는 경우가 가장 많고 가맹본부도 이 시기에 물류공급 이익이 본격적으로 상승하게 된다. 가맹점수가 30개를 초과하여 100개 정도가 되면 소수의 직납차량과 창고로는 물류공급을 할 수 없다. 이러한 경우 물류 자회사를 계열사로 두는 방법을 택하게 된다. 2PL물류는 기존 가맹본부와는 차별적으로 물류공급 분야만 독립시켜 체계적인 물류정책을 수립할 수 있는 장점도 있다.

3자물류는 외부의 전문 물류기업에 물류업무를 아웃소싱하는 경우를 말한다. 보편적으로 100개 이상의 가맹점을 출점했다면 가맹점이 전국적으로 확산되어 있어 1년 이상 물류전문 기업에게 아웃소싱을 해야 한다. 대다수 3자물류기업은 대규모 물류창고시설과 하역 도크장을 가지고 있으며 많은 지입운수차량을 보유하고 있어 전국배송이 가능하다.

쉽게 말해서, 컨설턴트는 가맹본부가 '직접(자사,2PL)물류' 시스템으로 사업을 추진할 것인지, '간접(3PL) 물류' 시스템으로 사업을 추진할 것인지를 선택하도록 한다. 통상적으로 물류 시스템은 가맹점수에 비례하여 그 구조와 방식을 결정하게 된다.

직접 물류 시스템은 가맹본부가 식품제조공장을 직접 설립하여 모든 유통기능을 수행하는 것이다. 가맹점에 공급되는 전용상품을 위한 생산 공장을 통해 가맹본부에서 직접 생산·제조·포장·재고·유통·배송을 하면 가맹본부의 고정비가 높아질 수 있다. 제조공장에 종사하는 직원을 별도로 채용해야 하고, 공장에 대한 인허가 절차와 임대료, 개발상품에 대한 품목제조보고, 원료수불대장 작성, 정기적으로 실시해야 하는 시험성적서 발급 비용, 가맹점 납품을 위한 차량구매 및 유지를 위한 고정비도 발생할 수 있다. 외식산업을 기준으로 했을 경우 배송기사 1인이 일일 배송 가능한 점포수는 평균 10~15 이내가 가장 이상적인 배달 점포수이다. 점심시간 매출상승을 위해 물류공급시간을 대부분 새벽에 시작되어 늦어도 정오 전으로 배송이 완료되어야 한다는 단점도 있다. 그러나 가맹점에서 발주하는 상품을 공급함에 있어 신속하고 정확한 배송이 이뤄질 수 있고, 가맹본부의 물류 수익율이 높아질 수 있다면 가맹본부에서 운영하는 식품제조공장 형태로 운영하는 것도 나쁘지 않다.

간접 물류 시스템은 식품전문제조기업과 물류전문기업에게 위임하여 운영하는 것이다. 기존의 식품전문제조기업과 물류전문기업과의 업무제휴를 통해 가맹점에 정기적인 식재료와 배송이 이뤄지게 되고 가맹본부의 수익은 위임한 식품제조공장에서 발생한 매출의 수수료를 지급받게 되는 것이다. 직접 물류보다 물류 수익이 줄어들게 되지만 간접 물류를 통해 가맹본부는 고정비 지출을 최소화 할 수 있으며 가맹점에서 발생하는 채권도 발생하지 않는다. 가맹점이 전국적으로 넓게 분포가 되어 있다면 직접 물류를 통한 운송비 절감을 위해 간접 물류 시스템으로 운영할 수 있다.

가맹점주는 물품 공급사에 대한 다양한 품목이 중요하다는 인식과 저렴한 가격, 배송시간, 주문 상담의 친절, 배송 담당자의 서비스를 아주 중요하게 생각하기 때문에 컨설턴트는 가맹본부 또는 클라이언트에게 직접 혹은 간접 물류 시스템에 대한 장단점을 제시하여 합리적인 선택을 하도록 유도해야 한다.

일반적으로 가맹사업을 시작하는 초기단계에는 간접물류로 가는 경향이 많고, 가맹점수가 30개 이상 개점되었을 경우 직접 물류시스템을 구축하는 사례도 있지만 가장 중요한 것은 업종에 가장 적합한 물류 시스템을 구축해야 한다는 것이다.

표 3-44_ 가맹본부 물류 시스템 사례

시스템 구분	유통과정 요약				
MD	D-2일	D-2일	D-1일	D-day	
직접 물류 시스템	[가맹점] 발주	[제조공장] 생산지시	[제조공장] 생산완료	[가맹본부] 직접배송	[가맹점] 배송완료
MD	D-3일	D-3일	D-2일	D-1일	D-day
간접 물류 시스템	[가맹점] 발주	[가맹본부] 배송지시	[협력업체] 제고파악 생산지시	[협력업체] 생산완료	[협력업체] 차량배차 [가맹점] 배송완료

*가맹점에서 오후 4시 이전에 모든 발주를 마감해야 배송일을 단축할 수 있다.

7 매뉴얼 개발 컨설팅

1) 매뉴얼 개발 목적과 필요성

가맹본부의 매뉴얼 개발 컨설팅은 점포의 가맹본부 종사원을 위해 관리해야 할 '가맹본부 운영 매뉴얼'과 가맹점 교육을 위해 관리해야할 '가맹본부 운영 매뉴얼'로 개발한다. 흔히 프랜차이즈 매뉴얼(Franchise manual)이라고 하는데 가맹본부는 매뉴얼을 통해 종사원들의 교육과 경영방침, 관리, 운영, 출점, 계약 등의 표준화와 전문화를 실현할 수 있고, 가맹점은 점포의 설비와 상품 관리, 광고전략 등 점포 운영을 위한 지침서가 될 수 있어 매뉴얼 개발 컨설팅은 꼭 필요한 컨설팅 분야다.

가맹본부의 매뉴얼 개발은 사업의 표준화를 통해 고객에게 통일된 브랜드 이미지를 심어주는 한편, 고객이 어느 가맹점을 방문하더라도 똑같은 맛, 똑같은 서비스, 똑같은 분위기를 느낄 수 있게 고객의 편의성을 증대시킬 수 있게 작성되어야 한다. 매뉴얼은 3S, 즉 표준화(standardization), 전문화(specification), 신속화(speed)를 가능케 하고 지식 및 정보의 공유, 종일한 이미지 구현 등을 위해 작성되어야 한다.

클라이언트가 매뉴얼을 잘못 생각하는 경우는 둘로 나뉜다. 하나는 매뉴얼을 만고불변의 절대적 진리인 양 지나치게 강조하는 경우이고, 다른 하나는 반대로 매뉴얼이라는 자체가 필요없다고 인식하는 경우이다. 전자의 경우 이 매뉴얼은 일관적이고 효율적인 업무를 위한 하나의 지침이기 때문에 경험을 통해 수시로 수정, 발전시켜 정밀도가 높아지도록 해야 한다. 그러한 매뉴얼이어야말로 가맹본부의 모든 역량과 노하우가 축적된 바이블로의 역할을 할 수 있는 것이다. 세계적 프랜차이즈 맥도날드의 경우 매뉴얼 무게만 1,600kg 이상이라 할 정도로 어마어마한 분량을 가지고 있으며 그만큼 사소한 부분까지 상세하게 매뉴얼화 되어 있다.

반대로 매뉴얼의 존재를 부정적으로 바라보는 경우는 지나치게 매뉴얼화 된 서비스의 반감에서 시작된다. 실제로 패스트푸드점 등에서 아무 감정 없이 매뉴얼대로 말하는 접객용어를 접할 때면 도리어 불쾌감을 느끼는 경우도 많다. 그러나 미숙련된 신입사원 또는 파트타임 사원을 제대로 훈련하고 교육하기 위해서는 매뉴얼이 필요하다. 다만, 앞서 제시한 병폐를 막기 위해서는 수시로 기업의 경영과 직영점 및 가맹점의 영업현황을 분석하여 수정할 필요가 있다.

이처럼 매뉴얼이 프랜차이즈 사업에서 매우 중요한 역할을 하지만, 프랜차이즈 시스템의 본질을 유지하기 위한 최소한의 기준일 뿐 사업의 매뉴얼대로 한다고 해서 무조건 가맹사업이 성공하는 것은 아니다. 매뉴얼을 기초로 하여 그 이상의 경영과 서비스가 이루어질 때, 비로소 좋은 결과를 가져올 수 있는 것이다.

매뉴얼을 제작하지 않는 이유는,

첫번째로 매뉴얼 없이도 잘 해 왔는데 하는 경영주의 자만과 매뉴얼이나 레시피를 만들어 놓으면 해고 될 수 있고 조리장의 역할이 축소될 수 있다는 조리장의 오판이 주요 인이며, 두번째는 세무행정 등 투명경영을 하지 않는 가맹본부의 문제, 세 번째는 제작을 통해 준수하라 하면 초기 적응의 어려움과 사고방식 변화의 저항, 네 번째는 매뉴얼을 통해 가맹사업의 노하우를 노출시키려 하지 않는 경영주의 사고방식 등이 있다.

매뉴얼 개발 필요성

- 사업하기 전 사업계획서를 작성하듯이 매뉴얼을 작성하면 계획성 있는 교육 스케줄로 종사자들의 팀워크를 확고하게 할 수 있는 동기를 부여할 수 있다
- 일반적인 전달사항과 영업방침을 일관성 있게 전달하는 매개체로 활용할 수 있다
- 브랜드 이미지의 통일화, 매니지먼트의 표준화를 가능케 한다
- 가맹본부의 책임감 있는 가맹점 모집으로 신뢰감을 고취시킬 수 있고 품격을 높일 수 있다
- 경영주의 경영 철학을 정립하여 자신만의 캐릭터 설정이 가능하다

컨설턴트는 클라이언트에게 매뉴얼은 존재한다고 되는 것이 아니라 제대로 사용할 수 있도록 이끌어야 한다. 그리고 사용하면서 수시로 보정, 보완해야 하는 것이라고 교육해야 한다.

가맹본부가 매뉴얼을 잘 활용하려면,

① 정기적인 반복 교육과 분야별 테스트를 실시하여 직원들에게 경각심을 부여하고 업무촉진, 합리적, 이론적 분위기에 학습하는 자세를 유도할 수 있다.

② 경영주의 정기적인 자체 평가를 실시하여 운영 전반에 걸쳐 항목별로 매뉴얼에 의한 경영이 이루어지고 있는지 평가하도록 한다.

③ 모든 매뉴얼의 체크리스트를 작성하여 지속적인 업데이트를 실시한다. 시대의 흐름이나 젊은 직원들의 아이디어를 수렴하고 현실적으로 수정 보완하도록 한다.

④ 직원들과 수시로 미팅하거나 회의를 주재하여 의견을 청취하고 점장 또는 매니저에 대한 정기적인 자체 평가를 월별로 실시한다.

⑤ 매뉴얼을 지키는 데는 예외가 없다는 것을 보여주어야 한다. 사장이나 점장 또는 매니저가 지키지 않은 매뉴얼은 직원들에게 불신감을 줄 수 있기 때문에 매뉴얼을 준수하는 직장 분위기를 만들도록 노력한다.

표 3-45_ 매뉴얼 개발 컨설팅 사례

매뉴얼 구성		세부내용
가맹본부 매뉴얼	가맹본부 운영 매뉴얼	• 가맹본부 이해하기 / 직원 교육(OJT) • 사내규정 및 인사규칙
	디자인 매뉴얼	• BI·CI 규정 / 디자인 패키지 • 인테리어 디자인
	슈퍼바이저 매뉴얼	• 슈퍼바이저 의미/역할 • 가맹점 통제 / 가맹점 관리 및 서식 • 점포 오픈 프로세스 / 오픈 리허설 • 그랜드 오픈 / 조리교육 일정표 • 가맹점 분쟁사례참조
	점포개발 매뉴얼	• 가맹점 영업 / 가맹 상담 • 점포 개발 / 점포 계약 / 가맹 계약
	물류시스템 메뉴얼	• 물류 유통 시스템 / 유통 품목 및 관리 • 물류 시스템 규정
	표준레시피	• 메인메뉴, 사이드 메뉴 / 메뉴 사진
가맹점 매뉴얼	점포 운영 매뉴얼	• 직원관리 / 회계관리 / 서비스 관리 • 시설 및 영업관리 / 성희롱 예방교육 • POS운영 매뉴얼
	위생관리 매뉴얼	• 개인위생 / 식자재 검수위생 • 주방위생 / 청소위생 • 전용상품 관리
	점포 마케팅 매뉴얼	• 시식행사 / 전단지 배포 • 고객 DB활용 / SNS마케팅 • 기타 마케팅 / 점포 활성화 실전방법
	체크리스트 매뉴얼	• 운영의 필요성 / 운영 서식류 • 체크리스트 서식류
	조리 레시피 매뉴얼	• 표준 조리 레시피 / 판매메뉴 사진
	조리교육 매뉴얼(동영상)	• 메뉴별 조리 동영상(시청각 교육용)

2) 매뉴얼 작성방법

컨설턴트는 매뉴얼 개발을 진행하기 위해서는 정보공개서와 가맹계약서를 선 검토해야 한다. 일반적인 가맹본부 매뉴얼의 흐름은 가맹계약체결, 가맹분쟁, 계약해지, 가맹점 오픈지원, 슈퍼바이저 경영지도, 가맹점 개설 상담, 점포개발, 조직 및 직원관리 등의 내용으로 작성되어 지는데 가맹본부에 적합한 매뉴얼을 개발하다보면 가맹본부에 필요 없는 내용이 삽입될 수 있다. 또한 가맹본부의 경험과 노하우를 담아내고자 한다면 목차에 구애받지 않고 가맹본부 대표 및 실무자와 지속적인 미팅과 회의를 통해 최적의 가맹본부 매뉴얼을 만들어 내야 한다. 이것이 가맹본부 매뉴얼을 작성할 때 컨설턴트의 역할이다.

가맹점 매뉴얼은 직영점의 점장과 가맹본부의 슈퍼바이저와 함께 작성하면 실무에 적합한 매뉴얼이 만들어지게 된다. 그러나, 사업 초기단계의 가맹본부라면 점장과 슈퍼바이저가 없을 수 있기 때문에 컨설턴트는 점포 운영 경험과 노하우를 기초로 하여 점포 실무자들과의 미팅, 회의, 현장 확인으로 매뉴얼을 작성해야 한다.

일반적으로 가맹점 매뉴얼 흐름은 가맹점주 입문교육, 위생관리, CD 및 고객 컴플레인 조치, 매장운영, 판매촉진, POS사용, 점포 인허가 관리, 세금 및 노무관리, 장비 및 설비 운영, 조리레시피 순으로 작성되어지는데 실무자들과 회의하다보면 표준 매뉴얼보다 현장에 무척 필요한 매뉴얼로 변형되는 경우가 많다. 이는 경험과 노하우가 현장에서 나타나는 경우일 것이고, 운영의 시행착오를 거치면서 단단해진 관리자의 지식일 것이다. 컨설턴트는 이러한 내용을 담아 가맹점주를 위한 최적의 가맹점 매뉴얼로 작성하면 된다.

외식산업 컨설팅
실무와 사례

10
컨설팅
계약 체결

컨설팅 계약에 대한 관행은 각국의 법률과 사업을 수행하는 기업간의 규범에 의해 좌우되는 것이 일반적이다. 따라서 컨설턴트는 특정지역의 법률, 정부 도는 기업에 의해 통용되는 계약서 형태 등에 대한 법률자문이 필요한데, 이는 그 지역의 컨설팅협회나 전문서비스업체 또는 컨설팅 기관으로부터 자문을 얻을 수 있다. 일반적인 계약서가 아닌 대안적 형태의 계약서가 인정되는 경우 어떤 형태의 계약서를 선택할 것인가에 대한 문제는 컨설팅회사의 정책에 따라 결정된다. 따라서 계약서의 형태는 컨설턴트와 클라이언트 양자간의 오해가 없도록 명확하게 결정해야 한다.

전문서비스에 대한 계약관행이 잘 정립되어 있고, 이에 대한 참고자료가 풍부한 기업이 있는 반면 전혀 그렇지 못한 곳도 많다. 물론 컨설팅을 포함한 전문서비스 계약이 점점 표준화되는 추세이기는 하지만 공공기관에서 사용하는 계약서는 표준계약서가 있기 때문에 이를 수용하는 것이 맞고, 민간 컨설팅을 수행하는 경우는 컨설턴트 또는 컨설팅 기관의 표준계약서를 활용하는 것이 맞다.

1 계약서 작성 방법

계약에는 구두합의, 합의서, 문서화된 계약서의 세가지 형태가 있는데, 계약서에 기재되어야 할 표준적인 조항들은 다음과 같다.

표 3-46_ 계약서에 다루어야 할 사항

구분	계약 내용
계약 당사자	• 컨설턴트와 클라이언트
프로젝트 범위	• 컨설팅 목적, 작업기술, 시작일, 시간표(일정표), 작업량 등
산출물과 보고서	• 클라이언트에 제출되는 문서와 보고서
컨설턴트와 클라이언트의 투입물	• 전문가와 스태프의 시간과 기타 투입
수임료와 비용	• 청구되는 수임료, 컨설턴트가 활동하는데 소요되는 비용
비용 청구와 지급절차	• 계좌번호, 예금주, 선금/중도금/잔금 비율명시 • 계약일로부터 OO일 이내 또는 OO까지
전문직업인으로서의 책임	• 기밀정보처리, 이익에 대한 갈등의 회피, 기타 참고사항들
사실증명	• 컨설턴트에 의한 증명(완수)해야 할 내용
지적재산의 보호	• 프로젝트 기간 동안 컨설턴트의 작업에 의해 나오는 산출물
법적책임	• 클라이언트에게 야기된 손해에 대한 컨설턴트의 책임과 그 한계
하도급의 활용	• 하도급을 활용할 수 있다면 범위를 정하여 명시
계약 만료와 변경	• 양측에 의해 언제, 어떻게 제기되는가
분쟁조정	• 법원에 의한 분쟁해결 이전의 중재제도 등
계약일 및 직인	• 계약당일 날짜 명시, 갑과을 명시하여 각각의 직인 날인 • 계약서 한 장씩 중간 '간인' 날인할 것

2 구두 합의(Verbal Agreement)

구두합의는 컨설턴트가 작성한 제안서와 견적서를 클라이언트가 검토한 후 또는 컨설턴트가 프로젝트에 적절한 전문가라고 생각하여 제안서를 검토하지 않고 프로젝트의 실행이 결정되는 계약형태를 말한다.

컨설팅 산업이 출현한 초기 수십 년 동안 폭 넓게 사용되던 구두계약이 지금은 문서화된 계약서로 대체되고 있는 추세이다. 그러나 지금도 구두합의에 기초하여 수많은 컨설팅이 진행되고 있는데, 이러한 구두합의도 다음과 같은 조건만 충족된다면 충분히 활용될 수 있다.

- 컨설턴트와 클라이언트가 서로의 관행들에 대해 잘 알고 있는 경우
- 서로를 전적으로 신뢰하는 경우
- 서로의 비즈니스 용어를 잘 알고 있는 경우
- 컨설팅 프로젝트가 그리 큰 규모도 아니고 복잡하지도 않은 경우

구두합의는 신규 클라이언트보다는 기존의 거래관계가 있던 클라이언트와의 사이에서 이루어지는 경우가 대부분이다. 만약 구두합의가 이용된다면, 컨설턴트는 자신의 이익은 물론 자신이 속한 컨설팅회사의 다른 동료들에게 정확한 정보를 제공할 수 있도록 합의 내용에 대해 상세히 기록해 두어야 하며, 경우에 따라 사본을 보내는 것도 한 방법이 될 수 있다.

3 합의서(Letter of Agreement)

컨설턴트의 제안서를 받아보고 이를 검토한 클라이언트는 일반적으로 자신이 컨설턴트의 제안과 제시된 조건들을 받아들인다거나 또는 새로운 조건을 제시하거나 제안의 일부를 보충하는 내용을 담은 합의서를 컨설턴트에게 보낼 수 있다. 이 경우 컨설턴트는 클라이언트가 제시하고 있는 새로운 조건을 받아들일 것인지 아닌지를 알려줘야만 하며, 이러한 모든 것은 구두의 협의과정을 거쳐 최종적으로 문서의 형태를 취하게 된다. 경우에 따라서는 프로젝트에 대한 요청서를 작성하여 위탁조건을 제안하고, 컨설턴트가 문서화 된 합의서를 보내는 경우도 있다. 합의서를 작성할 경우 다음과 같은 경우에 해당된다.

- 단순 계약일(완료일)변경할 경우
- 계약금액 및 수임료를 변경할 경우

-

- 컨설팅 범위를 크게 설정하여 변경해야할 경우
- 추가로 사업을 더 진행해야할 미션이 발생할 경우

4 계약서(Written Contracts)

문서화된 계약서는 법률 또는 외부의 서비스를 활용하는 것에 대한 클라이언트내부의 규정에 의해 작성된다. 따라서 컨설턴트와 클라이언트가 서로의 의도와 입장에 대한 오해를 없애기 위해서는 문서화된 계약이 최상의 선택이며, 복잡한 컨설팅 프로젝트 일수록 이러한 문서화된 계약을 체결하는 것이 좋다.

표준화된 계약서를 사용하는 것은 관행이기 때문에 대부분의 컨설턴트는 다양한 형태의 계약서를 인정하는 융통성을 갖고 있다. 그러나 일반적이지 않은 새로운 형태의 계약서를 받는 경우에는 컨설팅회사의 고문 변호사로부터 어드바이스를 받는 것도 하나의 방법일 수 있다.

일반적으로 컨설턴트는 계약이 체결될지 여부를 미리 알 수 있기 때문에 표준화된 형태의 계약서를 미리 받아서 검토한 이후 컨설팅 프로젝트에 대한 제안서를 준비할 때 이를 참고하여 작성하는 것도 좋은 방법이다.

한편 표준화된 계약서가 없는 클라이언트로부터 계약서 제출을 요구받는 경우에 대비하여 컨설팅회사도 자신들의 표준화된 계약서 양식을 마련해 두어야 한다.

5 계약 전 견적서 작성하기(Estimate sheet)

컨설턴트는 컨설팅을 수행하기 전 제안서와 함께 보내는 것 중 하나가 바로 '견적서'이다. 견적서는 컨설팅 범위를 한눈에 알아볼 수 있고, 투입인력, 기간, 기업이윤, 인건비, 각종 세금 등 컨설팅 수임료가 어떻게 쓰이는지 클라이언트에게 투명하게 보여주는 것이다. 견적서를 통해 수임료가 합당하거나 과도하거나 하는 결정을 하게 만들고, 수임료의 적정성을 합의하여 계약서를 작성하게 되는 아주 중요한 것이라 할 수 있다. 견적서는 견적 비용의 산출 내역을 파악하기 쉽도록 기재해야 하며, 소수점 자리까지 모두 표시하여 정확성을 높이는 것이 좋다. 컨설팅 예상비용을 나타내는 것이기 때문에 신뢰성이 중요하므로 공정하고 투명한 금액을 산출하도록 한다.

견적서에 들어갈 기본적인 내용은 다음과 같다.

- 견적일, 견적을 받을 기관 또는 발주처(개인 또는 기업, 기관), 컨설팅 총 금액
- 서비스 공급자: 사업자등록번호, 회사명 또는 컨설턴트 명, 주소, 업종/업태/유무선 연락처, 도장날인 또는 직인
- 간접비: 컨설턴트 인건비, 기업이윤, 일반관리비, VAT(부가세), 법인세 등
- 직접비: 사업에 직접 투입되는 금액. 즉 제작비, 홍보비, 인쇄비, 제작품 등
- 산출근거: 직/간접비에 대한 구체적 내용

견적서를 작성할 경우 총 금액이 정해 졌다면 간접비 중 인건비는 20~30% 이내, 부가세 10% 이내, 기업이윤과 일반관리비는 10% 이내, 그 외 직접비로 편성하여 작성하는 것이 일반적이다. 그러나 교육컨설팅과 서비스 컨설팅, 홍보·마케팅 등 인력이 많이 투입되어야 하는 컨설팅이라면 일반적인 기준을 따를 필요는 없다.

수임료 산정과 청구에 있어서의 공정성

수임료의 산정에는 항상 불확실성과 주관적 판단요소들이 존재하는데 '컨설팅은 부르는게 값이다' 라는 오래된 인식을 벗어나 공정하고 올바른 방향으로 나아가야만 한다. 고객은 컨설턴트로부터 수임료가 어떤 방법으로 산출되는가에 대한 정보를 받는 것은 당연하다. 어떤 클라이언트는 처음 만나는 자리에서 직접적으로 비용을 질문을 던지기도 하는데 이러한 고객은 자신의 질문에 대해 컨설턴트도 직접적으로 분명하게 대답해 주기를 원한다. 또 컨설팅에 대해 자신들이 가지고 있는 두려움만을 표현하고 컨설팅 수임료와 그 정당성에는 무관심한 경우도 있다. 따라서 수임료에 대한 일반적인 정보는 컨설팅 프로젝트가 협의되는 초기단계에 제공하는 것이 좋다. 그러나 수임료에 대해 이야기하기 전에 컨설턴트와 컨설팅 기업이 보유한 전문역량과 프로젝트에 대한 추진 열정을 어필하는 것이 더 효과적인 방법일 수 있다. 어떤 방법을 선택하던지 결국 프로젝트가 시작되기 전에 청구될 수임료와 산출된 근거를 미리 알고 있도록 해야 한다.

그렇다면 클라이언트가 제시한 수준보다 낮은 가격을 요구할 경우 협상을 해야 하는데 컨설턴트는 처음부터 가격을 제시할 때 '협상에 대한 여지'를 남겨놓으면 된다. 가령

이러한 협상이 다른 컨설턴트로부터 다른 가격의 또 다른 제안을 받고 있는지, 프로젝트의 설계와 추진 노하우가 타당한지, 가격에 대해서는 만족하지 않고 있는지, 단순히 비용을 절약하기 위함인지는 협상에서 던져질 질문과 제안을 계산 하면서 협상을 준비해야 한다.

참고문헌

저서

- 경영컨설팅(Management Consulting)제4판(2014) / 밀란 쿠버 역음, 한종극·심재섭 옮김 / (주)새로운 제안
- 외식 프랜차이즈 실무(2016) / 임현철·한승호 / 한올
- 외식창업 실무지침서(2017) / 임현철·한승호·노유진 / 한올
- 외식업 컨설팅 3.0(2016) / 조현구·김삼희 / 지식공감
- 외식사업경영 컨설팅(2011) / 박병렬 / 대왕사
- 성공창업을 위한 상권분석론(2015) / 김영갑 / (주)교문사
- 상권분석과 점포개발 실전노트(2018) / 박경환 / 올에듀넷
- 외식사업과 창업론(2000) / 정봉원 / 형설출판사
- 외식창업 실무론(1999) / 김헌희, 이대홍 / 백산출판사
- 프랜차이즈시스템 경영(2019) / 어윤선 / 대왕사

웹사이트

- 국토교통부(http://www.molit.go.kr)
- 특허정보넷 키프리스(http://www.kipris.or.kr)
- 법제처(http://www.moleg.go.kr)
- 소상공인시장진흥공단(https://www.semas.or.kr)
- 중소벤처기업부(https://www.mss.go.kr)
- 공정거래위원회(http://www.ftc.go.kr)
- FreeQration(http://www.freeqration.com)

저자소개

임 현 철

- 대구가톨릭대학교 외식조리학과 교수
- (사)한국외식경영학회 부회장
- (사)한국프랜차이즈경영학회 부회장
- 소상공인시장진흥공단 역량강화 컨설턴트
- aT한국농수산식품유통공사 식품컨설팅 전문위원(전)
- 대구광역시 정책제안심사위원회 위원(전)
- 경상북도 향토음식육성위원회 위원(전)
- 광주여자대학교 식품영양학과 전임강사(전)
- ㈜핀외식연구소 대표(전)
- ㈜이월드(우방랜드) 근무(전)
- ㈜롯데리아 근무(전)
- 저서: 외식창업실무지침서, 외식프랜차이즈실무

강 승 묵

- 대구가톨릭대학교 외식산업학과박사과정 중
- 이런연구소(E_RUN Lab) 대표(현)
- 대구가톨릭대학교 산학협력교수(전)
- KPC·소상공인시장진흥공단 상권육성전문가(현)
- 소상공인시장진흥공단 상인·소상공인 교육강사(현)
- 경북농식품유통교육진흥원 6차산업 컨설턴트(현)
- 경기도시장상권진흥원 컨설턴트(현)
- 경상북도 경제진흥원 컨설턴트(현)
- 한국관광공사 관광두레 컨설턴트(현)
- 소상공인시장진흥공단 컨설턴트(현)
- 경상남도 신용보증재단 컨설턴트(현)
- aT한국농수산식품유통공사 컨설턴트(전)
- 삼방시장 문화관광형시장육성사업단 단장(전)
- ㈜핀연구소 컨설팅사업부 차장(전)
- ㈜하회마을종합식품 마케팅팀 팀장(전)
- ㈜시딕코리아 대구지점 빌리보 매니저(전)
- ㈜미스터빅 프랜차이즈 영업부 부장(전)

외식산업 컨설팅 실무와 사례

초판 1쇄 인쇄 2021년 8월 20일
초판 1쇄 발행 2021년 8월 25일

저　　　자　임 현 철·강 승 묵
펴 낸 이　임 순 재
펴 낸 곳　(주)한올출판사
등　　록　제11-403호
주　　소　서울시 마포구 모래내로 83(성산동, 한올빌딩 3층)
전　　화　(02)376-4298(대표)
팩　　스　(02)302-8073
홈페이지　www.hanol.co.kr
e - 메 일　hanol@hanol.co.kr
I S B N　979-11-6647-123-0